变革时代的中国角色:
理论与实践

王俊生 著

中国社会科学出版社

图书在版编目（CIP）数据

变革时代的中国角色：理论与实践／王俊生著 .—北京：
中国社会科学出版社，2017.8
ISBN 978-7-5203-0637-9

Ⅰ.①变… Ⅱ.①王… Ⅲ.①中外关系—研究
Ⅳ.①D822

中国版本图书馆 CIP 数据核字（2017）第 156886 号

出 版 人	赵剑英
责任编辑	赵　丽
责任校对	王桂荣
责任印制	王　超

出　　版	中国社会科学出版社
社　　址	北京鼓楼西大街甲 158 号
邮　　编	100720
网　　址	http://www.csspw.cn
发 行 部	010-84083685
门 市 部	010-84029450
经　　销	新华书店及其他书店

印　　刷	北京明恒达印务有限公司
装　　订	廊坊市广阳区广增装订厂
版　　次	2017 年 8 月第 1 版
印　　次	2017 年 8 月第 1 次印刷

开　　本	710×1000　1/16
印　　张	15.5
字　　数	246 千字
定　　价	66.00 元

凡购买中国社会科学出版社图书，如有质量问题请与本社营销中心联系调换
电话：010-84083683
版权所有　侵权必究

序　言

　　王俊生是我十多年前在中国人民大学国际关系学院任兼职教授、博士生导师期间带的博士研究生。上学期间，俊生同志勤奋好学，有志于学术研究。2009年毕业，获得博士学位后进入中国社会科学院从事国际问题研究。短短几年工夫，不断有研究成果面世。2012年，他出版了第一本专著《朝核问题与中国角色：多元背景下的共同管理》（世界知识出版社）。那本书是在我指导他完成的博士论文基础上修改、充实后出版的，之后他一直持续关注这一课题。这次他拿着刚刚完成的书稿《变革时代的中国角色：理论与实践》向我汇报并请我代为写序，我阅读全书初稿后欣然同意。

　　在俊生同志就读博士研究生期间，我就建议他多关注当代中国的外交实践。在我几十年的职业生涯中，特别是将近三十年的外事工作经历中，我深感改革开放以来，中国的外交实践极为生动，经验极为丰富，相比之下，关于中国国际战略和外交理论的研究显得滞后、薄弱，成果有限。从客观原因看，主要是形势比人强，国际国内形势的发展变化远远超出了人们的一般预想，在日新月异的形势发展变化面前，旧有的国际关系理论范式、研究方法，甚至概念范畴都显得心劳力拙，实践呼唤着思维创新，理论创新，方法创新。从主观原因看，相对于国内各个领域、各条战线所经历的深刻变革，我国国际政治、国际关系理论研究，乃至外交战略研究中变革的深度、广度、力度、速度都比较有限。这在特定的历史时期、历史阶段，甚至历史节点上，恐怕是在所难免的，"理论是灰色的，生活之树常青"，历来如此。因而，直到前不久，我们仍深感面对纷繁复杂、瞬息万变、令人眼花缭乱的国际事务，在几乎所有重大问题上，学界的认识和理解都还像万花筒一样，各执一词，不断变幻着"西洋景"。历史在前进,实践在发展,时代在呼唤,创新创建具有鲜明中国特色、时代特色的国际关系理论和外交战略,已经成为刻不容缓的任务,提到外交战线和国际关系学界面前。

党的十八大以后,习近平总书记提出了一系列治国理政的新理念新战略新思想,其中在外交和国际关系领域产生巨大影响、最为突出、最具创新特色的,是提出建设"一带一路"与构建"人类命运共同体"这两个倡议。"一带一路"和"人类命运共同体"这两大命题,立意高远,内涵丰富,极具宏大的国际视野和深邃的战略眼光,研究和理解这两大命题,是认识和理解当代中国外交和国际关系发展趋势、方向的最重要的切入点。

"一带一路"倡议自2013年秋天提出以来,已有100多个国家和国际组织共同参与,40多个国家和国际组织同中国签署了合作协议,亚投行、丝路基金等新型跨境投融资机制成立并发挥作用,中国企业在沿线20多个国家建设了50多个境外经贸合作区,一系列重大项目落地。我们在为这些实践成果而欣喜的同时,更要密切关注,深入思考,探究现象背后的本质,阐释这个本质。在当前国际政治乱象丛生,"逆全球化"潮流涌动,区域不稳定因素复杂交织的历史当口,"一带一路"所秉持的"和平合作、开放包容、互学互鉴、互利共赢"的丝路精神,将促进各民族文化、多种文明之间宽容共生、交流交融,为全球化的发展举旗、定向、增力、赋能,引导国际社会推动新型全球化,共同塑造更加公正合理的国际新秩序。

正因为如此,我们不能把"一带一路"只理解为中国的一项以我为主、单方面的、带有强烈主观意图的主张和决策,不要把"一带一路"解读为只是中国的战略,不能把建设"一带一路"和国内去过剩产能、进行结构性改革、推动企业走出去、扩大中国在国际市场的份额等进行简单联系。更不能把"一带一路"视为在全世界推广"中国道路""中国模式"的尝试。实际上,在我们提出"一带一路"倡议的时候,就非常明确地阐明了这一倡议的目标:致力于维护全球自由贸易体系和开放型世界经济;旨在促进经济要素有序自由流动、资源高效配置和市场深度融合,推动沿线各国实现经济政策协调,开展更大范围、更高水平、更深层次的区域合作,共同打造开放、包容、均衡、普惠的区域经济合作架构；致力于亚欧非大陆及附近海洋的互联互通，建立和加强沿线各国互通伙伴关系，构建全方位、多层次、复合型的互联互通网络，实现沿线各国多元、自主、平衡、可持续的发展。总体目标是：全方位推进务实合作，打造政治互信，经济融合，文化包容的利益共同体，命运共同体和责任共同体。这里已经明确提出了"命运共同体"。

"人类命运共同体"的倡议，与"一带一路"倡议是一脉相承、逻辑相通、而又比"一带一路"倡议更加宏观、更加高远的命题。这是习近平总书记根据唯物史观的社会共同体思想和我们党关于国际关系与世界格局的思想理论，在研究国际力量对比变化、世界格局转型、国际秩序体系变革等新时代的新情况新形势，解决新问题过程中推进理论创新，形成的具有中国风格、中国气派的话语，反映了以习近平同志为核心的中央领导集体对当今世界发展与人类未来走向的判断，反映出对整个国际体系和国际秩序发展方向和未来变革的期待。

早在2013年3月，习近平总书记在莫斯科国际关系学院的演讲中，首次提到"命运共同体"的概念。再早一些，在2012年党的十八大报告中，"命运共同体"作为一种合作共赢的观念被明确提出来。2015年3月28日，习近平总书记在博鳌论坛的主旨演说中指出了命运共同体的四个内涵："一、迈向命运共同体，必须坚持各国相互尊重、平等相待。各国体量有大小、国力有强弱、发展有先后，但都是国际社会平等一员，都有平等参与地区和国际事务的权利；二、迈向命运共同体，必须坚持合作共赢、共同发展；三、迈向命运共同体，必须坚持实现共同、综合、合作、可持续的安全观；四、迈向命运共同体，必须坚持不同文明兼容并蓄、交流互鉴。"

2015年9月28日，习近平总书记在联大一般性辩论时发表《携手构建合作共赢新伙伴，同心打造人类命运共同体》的讲话，对"人类命运共同体"作了系统而详尽的阐述。这个演讲篇幅不长，但非常深刻，代表了以习近平总书记为核心的党中央对世界大势和人类未来发展的大判断，与当年邓小平同志所做出的"和平与发展"的战略判断非常相似。习近平总书记指出"大道之行也，天下为公。和平、发展、公平、正义、民主、自由，是全人类的共同价值，也是联合国的崇高目标"。这是习近平总书记首次提出"全人类的共同价值"，这个概念非常值得从事外交工作的同志认真体会。我们要超越争论，把思想统一到总书记的讲话中，认真体会这个内涵。"和平、发展、公平、正义、民主、自由，是全人类的共同价值"，也是人类命运共同体的思想理论基础和精神内核。之所以能够提出"人类命运共同体"概念，就是因为我们找到了世界各族人民、各个国家的最大公约数——共同价值。

习近平总书记又提到，"当今世界，各国相互依存、休戚与共"，指出了建立人类命运共同体的历史必然性；习近平总书记还提到，"我们要继承和弘扬联合国宪章的宗旨和原则，构建以合作共赢为核心的新型国际关系，打造人类命运共同体"，这说明建立人类命运共同体有两个基础：联合国宪章与构建新型国际关系，前者表明人类命运共同体是建立在现有的国际秩序和全球治理体系基础上，不是另起炉灶；后者表明要以创新精神适应国际力量格局变化的调整现行的国际关系范式。

习近平总书记还指出了人类命运共同体的建设路径和发展前景：一、我们要建立平等相待、互商互谅的伙伴关系；二、我们要营造公道正义、共建共享的安全格局；三、我们要谋求开放创新、包容互惠的发展前景；四、我们要促进和而不同、兼收并蓄的文明交流；五、我们要构筑尊崇自然、绿色发展的生态体系。

2017年1月，习近平总书记在联合国日内瓦总部发表题为《共同构建人类命运共同体》的演讲，着眼人类命运的历史规律和世界文明的发展走向，系统阐释了"人类命运共同体"理念。"人类命运共同体"的追求，决定中国高举和平、发展、合作、共赢的旗帜，通过推动更大范围、更深层次的大开放、大交流、大融合，走出一条互尊互信、合作共赢、文明互鉴的道路，维护世界和平，促进共同发展，与世界各国人民一道，争取建设一个更加美好的世界。

"人类命运共同体"的构想是中华优秀传统文化结合当今世界发展趋势和中华民族伟大复兴的历史要求而提出的。中华优秀传统文化中追求"天人合一""世界大同"的理想和智慧与"人类命运共同体"是一脉相承、高度契合的，这也是习近平总书记在阐述"人类命运共同体"时用"大道之行也，天下为公"开题的原因。

中国在处理国际事务中一贯持"君子和而不同""己所不欲，勿施于人""执其两端用其中""协和万邦"等合作共赢逻辑，这是中国在全球化时代倡导建设人类命运共同体的认识论基础、伦理和道德基础。其中，"己所不欲，勿施于人"是我们传统文化中非常有说服力的观点。美国文化的核心观点是源于新教资本主义的"天赋使命，拯救他人"，这与中国提倡的"君子和而不同""协和万邦"有很大不同。

"人类命运共同体"强调国与国之间是你中有我，我中有你，相互依存的，要关注和平相处之道，寻求共同利益。"人类命运共同体"与中华文明中的"中庸之道"相吻合。习近平总书记指出："一个国家要谋求自身发展，必须也让别人发展；要谋求自身安全，必须也让别人安全；谋求自己过得好，必须也让别人过得好。"这就是中华文化所倡导的中正平和、相依相存、己所不欲，勿施于人等中道的体现。近年来中国外交所强调的新理念、新倡议、新观点都体现了这一特色和风格。

我们要坚持、实践、阐释这些新理念、新倡议、新观点，使国际社会，特别是周边国家了解、理解、认同"一带一路"是通往"人类命运共同体"之路。

推进"一带一路"建设，"构建人类命运共同体"，一定要高度重视周边环境，首先下大力气搞好周边外交，推动建设亚洲命运共同体。

就亚洲命运共同体而言，它包括三个核心：一、以推动亚洲经济融合，深化亚太区域经济合作，造福亚洲人民为核心的亚洲繁荣观；二、以和而不同、以人为本、讲信修睦、平等包容为核心的亚洲价值观；三、倡导共同、综合、合作、可持续的亚洲安全观。

为了构建亚洲命运共同体、做好周边外交，首先要文化先行。在历史上，沙漠丝绸之路、草原丝绸之路和海上丝绸之路形成了中华文化和汉文化圈，儒家和佛教影响巨大。这是中国倡议构建亚洲命运共同体的巨大优势。要充分利用文化相近、地缘相通、血缘相连的历史联系来推动"一带一路"建设。

要突出中华优秀传统文化中的和谐、中和、协和理念。从故宫三大殿"太和""中和""保和"可以看出中国文化对和谐、"和为贵"的向往和追求，这是中国推动亚洲和平与发展、建设亚洲命运共同体的文化基础。

古为今用，学会运用中华文化中的"大写意"精神，不拘泥于一时一地，登高、望远、深思、远虑，要向亚洲贡献中国智慧。

要坚持和平发展，防止大国沙文主义，放正姿态，谦逊有礼。越是发展越是有实力，在国际上越要以谦虚的姿态出现，自豪而不自满，自信而不自大。20世纪70年代初期，柬埔寨的西哈努克亲王流亡中国期间写了赞扬中国的诗句，"亲爱的中国啊，我的心没有变，它永远把你怀念。你是一个大国，从不自私傲慢，待人谦逊有礼，不论大小，平等相待"，正是中国的这种大国风范赢得了西哈努克亲王的赞誉。中国必须维护好自身在国际社会中的正面形象。

对于理论工作者，要对利益共同体、责任共同体、命运共同体做深入研究，提出体系性的论证和阐释。比如，命运共同体的基础是什么？命运共同体的基本构架是什么？命运共同体与现有的各种机制是什么关系？如何将"命运共同体"的理念落实到中国外交实践中？在中国前所未有重视周边外交的背景下，如何首先建成"亚洲命运共同体"？

我很高兴的看到，俊生博士在上述问题上也做出了自己的思考。此外，他这本著作还分析了中国外交环境变化、应如何界定中国的国家利益，这体现了年轻人勤于思考和敢于思考的特点。他对中国与发展中国家的关系、与金砖国家的关系、以及与发达国家的关系所做的研究，得出了一些有启发性的结论与观点。通过对历史上大国崛起的案例分析，俊生对中国崛起过程中应如何处理外交关系中的轻重缓急做出的思考，也很有意义。

随着中国国际地位不断提升，以及新中国成立以来半个多世纪积累的大量丰富外交实践，再加上中国传统文化里丰富的外交智慧，特别是中共十八大以来以习近平同志为核心的党中央高度重视智库建设，可以说我国国际关系和外交战略研究已经迎来了又一个春天，让我们一起来拥抱这个必将百花盛开、百鸟争鸣的美好季节。

蔡武（中华人民共和国文化部前部长、

北京大学校友会副会长）

2017年4月29日于北京

目　　录

导论　变革时代的中国角色 …………………………………………（1）

第一部分　从外交环境看中国角色

第一章　中国角色成长的国际环境：喜忧参半 ……………………（9）
　　第一节　国家实力实现跨越式提升 …………………………（10）
　　第二节　中美战略互疑进一步增大 …………………………（12）
　　第三节　国民的健康大国心态初步形成 ……………………（16）
　　第四节　国际认知复杂化 ……………………………………（21）
　　第五节　小结 …………………………………………………（26）

第二章　中国角色成长的国内环境：半自主社会因素 ……………（29）
　　第一节　社会因素对中国外交的积极影响增大 ……………（29）
　　第二节　大众舆论与智库的发展 ……………………………（31）
　　第三节　半自主的社会因素 …………………………………（39）
　　第四节　小结 …………………………………………………（41）

第三章　新时期中国国家利益界定：内外互动的视角 ……………（43）
　　第一节　从概念上界定国家利益 ……………………………（44）
　　第二节　中国内部的国家利益 ………………………………（46）
　　第三节　中国国家利益的外部指标 …………………………（51）
　　第四节　政策重心的选择 ……………………………………（53）
　　第五节　小结 …………………………………………………（55）

第二部分 从周边外交看中国角色

第四章 亚太地区形势与中国周边外交：相互间疑虑增大 (59)
　　第一节　中国高度重视周边外交 (59)
　　第二节　亚太地区形势的发展 (61)
　　第三节　对中国周边外交的压力增大 (65)
　　第四节　中国的政策优化 (72)
　　第五节　小结 (74)

第五章 美国在中国周边全面布局：压力空前加大 (75)
　　第一节　美国在中国周边的利益 (75)
　　第二节　美国重返亚洲的战略布局 (79)
　　第三节　美国重返亚洲的主要意图 (86)
　　第四节　中美关系走向与中国周边外交 (92)
　　第五节　小结 (97)

第六章 中国周边外交推进的抓手："命运共同体" (102)
　　第一节　"命运共同体"概念的提出 (102)
　　第二节　"命运共同体"概念的内涵 (107)
　　第三节　周边命运共同体构建的困难与动力 (111)
　　第四节　周边命运共同体构建的路径 (113)
　　第五节　小结 (116)

第七章 中国周边外交推进的具体政策："一带一路" (117)
　　第一节　"一带一路"提出的中国周边背景 (117)
　　第二节　"一带一路"对中国周边战略的影响 (122)
　　第三节　"一带一路"政策设计与优化的视角 (125)
　　第四节　小结 (131)

第八章 十八大以来中国周边外交：与大国外交同样重要 (132)
　　第一节　十八大之前的中国周边外交战略 (132)
　　第二节　十八大以来的中国周边外交战略 (139)
　　第三节　对构建中国周边外交战略的几点思考 (144)
　　第四节　小结 (150)

第三部分　从当代外交实践看中国角色

第九章　中国与发展中国家的关系：角色同质与异化 …………（153）
　　第一节　中国高度重视与发展中国家的关系 …………（153）
　　第二节　中国对发展中国家的战略变迁 …………………（155）
　　第三节　中国角色的挑战与选择 …………………………（160）
　　第四节　小结 ………………………………………………（162）

第十章　"金砖国家"机制化与中国角色：带倾向性的
　　　　　多边合作 ………………………………………………（163）
　　第一节　中心议题与分析背景 ……………………………（163）
　　第二节　"金砖国家"的机制化回顾 ………………………（165）
　　第三节　带倾向性的多边合作 ……………………………（168）
　　第四节　进一步机制化的前景与路径 ……………………（172）
　　第五节　中国的角色选择 …………………………………（179）
　　第六节　小结 ………………………………………………（183）

第十一章　中国与大国关系：社会化学习与外交转型 …………（185）
　　第一节　大国的定义和本章研究假设 ……………………（185）
　　第二节　结盟、"中间地带"到经略"大三角" ……………（187）
　　第三节　不结盟：多向外交与平衡 ………………………（193）
　　第四节　多重合作、积极有所作为到构建新型大国关系 ……（197）
　　第五节　社会化学习与大国外交转型的因果关系 ………（206）
　　第六节　小结 ………………………………………………（212）

结语　从历史经验看中国崛起的角色优化 ……………………（214）
　　第一节　分析指标、既有研究以及案例说明 ……………（215）
　　第二节　战略环境制约：地缘环境与国际体系 …………（220）
　　第三节　战略方针：合理的战略规划与谨慎的力量使用 ……（222）
　　第四节　战略力量：军事力量与经济实力的影响 ………（226）
　　第五节　战略措施：军事手段与非军事手段的协调 ……（230）
　　第六节　对中国崛起角色优化的启示 ……………………（233）

导论　变革时代的中国角色

从2009年9月到中国社会科学院工作后就规划写一部有关中国角色的书。主要考虑有三个。其一，当今中国处于一个急剧变化的时代，不确定性增大。所谓变化有两层意思：从外部来看，苏联解体、一大批新兴经济体迅速崛起、美国相对权势地位下降；从整体来看，最大的变化还是中国自身的崛起。这里仅以中美两国的经济总量作为对比。2007年中美两国的经济总量分别是3.494万亿美元和13.962万亿美元，中国约为美国的25%。而2014年中美两国的经济总量为10.385万亿美元和16.197万亿美元，中国已经是美国的64%。中美两国在科技投入、军事能力等方面的对比也均呈现出类似的变化趋势。2016年11月，具有孤立主义和保守倾向的特朗普当选美国新一届总统，未来中美关系向何处走也处于一个不确定状态。

其二，中国外交呈现出迅速学习化的特点。当今中国外交正处于一个大有作为、甚至正在书写历史的时期。国际社会"一超多强"与权力结构"碎片化"同时存在，"全球化"与"反全球化"并行，这不仅给中国施展大国抱负提供了"破茧而出"的机会，同时，国际社会对中国国际角色的期待也加大。一系列精彩纷呈的外交不断上映，充分反映出中华民族与中国领导人的外交智慧。中国继主持召开中非论坛后，近些年又相继主持召开了中拉论坛、中阿论坛、中国与中东欧国家论坛等。十八大以来，中国领导人所倡导的"一带一路""亚洲基础设施投资银行"等正在以前所未有的动力影响着中国周边乃至世界。2016年9月在杭州成功召开的G20峰会再次凸显出中国不仅能影响全球治理而且在某些领域已开始起领导作用。

其三，创建中国特色的国际关系学被学界呼吁了很多年，也是中国几代国关人的梦想。但作为一门与国家命运紧密相关的学科，中国特色的国际关系学不是喊出来的，而是随着国家命运的发展与学者的共同努力推动而成的。目前为止以国家命名的国际关系学只有英国国际关系学（"英国学派"）和美国国际关系学，这分别与当时英国和美国在不同时期的国际关系权力结构中占据主导地位有关。换句话说，当时国际关系的话语与实践主要掌握在英美手中。尽管中国从来不会谋求主导国际关系，但客观上随着中国近些年正在崛起为全球关键性大国，创建中国特色的国际关系学可以说恰逢盛世。值得指出的是，创建中国国际关系学的路径是用中国实践总结与归纳出中国概念和中国范式，同时再通过学术的普适性被国际学术界所接受。过去那种用西方概念或理论指导中国实践、或者说用中国实践去验证西方概念或理论的方法，从根本上讲都是在为西方国际关系做注脚。这除了和研究的不同阶段有关外，也和当时我们缺乏丰富的外交实践有关。应该看到，今天的中国已经有大量丰富的外交实践，这也为推动创建中国特色的国际关系学提供了丰富的"沃土"。

笔者作为一个生于改革开放后和长在红旗下、近十年来又有机会经常到国外交流的中国青年学者，最能清楚地感受到祖国发展进步的脉搏。各种国际会议上，"中国学者"成了与会者关注的焦点。尤其是在提问环节，很多时候问题几乎都是给中国学者提的，简直成了中国学者的"新闻发布会"。笔者在工作中也常常接到来自世界各国官员与学者"约见交流"的请求。这背后所反映的正是在中国国际角色备受关注的情况下，国际社会希望了解中国的急切愿望。因此，作为一个长期关注中国外交与中国国际角色的青年学者，笔者时常感觉到有责任记录下这个变革时代背景下中国的国际行为与外交角色。从2009年笔者就开始设计这本书的框架，并开始逐步进行研究。本书在框架上主要分为三个部分。要分析中国的国际角色，无疑要分析中国外交与国际角色所处的环境。因此，第一部分主要分析中国外交所面临的国际环境（第一章）与国内环境变化（第二章），以及在此基础上如何界定中国的国家利益（第三章）。

最能感知中国外交与国际行为的地区无疑是中国周边地区。而且从历史经验来看，任何大国的崛起也都是先从地区大国崛起开始的。因此，第二部分主要从中国周边外交看中国角色。在这一部分，首先从亚太地区形势变化（第四章）与外部最大的影响因素"美国因素"（第五章）来分析中国周边外交所面临的环境变化；其次，从推进周边外交的"抓手"（第六章）和"具体政策"（第七章）上分析中国是如何开展周边外交的。本书指出，推进周边外交的"抓手"是"命运共同体"构建，这也是理解当下中国外交的核心概念。而"一带一路"不仅是当代中国外交最宏伟的国际倡议，也是推进中国周边外交的具体政策。在本部分的最后一章分析了十八大以来的中国周边外交（第八章）。从学界来看，十八大以来，以习近平总书记为核心的新一届领导人前所未有地重视周边外交。最典型的体现就是2013年10月召开的新中国成立以来的首次周边外交工作座谈会。中国外交正从"大国外交"一个重心转向"大国外交"和"周边外交"两个重心。

要想深入细致地分析中国国际角色，无疑还需从周边外交推广到其他外交实践上。中国作为规模上的"超级"大国和历史文化上有较强影响力的大国，即使在20世纪六七十年代也能以自己独特的方式影响世界，甚至还以极不对称的综合实力推动了中美苏"大三角"的形成。考虑到世界其他地区的多样性太大，牵涉国家太多，笼统的分析就会失去应有的深度与厚度。从中国外交实际出发，中国自从新中国成立初期毛泽东主席的"三个世界"划分到习近平主席强调的新时期"南南合作"，中国在自身角色定位上始终坚持"发展中国家"的身份认知。在中国外交的整体布局中，中国始终强调"大国是关键、周边是首要、发展中国家是基础"，从排序上看"大国外交"长期被置于"重中之重"的地位。在这两者之间，近几年国际关系结构中最大的亮点之一就是一批新兴经济体迅速崛起，这其中尤以"金砖国家"为代表。因此，在第三部分主要从"中国与发展中国家关系"（第九章）、"中国与新兴经济体关系"（第十章）、"中国与大国关系"（第十一章）三个层面深入细致地论述与研讨中国外交的实践与角色调整。

当前中国国际角色最大的特点就是处于崛起状态，考虑到上述分析主要从当代中国外交出发，而且有关大国崛起的经验教训在历史上又非常丰富，因此在结语部分则专门通过分析近代历史上英国、美国、德国、日本实现崛起时在对外战略上的经验教训，以期服务于中国崛起的对外战略与国际角色优化。

综上可见，本书有以下几个特点。其一，以外交环境变迁为背景，从当代中国的周边外交、大国外交、发展中国家外交、新兴经济体外交等几个方面入手，同时又从历史上其他大国崛起的经验教训入手审视中国在崛起过程中的国际角色，可谓全面分析了中国的外交行为与国际角色。

其二，在研究方法上，每一章均从既有研究综述、理论假设与分析路径入手展开分析，最后再进行小结。同时，每一章都紧扣本书主题。这就使得本书区别于那种有感而发的叙事与评论，体现出学术性与严谨性。本书既有理论论证，也有现实政策分析，但政策分析是在学术研究基础上得出的，这就使得相关政策思考与政策建议的科学性较为可靠。

其三，本书还回答了中国年轻一代学者如何看待当今中国国际角色的这个宏大的历史问题。关于如何看待世界与世界中的中国，年轻一代既有和上一代人的相同和相似之处，也必然存在不同之处。就年轻国际关系学者而言，相比于上一代人，这一代青年学者多数有西方留学的经历，并受惠于学术走出去的大环境，经常有机会到国外进行交流；普遍在 21 世纪初接受学历教育，由于该学科在中国的发展已经非常成熟，因此他们接受的学科训练较为完整与科学化；受惠于改革开放的大环境与信息时代（包括新媒体）的便利化，在接受信息方面与西方同事几乎是同步；在中国崛起的大背景下，这批青年学者又被推到时代前沿，承担起理论研究、学生培养、舆论引导、政策咨询以及与国际对话的重任。总之，他们如何看待这个世界本身就是一个十分有意义的话题，也是国内外比较关注的理论与政策议题。本书对此也做了有意义的探索。

值得指出的是，本书中部分章节的写作虽然最早完成于 2009 年，但由于时代环境发生了巨大变化，在本书出版时不仅对其中的所用资料进行了更新，有的几乎是进行了重写。因此，这本书可以说既反映出笔者对近几年中国国际角色的长期持续关注，也在时效性上反映出笔者对当前中国外交和国际角色的理论思考。由于这是一个横跨数年思考与研究、又在时效性上紧密反映当下中国外交的产物，因此某种程度上可以说它也代表了笔者在这个问题上的研究水平。笔者期望通过此书能在记录这个伟大时代的中国外交和国际角色上尽到绵薄之力，期望能透过自己的绵薄之力尽力向国内外客观地解释当代中国的对外行为。

本书在写作过程中得到诸多师长的指导与帮助，这其中尤其要感谢中国人民大学时殷弘教授和方长平教授、中国社科院美国所郑秉文教授、中国社科院拉美所吴白乙教授、清华大学张小劲教授等人。这些老师有的是在笔者写作本书过程中给予了直接指导，有的是在会议上的精彩发言与点评触动了笔者的写作灵感，比如结语部分从历史角度考察中国崛起就是在一个会议上得益于时殷弘教授的发言与点评。笔者的几位硕士和博士生导师从我接受学科训练开始至今就一直在指导我，他们是原文化部部长蔡武教授、美国美利坚大学的赵全胜教授、中国人民大学林甦教授和庞中英教授。可以说，没有这几位导师的引导，就没有我在博士论文基础上出版的第一部专著《朝核问题与中国角色：多元背景下的共同管理》（世界知识出版社2012年版），那也就更不会有目前这部著作，因为我很可能从事了其他领域的研究了。所以，要再次特别感谢我的几位导师。

笔者所在的单位中国社科院亚太与全球战略研究院是备受国内外瞩目的一个科研单位，是中国国际关系研究的重镇之一，2015年年底入选中国"首批高端智库25家试点单位"之一，也是进入首批试点的两个国际关系研究单位之一。这里不仅有张蕴岭教授这样蜚声海内外和德高望重的老专家，近些年一批中青年学者也开始崛起于学界。这与中国社科院领导的长期大力支持分不开，也与亚太与全球战略研究院领导的辛勤付出有直接关系。亚太与全球战略研究院领导与相关职能部门负责人对笔者的研究一直以来都给予了充分的支持与后勤保障，特别是李向阳院长、王灵桂书记、王荣军副院长以及科研处朴光姬处长和财务处程德英处长。可以说没有他们的支持与鼓励，是不会有我近些年的成长的。

还需指出的是，受益于党中央群团改革的部署，笔者于2016年9月30日正式作为共青团中央国际联络部兼职副部长开始了为期两年的任期。共青团中央国际联络部主要从事青年外事工作，这为笔者看待与观察中国外交与国际角色提供了独特视角与丰富素材。这里要特别感谢共青团中央国际联络部万学军部长与董霞巡视员的关心与指导。

最后要特别感谢中国社会科学出版社以及本书的策划赵丽博士。赵丽博士在中国人民大学国际关系学院取得硕士与博士学位，工作态度严谨、一丝不苟。一线工作人员这种专业化的研究背景与无私付出的工作态度，从一个细节反映出中国社会科学出版社为什么能长期成为中国社会科学出版界的领头羊。可以说能和中国社会科学出版社合作，能有赵丽这样的编辑把关，是本书得以出版与质量得以保证的根本保障。

本书中的部分前期成果也已在《现代国际关系》《教学与研究》等杂志或书籍中刊发，在此一并感谢。

当然，由于笔者能力与眼界有限，本书的错误与漏洞必然存在，也敬请各位同仁多多批评指正！

第一部分

从外交环境看中国角色

第一章 中国角色成长的国际环境：喜忧参半

全球化时代，一国的发展必然与其所处的国际环境休戚相关。进入21世纪以来，特别是随着近几年发生的几件标志性事件——奥运会的成功举办、新中国成立60周年阅兵式、快速成功有效地应对金融危机、2016年在杭州成功主办G20峰会、GDP位居世界第二，等等，国内外学者对中国国际角色的讨论突然热烈起来。论及的范围也相当广泛，对中国的世界大国角色也有了更为普遍的认知，但对于其面临的战略环境，相关研究成果仍然太少[1]。

为了考察中国的国际战略环境，需要引入一些标准。本书认为至少可以引入两种。第一，根据经典现实主义理论，影响国家外交行为最重要的因素是硬实力的分布，因此，需要考察与此相关的数据及其相关的战略态势。前者可称为"中国国际角色变化的动力"，而后者也即中国国际角色的主要外部环境，由大国关系的变化得以体现。第二个重要的标准是认知情况。尽管认知很难量化，但由于其对一国国际角色的极大影响力，许多国际关系学者对此也都极力推崇，比如罗伯特·杰维斯[2]。事实上，角色行为的最直接动力往往来自于认知，本书拟从国内国际两个角度对其进行考察。

---

[1] 阎学通：《中国崛起：国际环境评估》，天津人民出版社1998年版。
[2] Robert Jervis, *Perception and Misperception in International Politics*, Princeton, NJ: Princeton University Press, 1976.

第一节　国家实力实现跨越式提升

根据经典现实主义理论，决定一国国际角色变化的最重要动力是经济力量和军事力量的分布变化。因此，我们需要考察与此相关的主要因素的具体数据，包括国内生产总值（GDP）、人均国内生产总值、军费开支等。

首先，看中国与世界另外两大经济体美国和日本的 GDP 对比情况。表 1-1 显示，1990 年中国的 GDP 分别相当于美国、日本的 7% 和 13%。这一比例到 2010 年已经发生结构性变化。该年中国的 GDP 已经相当于美国的 40%，并首次超过日本，为日本的 1.1 倍。到了 2014 年，中国的 GDP 与美国的差距进一步缩小，相当于美国的 60%，已经超过日本的 2 倍还要多。

表 1-1　　　　中国与美国、日本的 GDP（1990—2014 年）

（单位：万亿美元）

国家	1990 年	2000 年	2010 年	2014 年
美国	5.98	10.28	14.96	17.35
日本	3.10	4.73	5.50	4.60
中国	0.40	1.21	6.01	10.43

资料来源：联合国的相关统计数据，http://data.un.org/Data.aspx?q=GDP&d=SNAAMA&f=grID%3a101%3bcurrID%3aUSD%3bpcFlag%3a0。

在人均 GDP 上，中国的增长也非常迅速。表 1-2 显示，尽管从绝对值上看，2014 年美国和日本的人均 GDP 仍然分别相当于中国的 7.1 倍和 4.7 倍，但中国人均 GDP 从 1990 年的 343 美元增长到 2014 年的 7617 美元，增长了 22.2 倍。而同期，美国和日本的增长仅为 2.3 倍和 1.4 倍。

表1-2　中国与美国、日本的人均GDP（1990—2014年）　（单位：美元）

国家	1990年	2000年	2010年	2014年
美国	23649	36355	48291	54306
日本	25388	37634	43188	36298
中国	343	952	4478	7617

资料来源：联合国的相关统计数据，http：//data.un.org/Data.aspx? q = GDP + per + capita&d = SNAAMA&f = grID%3a101%3bcurrID%3aUSD%3bpcFlag%3a1。

最后再来看看中国与美国和昔日第二大军事强国（今天或许也是）俄罗斯的军费开支对比情况。1990年，中国的军费开支分别相当于美国和俄罗斯的3.6%和5%。但是到了2015年，中国的军费开支已经相当于美国的36%，相当于俄罗斯的3倍还要多。考虑到美国在海外庞大的军费开支，中国用于军备研发的经费和美国的差距应该会进一步缩小。值得指出的是，虽然从绝对军费上，中国增长迅速，但是从三国军费分别占其国内生产总值的比例上看，中国的比例是最小的。

表1-3　中国与美国、俄罗斯的军费开支及占GDP的比例（1990—2015年）

（单位：亿美元）

国家	美国	中国	俄罗斯
1990年	3061.7（5.3%）	108.7（2.5%）	2191.1（4.9%，1992）
2000年	3017（2.9%）	229.3（1.9%）	92.3（3.3%）
2010年	6981.8（4.7%）	1157（1.9）	587.2（3.8%）
2015年	5960.2（3.3%）	2147.9（1.9%）	664.2（5.4）

资料来源：Stockholm International Peace Research Institute（SIPRI）。

由上表可见，尽管在诸如人均GDP和军费开支的比例等方面，中国与有关国家的差距仍然巨大，但得益于中国经济规模的快速增加，中国人均GDP不仅跃升至7617美元，军费开支的绝对值也在快速增加，至 2008 年已仅次于美国成为全球第二[①]。中国长期以来就是一个内需型的经济，国内需求将成为经济发展新的增长点。中国目前正在推进供给侧改革，通过创造新供给、提高供给质量，扩大消费需求。同时，中国在国外通过推进"一带一路"等，也在创造新的国外需求，这对中国产品与装备走出去也意义重大。

按照经济新常态的要求，中国的经济增长在"十三五"期间将维持在年均 6.5% 左右，不仅远高于周边国家的平均水平，也将远远高于美国的增速。以此为基础，考虑到自 2000 年以后（除去 2003 和 2010 年），中国的军费开支增速一直超过 10%，连续多年高于 GDP 增速，同时考虑到周边热点问题没有减弱迹象以及中国海外利益保护面临的压力持续增大，"十三五"期间中国的军费开支将很有可能持续中高速增长。届时在军费领域和美国的差距将进一步缩小。此外，中国外汇储备从 2006 年至今一直稳居世界第一，对世界经济的贡献率自 2007 年至今也一直居世界首位。这些都为中国的世界大国角色提供着源源不断的动力。

第二节　中美战略互疑进一步增大

中国实力的迅速增强与相关大国的关系变化很突出地反映在中美战略互疑的增大上。国家间关系是对抗还是合作，"一个重要因素是信任

[①] 由于军事实力考察的复杂性和敏感性，相关材料难以查找，本章仅从军事开支的角度论证经济增长确实为提升军事实力打下了必要和坚实的基础。必须承认，这种论证无法反映军费开支的结构性支出，也很难反映质的差距，比如中美核能力的差距、中俄在战略轰炸机方面的差距等。尽管如此，毫无疑问，正是得益于中国经济的飞速发展，才有财力提升官兵的待遇，改善科研条件，发展现代国防，和相关国家的军事差距也才能大大缩小。这些从 2009 年 1 月中国政府发布的国防白皮书中可以一窥端倪。白皮书写到"二炮已具备陆基战略核反击能力"。同时，以"反卫星"武器试验和"北斗二号"导航试验卫星的成功发射为标志，中国开始构建自己的全球卫星定位导航系统。年前刚进行的陆基中段反导拦截技术试验的成功，也表明我们保卫本土的能力大大提升。此外，建设航母也提上议程。相关分析可参见，Quansheng Zhao, "Managed Great Power Relations: Do We See 'One Up and One Down?'", *Journal of Strategic Studies*, Vol 30, No. 4 – 5 (August-October 2007), pp. 609 – 637;《2008 年中国的国防》（全文），2009 年 1 月，国务院新闻办（http://www.gov.cn/jrzg/2009 – 01/20/content_1210075.htm）。

能否建立"①。中美两国学者都注意到两国关系面临严重的"信任赤字"问题。兰普顿指出，"整个90年代至今，中美间的信任度一直很低"②。华人学者郝雨凡指出，"中美存在的问题很多，但最核心的是在动机和意图上彼此怀疑"③。因此，2012年2月15日，时任中国国家副主席习近平在华盛顿发表了主要政策演说，把增强互信的必要性置于中美两国需要更加成功应对的一系列挑战之首④。"信任赤字"在国家间关系中普遍存在，中美的主要问题在于作为当今世界上最重要的双边关系，严重的"信任赤字"不仅导致两国关系跌宕起伏，而且对于重要的地区与全球性问题的解决也产生了消极影响。

　　1999年9月《华尔街日报》公布的一份民意测验显示，有半数美国公众相信，今后一百年，中国将是美国世界霸权地位的最大挑战者⑤。有关"中国威胁论"最广为人知的当属美国进攻性现实主义理论开创者米尔斯海默的观点。米尔斯海默认为，"美国在21世纪初可能遇到的最潜在的危险便是中国将成为东北亚的霸权""随着中国力量的增长，中美两国注定会成为对手"⑥。几乎与此同时，"文明冲突论"的提出者亨廷顿从文化和权力两个角度得出了类似的结论，"中国的历史、文化、传统、规模、经济活力和自我形象，都驱使它在东亚寻求一种霸权地位""中国作为东亚占主导地位的地区大国的状况如果继续下去，将对美国的核心利益构成威胁"⑦。

　　2007年，美国进行的一项权威民意调查显示，有一半的美国人

---

①　朱立群：《信任与国家间的合作问题——兼论当前的中美关系》，《世界经济与政治》2003年第1期。

②　David M. Lampton, *Same Bed · Different Dream: Managing U. S-China Relations*, 1989 - 2000, Berkerley Los Angeles California: University of California Press LTD, 2010, p. 360.

③　郝雨凡、张燕冬：《无形的手》，新华出版社2010年版，第263页。

④　《习近平在美国友好团体欢迎午宴上的演讲》，2012年2月15日，人民网（http://politics.people.com.cn/GB/1024/17132096.html）。

⑤　[美]约瑟夫·奈：《美国霸权的困惑——为什么美国不能独断专行》，郑志国等译，世界知识出版社2002年版，第19页。

⑥　[美]约翰·米尔斯海默：《大国政治的悲剧》，王义桅、唐小松译，上海人民出版社2003年版，序言。

⑦　[美]塞缪尔·亨廷顿：《文明的冲突与世界秩序的重建》，周琪等译，新华出版社2002年版，第254、259页。

（50%）认为中国军事力量的增长"很可能"导致冲突，相对而言，只有较少的人认为朝鲜局势的管理不当（41%）和中国台湾问题（31%）会导致在亚洲的冲突①。奥巴马政府上台以来，随着支撑中国国际角色相关硬指标的迅速提升，中美"信任赤字"进一步加大，美国对华防范的一面更为凸显。盖洛普公司2009年在美国进行的一项调查显示，当被问及他们对各种安全议题的"关切"程度时，74%接受调查的美国人"非常关切"或"比较关切"中国成为一个安全问题，其中39%的人"非常关切"，35%则"比较关切"。这显示，当美国人考虑安全问题时，中国处于显要位置②。

美国总统奥巴马在2010年发表《国情咨文》时明确指出："我不接受美国成为世界第二"，与此同时，他两次把中国作为正面例子给予引证③，直接凸显对华防范。美国负责东亚和太平洋事务的助理国务卿坎贝尔（Kurt Campbell）2010年3月在美国众议院外交事务委员会上表示，"该地区新兴崛起大国（如中国）和既有大国美日的互动，既存在机会，也面临挑战。为了使新兴大国遵守、甚至加强现有国际体系，美国需要加强领导"④。美国中国问题专家、美中经济与安全评估委员会主席沃策尔2006年12月在接受美国《防务周刊》专访谈到中国崛起对美国安全的影响时认为，"中国将是美国潜在的敌人，今天美中之间共同利益越来越少，特别是在安全领域"⑤。罗伯特·卡普兰2010年发表在《外交事务》杂志上的文章在界定中美关系时排除了可能的"双赢"结局，指出"限制一个大中华的兴起"应该被确立为美国的战

---

① 2006年，"芝加哥议会有关全球事务的调查"进行了一项有关针对全球各国看法的民意调查，本数据来自于其中的一份名为"The United States and the Rise of China and India"的报告。转引自赵全胜《大国政治与外交》，世界知识出版社2009年版，第12页。

② [美] 戴维·兰普顿：《中美关系中的力量与信任》，《国际展望》2010年第4期。

③ Remarks by the President in State of the Union Address, http://www.whitehouse.gov/the-press-office/remarks-president-state-union-address；希拉里也明确指出，21世纪的新思维是要从"多极化"（multi-polar）转向"多个合作伙伴"（multi-partner）。Hillary Rodham Clinton, Remarks at Plenary Session of the U.S.-China Strategic and Economic Dialogue, http://www.state.gov/secretary/rm/2009a/july/126521.htm.

④ Kurt M. Campbell, Regional Overview of East Asia and the Pacific, www.state.gov/p/eap/rls/rm/2010/03/137754.htm.

⑤ 《美专家：中国是美国潜在敌人》，《参考消息》2006年12月6日。

略目标①。

　　同样的"信任赤字"在北京也随处可见。以"强烈不信任美国的十大理由""中国为什么不能信任美国"等为标题的帖子流行于中国各大主流网络论坛上②。沈丁立教授 2012 年指出,"十年时间内,美国不会改变对中国'非我族类'的定位,因此中美不仅难有和谐,连基于利益核算而得出的两国间无奈的和平关系也将可能变得更为动荡"③。阎学通教授于 2010 年发表的一篇题为《中美是敌大于友的关系》的文章广为流传,也比较有代表性。该文从经济、安全、政治三个层面全面总结了中美的核心利益是冲突性的、两国关系的主要特点是"敌大于友",认为中国应该在战略上抛弃认为美国是朋友的虚幻想法④。皮尤研究中心 2016 年的调查报告表明,"美国的权力和影响被中国视为第一大威胁,占到受访者的 45%。而认为第二大和第三大威胁的分别是全球经济不稳定和全球气候变化,分别占到 35% 和 34%"。中国受访者中有 52% 的人认为美国试图阻止中国崛起,相比而言,只有 29% 的中国受访者认为美国会接受中国崛起⑤。这表明在多数中国人的心目中,美国仍然是第一大威胁。

　　两国间的"信任赤字"也明显反映在两国过去十多年里出版并热销的大众读物上。中国 1996 年出版了《中国可以说不》,美国 1997 年出版了《即将到来的中美冲突》。1999 年中国出版了《超限战》,2001 年美国出版了《中国即将崩溃》。2009 年中国出版了《中国不高兴》⑥。

---

① Robert D. Kaplan, "The Geography of Chinese Power: How Far Can Beijing Reach on Land and at Sea?" *Foreign Affairs*, May/June 2010.
② 以"中美互不信任"作为关键词在百度上进行搜索,相关的帖子多达 2780000 个。
③ 沈丁立:《中美信任:化赤字为盈余》,《东方早报》2012 年 2 月 15 日。
④ 阎学通:《中美是"敌大于友"的关系》,《国际先驱导报》2010 年 3 月 23 日。
⑤ 《皮尤研究中心 2016 年的调查数据》(http://www.pewglobal.org/2016/10/05/2-china-and-the-world/?utm_content=buffer0d385&utm_medium=social&utm_source=twitter.com&utm_campaign=buffer&from=timeline&isappinstalled=1)。
⑥ 宋强、张藏藏、乔边:《中国可以说不:冷战后时代的政治与情感抉择》,中华工商联合出版社 1996 年版; Richard Bernstein and Ross H. Munro, *The coming conflict with China*, New York: A. A. Knopf: Distributed by Random House, 1997; 乔良、王湘穗:《超限战——对全球化时代战争与战法的想定》,解放军文艺出版社 1999 年版; Gordon G. Chang, *The coming collapse of China*, New York: A. A. Knopf: Distributed by Random House, 2001; 宋晓军等:《中国不高兴:大时代、大目标及我们的内忧外患》,江苏人民出版社 2009 年版。

事实上，随着中国实力的迅速上升，就是某些对华一贯友好的大国面临中国持续发展的态势，对华防范的声音也开始出现。比如在2009年9月日本对外文化协会主办的会议上，俄罗斯前副外长库纳泽中就公开强调：在政治影响力方面，中国今后仍将进一步扩大，日俄应该联手抗衡中国[①]。

第三节　国民的健康大国心态初步形成

大国之"大"者，有三层含义，一曰人口和地域的广大；二曰国力的强大；三是"侠之大者"之大，正义和至善是其目的。大国心态是在第三层意义上使用的[②]。纵观历史，凡称得上大国者，不仅因为具有经济等领域的"外在大国化"条件，而且在精神、意识、心态等层面也拥有了"内在大国化"气势。罗马崛起时只是一城、英国也只是不大的岛屿，但都具备了大国心态，再加上其外在的权势因素，才被普遍视为大国。

国民心态属于认知范畴，尽管很难量化，但由于其极大影响一国的外交行为，许多国际关系学者对此都极力推崇，比如罗伯特·杰维斯。事实上，外交取向的最直接动力往往来自于认知。外交学院原院长、中国原驻法大使吴建民先生2010年8月在《大国崛起与国民心态》的演讲中论述大国崛起过程中所应注意的相关问题时第一个指出的就是心态问题。他指出由于近代以来我们长期是一个弱国，因此就养成了弱国心态。他进一步详细分析了弱国心态的三种表现：对于外界的评论非常介意、喜欢拔高、喜欢对于我们的成绩津津乐道。在此基础上，他指出正常的大国心态就是平常心态，"讲我好，不必欣喜若狂，讲我不好，也不必沮丧"。我们有自己的方针，我们考虑世界的利益也考虑中国的利益。我们向世界说明我们的立场，心平气和，"不必一碰就跳，张牙舞爪，好像很爱国"[③]。

[①] 赵学亮：《俄前副外长演讲呼吁日俄合作抗衡中国》，《环球时报》2009年9月30日。
[②] 刘海波：《没有文化自信，何来大国心态？》，《权衡·新青年》2006年8月。
[③] 《吴建民先生"大国崛起与国民心态"文字实录》，2010年8月2日，齐鲁网（http://www.iqilu.com/html/weishi/xinxingtan/dongtai/2010/0802/291472.html）。

清华大学经济管理学院院长钱颖一 2010 年 11 月 5 日在"2010年财新峰会"上演讲时从历史角度剖析了中国的大国心态。他指出，1000 年前，中国是世界最大经济体，而且人均收入在世界中名列前茅，中国被称为中央王国（Middle Kingdom），那个时候中国是优越心态。一直到 120 年前，如果按照购买力平价来计算的话，中国依然是全球第一大经济体。但那个时候，中国已经在衰退，并面临外敌入侵，心态变成了危难心态。目前随着中国的崛起，中国又将回到历史常态。但是这次既不同于 1000 年前，也不同于 120 年前。因此，钱颖一强调，我们既不应该有优越心态，也不应该有危难心态。而应该有个正确的大国心态。他表示，中国如何认知世界，不仅对中国，而且对世界也非常重要。从领先大国，到危难大国，再到复兴大国，正确的心态是，"中国要适应世界，世界也要适应中国"[①]。

近现代以来，在如何看待中国在国际上的角色问题上，中国人的心态跌宕起伏。当从天朝上国的迷梦中醒来后，中国人长期在"唯我独尊"和"全盘西化"两者间徘徊。直到二战胜利成为联合国五大国之一前，其心态主要在于争取民族独立、成为国际社会中的平等一员，谈不上大国不大国。之后四年忙于内战，大国心态更无从谈起。新中国成立后，毛泽东时代的大部分时间由于受制于当时的国际冷战格局，与西方多数资本主义大国几乎没有什么往来，国民对世界的认知非黑即白，也谈不上健康的大国心态。随着邓小平认识到时代主题是"和平与发展"，中国开始了近代历史上最大规模的"西学东渐"——改革开放，在保持本国特色的前提下，不仅虚心地向西方大国学习，也向新加坡等小国学习。在这一过程中，中国逐渐实现了权势的重大变革，国民的健康心态也逐渐成熟。

第一，趋于大气，包容开放。以 2008 年北京奥运会为例，昔日中国优秀运动员出国做教练，或代表他国出征常被视为"汉奸"而遭口

---

① 《钱颖一：中国要有正确大国心态》，2010 年 11 月 5 日，财新网（http://economy.caing.com/2010-11-05/100195655.html）。

诛笔伐①，但北京奥运会，郎平作为美国女排主教练带队参赛，主流看法正面肯定，认为反对郎平为美国效力"这样的观念已明显陈旧"②。当中美两国选手比赛时，看台上中国观众竟然发出"郎平，我爱你"的呼喊。在对待外籍运动员上，比如田径赛，尽管中国观众为刘翔出局而黯然神伤，但随后却为"新飞人"博尔特打破世界纪录如醉如痴。2016年的巴西里约奥运会，中国金牌数尽管继北京奥运会、伦敦奥运会之后，首次位居第三，但是唯奖牌论英雄不再成为人们评价的最重要标准。人们更多地关注竞技体育本身带来的"更快、更高、更强"的精神享受。一些尽管尽力了，但是没有拿到金牌的运动员，也被中央电视台等媒体追逐报道，称为励志楷模，比如帆船运动员徐莉佳。游泳运动员傅园慧很快红遍网络，正是由于她那种享受体育运动带来的内心激动和欣喜以及率真，赢得了大家的喜爱。

中国的这种心态不仅体现在体育层面，也不仅仅是最近几年一蹴而就的。比如，1996年亚洲金融危机时，中国并没有以邻为壑，任由人民币贬值。2003年至今，中国在朝核问题上的不遗余力，为解决地区安全问题也同样展现了一个负责任大国的形象。在2007年世界金融危机爆发后，中国一方面指出美国是引发全球经济衰退的重要根源，另一方面在国内抛出巨额救市计划，国际上又和美国紧密合作，为世界经济复苏做出了巨大贡献。中国这种健康的大国心态也体现在2016年对朝鲜半岛南北的政策上。2016年1月6日和9月9日，朝鲜分别进行了第四次和第五次核试验，此后韩国政府宣布将考虑部署美国"萨德"导弹防御系统，而在韩国部署"萨德"系统被广泛认为是美国围堵中国的重要一环。中国并没有因为韩国欲部署"萨德"系统放松对朝鲜核试验的制裁，而是和国际社会一道出台了迄今为止对朝鲜最严厉的2270号制裁决议和2321号制裁决议。

第二，更理性看待中西方的差距，谦虚务实。在人民论坛组织的一

---

① 比如，1994年10月13日晚，日本广岛郊区的亚运会乒乓球馆。原国家队成员何智丽以小山智丽的身份代表日本队出战，并最终以3∶1将排名世界第一的邓亚萍打败夺得亚运乒乓球女单金牌。一时间"汉奸""叛徒""卖国贼"等这些贬义词铺天盖地般地涌向这位原国家队成员。

② 李宗桂：《大国国民心态正在形成》，《人民论坛》（政论双周刊）2008年第16期。

次采访调查中,在"您认为哪种观念会助长国运"的回答中,78.4%的受访者选择"虚心向各国学习,兼容并蓄,取众家之长";74.9%的受访者选择"树立信心,发挥特色优势,积极应对国际竞争";70.7%的受访者选择"理性对待外国的误解、坚定信念,走中国特色之路";53.8%的受访者选择"重视国际消极舆论,积极做出解释"。在回答"您如何看待中西价值观念的异同"时,83.8%的受访者选择中西方文化"各有所长,可以互相借鉴",只有7.4%的受访者选择"中国的比外国的先进"。而在"当前中国人看待世界的主流观点是"这一选项中,也仅有6%的受访者选择"中国长处更多,已能与西方抗衡"[1]。在2007年经济危机爆发、世界目光聚焦到中国时,中国领导人也多次强调,我们仍然是一个发展中大国,把自己的事情办好,就是对人类最大的贡献,而不是以"拯救世界"自居。

2010年11月,当时正值世界很多国家热烈议论中国超越日本成为世界第二大经济体。时任中国国家副主席的习近平在访问新加坡时对此明确表示,中国仍然是发展中国家,对此我们始终保持清醒头脑。2013年4月,习近平主席在博鳌亚洲论坛发表主旨演讲时指出,中国依然是世界上最大的发展中国家,中国发展仍面临着不少困难和挑战,要使全体中国人民都过上美好生活,还需要付出长期不懈的努力。皮尤中心2016年的调查显示,当问到哪个国家的经济在这个世界上最为重要时,45%的中国受访者认为是美国经济,只有29%的中国受访者认为是中国经济[2]。

第三,更加理性、平和、宽容。比如,2010年中日钓鱼岛争执事件发生后,中国内地多个城市爆发的大规模反日示威基本上都采取了和平方式,表现得相当克制和理性。而对比可见,日本右翼分子9月末,竟然向中国驻长崎和福冈总领馆投掷自制燃烧物,并围堵乘载中国游客的大巴,装有子弹的恐吓邮件也寄到了中国驻日使馆。两国国民对同一

---

[1] 人民论坛"千人问卷"调查组:《当前中国人世界认知状况调查》,《人民论坛》(政论双周刊)2009年第20期。

[2] 《皮尤研究中心2016年的调查数据》(http://www.pewglobal.org/2016/10/05/2-china-and-the-world/?utm_content=buffer0d385&utm_medium=social&utm_source=twitter.com&utm_campaign=buffer&from=timeline&isappinstalled=1)。

事态反应的变化，其实反映的是两国国民心态的变化。中国在和平崛起过程中民众已经逐渐具有大国心态，更加理性、坚毅和自信。而日本在经济总量被中国超过后，则表现出冲动、不安和焦急。

再比如，2007年热映的电影《南京！南京！》在揭示历史真相，传递中国声音的同时，却超越了世界上多数战争片的民族仇恨、意识形态仇恨，直接呈现战争的本质——杀戮和残暴，逼问战争中的脆弱人性和悠悠不绝的良知。再比如，在2016年因南海仲裁案使得中美关系陷入低谷时，谩骂美国"亡我之心"的少了，而理性的从美国国内外因素分析原因和寻求对策的多了。在对美国的言行进行严厉批驳的同时，中国又在9月初的G20峰会上高调接待美国总统奥巴马，对美关系做出"斗而不破"态势，在维护国家利益的同时，为通过对话和交流改善两国关系打下了基础。对日关系也是如此。日本在南海仲裁案上积极充当美国"马前卒"角色，但在G20峰会上，习近平主席还是应邀与日本安倍首相举行了会谈，显示出中国管理两国危机、力避中日关系进一步下滑的负责任态度。毫无疑问，我们永远都不应也不能忘记近代中国被侵略、压迫、殖民、奴役的屈辱历史。但历史的悲情情结却万万要不得，一个成熟的大国心态要求我们更平和地看世界。

需要特别指出的是，不仅中国国民的主流心态有了很大的进步，大国健康心态渐趋形成，而且政府的外交姿态也是顶住各种压力，谨慎与理性。比如，2011年5月下旬以来，越南、菲律宾等国在南海问题上对中国步步紧逼。越南总理更是亲自高调发表非常强硬的讲话，并以所谓的"应对中国的威胁"为名发布了自1979年以来第一份新的征兵条例。特别是该年6月13日，越南海军投入不同种类的火炮和军备，在其宣称拥有主权的"专属经济区"的南中国海海域进行了总共9个小时的实弹演习。6月15日，菲律宾公然出动海军拆除了中国在南海部分岛礁上"设置的标识"。面对在本属于中国领土上的这些军事演习与武力挑衅，中国国内批评政府外交政策、要求政府"给其点颜色看看"的强硬声音始终存在。但是，政府外交的选择仍然是呼吁各方走向对话，而不是迎头相撞。面对"小国欺负大国"的吊诡现象，中国的竭力隐忍，也恰恰证明了中国政府在外交上并没有因为硬实力的上升与部分民众的民意压力而在认知上走向强硬外交。"睦邻、安邻"的方针仍然是其出发点。

此外，皮尤中心2016年的调查数据也表明，中国人对于国家今天所取得的成就更为自信，这一点和其他西方国家相比，更为明显。"3/4的中国人认为中国的国际地位远较10年前更为重要。而认为美国国际地位更加重要的美国人比例和认为欧洲更加重要欧洲人的比例分别只占到21%和23%"。①

但是与此同时，硬实力的增强使政府在决策时拥有更多筹码，国民自豪感的增强使得中国在遇到西方不公正对待时，迫使政府采取强硬手段回应的压力有时也会增大，政府决策的难度有所增大。比如，美国2010年对台军售，会见达赖，虽然不是什么新做法，但国内民众"完全有能力制裁美国"的呼声空前高涨。

第四节 国际认知复杂化

历史反复表明，对于一个相对实力快速上升的国家来说，要使发展和平持续下去，并不仅仅取决于它内在的发展结构及其对外部的认知，国际社会特别是主要大国的外部认知也至关重要。对此，布尔就明确指出，要成为大国必需具备这样的条件：其他国家认为这个国家具有一些特殊的权利和责任②。

一方面，中国稳定而迅速的发展客观上使得一些西方大国对中国的认知更为务实客观，鼓吹中国崩溃论的观点已经鲜少见到，这对于鸦片战争以来长期主张中国"终将崩溃"的西方主流舆论而言具有标志性意义③。以奥巴马政府2009年上任后，美国常务副国务卿斯坦伯格随

---

① 《皮尤研究中心2016年的调查数据》（http://www.pewglobal.org/2016/10/05/2-china-and-the-world/?utm_content=buffer0d385&utm_medium=social&utm_source=twitter.com&utm_campaign=buffer&from=timeline&isappinstalled=1）。

② Hedley Bull, *The anarchical society: a study of order in world politics*, New York: Columbia University Press, 1977. p. 105.

③ 可参见美国国务院的相关报道，特别是希拉里、斯坦伯格、贝德、坎贝尔等主管中国事务重要官员的讲话。美国国务院亚太事务局网站（http://www.state.gov/p/eap/index.htm）。

即提出的"战略再保证"（strategic reassurance）①为例，尽管其主要意图是要崛起的中国应保证让美国放心，但其前提也正是"我务实的接受你"。在这一前提下，尽管"零和思维"在西方仍有市场，但"中国崛起并不必然导致战争""中美关系可以被管理"的普遍共识正在形成②。同时，中国硬实力的上升还使得各大国在外交政策上更为凸显中国议题。奥巴马就明确指出，对华合作是国际社会中许多议题得以顺利解决的前提，对华关系是美国最重要的双边关系之一③。在他2009年11月的首次亚洲访问中，对其盟国韩国和日本的访问只进行了两天，而访华日程长达4天。再比如，民主党党首鸠山由纪夫2009年9月执政后，在发展对华关系上也更加用力，仅执政一个月后就对华访问，其党首小泽一郎紧接着也率"半个国会"访华。

另一方面，重要的国际机制也对中国有着较高认知。以二十国集团为例，其GDP总量约占世界的85%，人口约40亿。特别是其领导人2009年在美国宣布将代替八国集团成为国际经济合作与协调的首要全球性论坛后，二十国集团在国际社会中的重要性更为突出。2009年4月二十国集团伦敦峰会召开前一周内，央行网站发表周小川行长名为《关于改革国际货币体系的思考》的文章，仅隔几天，时任美国总统奥巴马即亲自回应。抛开具体涉及的议题不说，奥巴马作为美国总统亲自回应一个成员国央行行长的文章，足以表明对中国在该集团中角色重要性的高度认知。2016年，G20峰会在中国杭州的成功召开更突显出这一点。峰会达成《二十国集团领导人杭州峰会公报》和28份

---

① James B. Steinberg, China's arrival: The Long March to Global Power, http://www.cnas.org/files/multimedia/docu-ments/Deputy%20Secretary%20James%20Steinberg%27s%20September%2024,%202009%20Keynote%20Address%20Transcript.pdf.

② Quansheng Zhao, "Managed Great Power Relations: Do We See 'One Up and One Down?'", *Journal of Strategic Studies*, Vol 30, No. 4-5 (August-October 2007), pp. 609-637. Zbigniew Brzezinski, "Make Money, Not War," *Foreign Policy* 146 (Jan.-Feb. 2005), p. 46.

③ David B. Shear, China: Recent Security Developments, http://www.state.gov/p/eap/rls/rm/2010/01/134167.htm. 希拉里对于中国的重要认知也有过多次形象的表述。比如，她曾经说，"坐在行驶在北京三环道路的车上所看到北京就像看着一幕幕快进的电影""只要你闭上眼考虑一分钟，就会想到中国正在以一个月建两个波士顿的速度在发展"。Hillary Rodham Clinton, Remarks at Plenary Session of the U.S.-China Strategic and Economic Dialogue, http://www.state.gov/secretary/rm/2009a/july/126521.htm。

具体成果文件，成果数量多、分量重，在深度和广度上都取得了重大突破，也在国际上树立起新的"全球标杆"，彰显了中国理念的生命力。G20杭州峰会的成功举办再次证明，中国理念受到广泛认可，中国有能力为各国做出表率，更可以推动国际秩序朝着更加公正合理的方向发展。

2016年9月30日，国际货币基金组织（IMF）宣布，人民币10月1日正式加入IMF的特别提款权（SDR）货币篮子。IMF总裁拉加德发表声明称，"货币篮子扩容对于IMF、中国和国际货币体系来说，都是历史性里程碑"。人民币成为继美元、欧元、日元和英镑之后第五种"入篮"货币，并且是新SDR篮子中唯一的新兴经济体货币。这也意味着从10月1日起，人民币被认定为可自由使用货币。人民币"入篮"是中国经济融入世界货币和金融体系的重要一步，体现了中国在货币系统、汇率体系及金融系统推进改革的成就，是对中国推进金融市场开放及金融市场体系完善的认可。

发展中国家对中国的认知也很高。比如，2006年11月，中国举办的中非合作论坛北京峰会，53个非洲国家中有48国政府首脑与会。在周边事务上，尽管朝核六方会谈上中国的角色争议很大，但中国的独特影响力和角色的不可或缺性不仅被美日韩等国高度认可，而且即使对于屡次退出六方会谈的朝鲜来说，也仍然是不争的事实[①]。

除中非论坛成功举办多届外，2004年9月14日，中国—阿拉伯国家合作论坛首届部长级会议在阿拉伯国家联盟（阿盟）总部开罗举行；2015年1月6日，中国—"拉共体"论坛首届部长级会议在北京召开，这将推动中拉关系实现跨越式发展。

中国不仅在西方国家和发展中国家政界以及既有国际体系中获得的认知较高，而且在未来角色上，学界和民众也都有较高期望。许多学者都认为随着权力的进一步转移，将使接下来几十年中国国际角色的影响力更大[②]。有学者甚至认为中国不久将成为仅次于美国的第二超

[①] 王俊生：《朝核问题与中国角色：多元背景下的共同管理》，世界知识出版社2012年版。

[②] G. John Ikenberry, "The Rise of China and the Future of the West, Can the Liberal System Survive?" *Foreign Affairs*, January/February 2008, Vol 87, No. 1, pp. 21–25.

级大国①。更为夸张形象的说法莫过于《纽约时报》记者克里斯托夫所写的《2040年的中国》一文。在该文中，他提到2040年时，世界各种科学会议中随处可以听到中文，而美国的音乐排行中也充满着中国歌曲②。

西方对中国角色的较高期望比较突出地反映在"两国集团"（G2）论和"中美国"（Chimerica）概念上。前者是由彼得森经济研究所所长伯格斯滕于2006年提出的，原奥巴马外交事务顾问布热津斯基加以强调。后者是由哈佛大学著名经济史学教授弗格森和柏林自由大学石里克教授于2007年共同创造。抛开美国是否有"捧杀"中国之嫌和中国能否接受这些新定位不说，这确实反映出美国对中国国际地位上升和未来发展的新认知。

但是，部分是由于西方根深蒂固的冷战思维，部分由于习惯了优越心态看不得中国发出正当（强硬）声音，也或许由于种种目的故意"以偏赅全"，混淆政府外交姿态、整体国民心态与部分民众的急躁心态、以部分急躁心态代表中国整体国民心态与政府的外交姿态，在近几年中国国民心态总体上持续健康良性发展的背景下，西方在对华认知上的误解与猜忌也出现进一步加大的趋势。比如，利用经济制裁等手段惩罚违反国家利益的国内外企业，这在中西方大国中都是普遍做法。但近几年中国（比如2010年）制裁涉及售台武器的美国企业却引起了外界关于中国外交是否走向强硬化的讨论。外界所谓中国"咄咄逼人""过分自信""日趋强硬"的各种说法不绝于耳，甚至由此怀疑中国韬光养晦的外交方针和走和平发展道路的战略已经发生变化，指出这将损害中国过去努力营造的低调、和平、友善的形象，使周边乃至越来越多的国家感受到中国的挑战和压力③。一时间，这种论调充斥着多边外交场所、国际研讨会议以及各种媒体报道，大有渐成国际涉华舆论主流之势。

---

① Lance Winslow, China's Future in the World-Book Review, http：//ezinearticles. com/？Chinas-Future-in-the-word-Book-Review&id＝2846776.

② Nicholas D. Kristof and Sheryl WuDunn, China in 2040—Leading the World？ Saturday, November 03, 2001, http：//www. theglobalist. com/StoryId. aspx？ StoryId＝2197.

③ 高祖贵等：《2010年国际战略与安全形势回顾》，《亚非纵横》2011年第1期。

《日本时报》2011年3月9日刊发的一篇题为《中国的经济规模到底有多大？》的文章写到，从市场价格的角度看，中国国内生产总值是5.88万亿美元，远远落后于美国的14.6万亿美元。但是如果从产出量看，中国为14.8万亿美元，高于美国，已经成为世界第一大经济体，这严重高估了中国的实力。英国《独立报》网站2011年1月30日发表文章指出，尽管美国经济总量仍然是中国的两倍多，但2010年对美国人的民意调查显示，47%的人把中国看作是世界头号经济大国，而只有31%的人认为是自己的国家。2009年美国战略与国际研究中心（CSIS）公布的调查数字也显示出美国存在严重高估中国实力的问题。当时的受访者认为10年后国力最强的是"中国"的达65.5%，居第一位。

伴随着对中国实力夸大的，是错误解读中国的意图与发展走向。2010年末，英国知名杂志《经济学家》发表了长达14页的题为《中国崛起的危险》封面文章，贯穿其中的是对中国崛起和中国未来发展道路所谓"不确定性"的焦虑。全文开篇引用了"卧薪尝胆"的典故，将一个中国家喻户晓的历史故事演绎成对中国发展模式的质疑。英国《独立报》网站的文章认为中国目前在地缘政治上已经放弃了韬光养晦政策，其判断依据是2010年下半年中国在海洋争端上与日本交恶以及中国试飞了一架隐形飞机。这种对于中国正常的地缘诉求和正常的军事发展所引发的错误解读，表明西方对中国未来发展意图的误解根深蒂固。日本《正论》月刊2011年2月刊登原自卫队高官的文章表示，中国的长期目标体现出它作为"大中华帝国"的自负以及作为"霸权国家"与美国分庭抗礼的姿态。他甚至耸人听闻的指出，从中国"近海防御战略"和相应部署以及周边地区对中国的地缘政治意义看，如果日本在中国国家及军事战略中具有价值，而中国的军事能力又足以影响日本，那么中国未来很可能不顾日本意向，毫不犹豫地动用军事手段将日本纳入自己的势力范围。

由上可见，在国际认知上，一方面，随着中国实力的增强和影响力的提升，多数国家和国际组织更加重视中国，期待也更高；另一方面，严重夸大中国的实力，并错误解读中国的意图与发展走向。

第五节 小结

综上可见，中国面临的国际环境可谓典型的喜忧参半。中国硬实力实现了跨越式发展，但是带来大国关系的战略互疑上升，大国关系的结构性矛盾更为突显；国际认知出现了积极变化，中国大国地位得到了普遍认可，但是"中国威胁论"与"中国责任论"不同程度地再次出现；中国国民心态出现积极变化，但与此同时一定的民族主义开始抬头。

通过本章的分析可见，一方面，硬实力的发展确实为发挥大国角色提供了动力。与此相符的是，在认知上，中国也越来越被视为世界大国。尤其是这种认知不仅来自于中国国内健康成熟的国民心态，而且越来越多的是来自于曾经轻视中国的西方大国，这在中国近现代历史上还是头一次。另一方面，尽管中国还远未成为一个真正的世界大国，但大国的压力与无奈开始出现，可谓是"树未大而先招风"。对于前者，由表1-3可见，中国硬实力的发展，与其说速度过快，倒不如说起点太低。中国当时的相关经济指标所占世界的份额不仅与历史上无法比拟，而且与中国的人口和地域规模所应有的位置也相差甚远。所以今天的增长与其说是世界权力分配的不平衡，倒不如说是世界权力分配在逐渐实现平衡。就此而言，今天中国硬实力的快速增强乃至进一步的提升不仅是必然的，也是应该的。

本章的分析也表明健康的大国心态、国际认知、硬实力上升以及大国关系四者间呈正相关关系。中国今天建立在硬实力增强基础上的大国角色，恰恰是在国际较高认知背景下具有健康大国心态的时候。从历史上看，心态自卑，就会妄自菲薄，崇洋媚外。心态自负，就会夜郎自大，闭关锁国。因此，当我们今天拥有世界排名第二的GDP时，当然也应继续保持敢于担当、谦虚平和的大国心态。当前，我们要谨防在某些内外认知"捧杀"下急切地寻求"大国权利"。对此，国内已经出现了这种声音，比如前几年畅销的《中国可以说不》的书，正是迎合了民众的这种急躁心态。抛开中国实力离一个真正的世界大国还有很远的距离不说，即使到了那一天，我们也应借鉴布热津斯基在美国二战后实力达到巅峰、国内"自负心态"弥漫时发出的警告。他说,"华盛顿如果不改变无处不在的类似自负,一个世纪后,可能导致美国霸权及其世界唯一超级大国地位遭遇与英帝国分崩离析命运类似的命运"①。

对于本章显示出来的一些国家对中国崛起所表露的认知猜忌与恐惧,并因此突出"防范"一面,应视为正当的合理关切。因为从历史上看,由于国际资源的有限性,新兴大国的崛起——即使它们并没有这种主观意愿——在客观上也必然会构成对原有国际体系的挑战。但不管怎样,国际认知环境所表现出的这些新特点的确表明崛起中的中国国际角色战略环境一定不是风平浪静的。如果中国对此采取正面挑战,那么势必会受到这些国家的遏止(或联合遏制),战略环境将大大恶化。况且从历史上看,所有新兴大国对既有世界大国的正面挑战要么被后者击败、要么和后者两败俱伤,无一成功。由此可见,中国始终保持军费开支占 GDP 较小比例,诚意发展与中小国家关系、意志更为坚决地改善大国关系,不仅是明智的,也是必须的。

本章从认知的角度进行的分析表明,作为事态中心的中国,其国民心态与政府姿态的动向,是影响中国外交取向与趋势的根本动力所在。如何从认知层面建构中国与世界、特别是与美国的关系不仅对于维护两国国家利益有益,而且由于两国的文化与制度等存在差异,也能服务于全球的和平与稳定,乃至国际关系理论的进一步发展与变革。

必须指出,本章仅仅是从与硬实力与认知角度有关的四个指标入手,没有也不可能全面(更不要提穷尽)地分析中国目前所面临的战略环境。但通过这四个至关重要的指标,我们的确可以窥见中国在成长为新的世界大国角色时所面临的新战略环境的端倪,而这显然是在中国国际角色研究中面临的最新且至关重要的课题。

值得指出的是,考察时间因素可见,硬实力的上升、国民健康的心态以及国际的务实认知都同时形成于改革开放后。这就表明动力主要发端于内部。事实上,从历史上看,一个国家的崛起在实质上还是

---

① [美]威廉·恩道尔:《霸权之后,美国全方位主导战略》,吕德宏等译,知识产权出版社 2009 年版,第 6 页。

该国强盛内部力量的外延，比如荷兰的崛起在于其现代商品经济和民主宪政，英国在于其第一次工业革命，而日本则受惠于明治维新。就此而言，中国在持续崛起过程中最应该关注的课题，同时也是最大的挑战，依然在内部。因此，考察中国的国际角色，就必须分析中国国内环境的变化。

第二章 中国角色成长的国内环境：半自主社会因素

第一章分析了中国国际角色的外部环境，那么从内部环境看有什么变化呢？研究社会因素和外交决策之间的关系一直是国际关系学与比较政治学相交叉的学术前沿。具体到中国案例，西方仍然有不少学者戴着有色眼镜认为社会因素属于西方民主国家，中国不可能真正存在，因为他们错误地认为中国的所有外交政策都是政府"一手包办"。这些对中国的误解其根源就在于未充分了解改革开放后中国社会的蓬勃发展，这种发展从根本上讲是中国全面发展进步的一个缩影。

理论与实践表明，社会的进步、自主能力的增长，必然会不同程度地影响到中国外交决策[1]。而且，"改革开放以来，随着中国社会的发展，内政对外交的影响越来越大，当深入研究对外政策制定层面，特别是在考察一些大政策的形成时，便不能不分析国内因素的影响"[2]。社会因素与国家决策的这种良性互动，从根本上说又是一个现代中国逐步民主化成果的具体体现。本章考察的就是中国活跃的国际角色背后的中国国内社会因素，并尝试以"半自主的社会因素"这一基本概念对其加以总结概括。

第一节 社会因素对中国外交的积极影响增大

"外交是内政的延续"，内部因素与外交的关系是一个永恒的话

---

[1] 已有的成果比如：David M. Lampton (ed.) 2001, *The Making of Chinese Foreign and Security Policy in the Era of Reform: 1978 - 2000*, Stanford University Press.

[2] 章百家：《中国内政与外交：历史思考》，《国际政治研究》2006 年第 1 期。

题，对于中国也是如此。考察中国近代以来的外交政策制定，确实在很长一段时期内，外部因素占主导，内部社会因素的影响相对不大。这主要有两个原因形成。其一，受制于中国国力以及外交人员的能力水平等因素，中国外交长期体现为"刺激—反应型"特点，主动去影响、塑造外交环境的确实很少。当时外交在中国政治体系中的权重较小，人们的关注度也不高。其二，受制于国内整体的政治与社会体制，以及"外交无小事"的考虑，外交常常是外事部门的事情，社会因素的影响几乎可以忽略不计。1978年以来，一方面，随着中国各项事业的蓬勃发展，中国外交不再仅仅是被动的"刺激—反应"，中国自身作为影响地区与国际局势的重要变量，其主动性大大增大，外交在中国政治体系中的权重增大，与人们的利益更加息息相关；另一方面，权力下放作为中国改革进程中的一个显著特征[①]，大大刺激了各种社会因素积极地参与中国外交政策制定与决策过程。除此之外，以下三个因素也需要提及。

其一，外交的日益复杂化与技术化，单凭官方力量开展外交的压力在增大，而且有时候未必效果就好，这促使政府有时会主动推动相关社会因素走向前台。比如，在全球气候领域和区域经济合作领域等，都需要有强大的专业知识做背景。由于西方社会对信息接受的特点，有时对来自于所谓社会因素的信息更愿意接受。因此，出于外交一盘棋的需要，政府有时也有意淡化官方色彩，突出社会声音并主动推动社会因素参与大外交。比如推动新华网、人民网上市，通过市场而非政府的方式运营新媒体，等等。这方面最典型的要数中国公共外交协会的成立。

中国公共外交协会成立于2012年12月。协会是由中国公共外交领域专家学者、知名人士、相关机构和企业等自愿参加组成的全国性、非营利性社会组织，具有社团法人资格。协会共有64个创始会员，协会现任会长为中国原外交部部长李肇星。实际上，除了李肇星原外长外，一批中国原政府高官、军队高级将领退休后，现在以民间的身份积极活

---

① 经济改革与政治改革使得原来附属于国家的企事业单位渐渐能够自主行为了，利益集团多元化和活跃的政治环境开启了一个民间组织飞速发展的新时期。社会改革与文化改革使得人们的自由流动与社会文化交往日趋活跃，这直接推动了思想的解放与社会的活跃。

跃在中国大外交的舞台上。比较著名的有原军事科学院世界军事研究部副部长、现任中国战略文化促进会副会长兼秘书长的罗援少将，原中国外交部副部长、国务院侨办副主任、现任华侨大学国际关系研究院院长的何亚非等。

其二，国际化与信息化的内化效应，鼓励了社会因素日趋活跃。同时，在这种背景下直接或间接有对外利益的企业、地方政府、研究人员、媒体人、网民以及普通公众等，必然会或多或少地试图了解对外政策、进而希望对外交政策施加有利于自己或本部门的影响。

其三，外交工作的目标被明确界定为配合国家经济建设，有的社会参与者并不一定主观上想寻求在政府外交上扮演积极影响角色，但却常常主动或被动地卷入中国的外交。例如，海外大型企业的根本目的是要追求商业利益，但是其行动有时却无意中致使中国外交被卷入人权、环境保护以及与当地的政治纠纷等问题上。

总之，随着中国国力增强、国内改革开放力度加大，社会因素对中国外交的影响呈现增大趋势，笔者作为一名智库研究人员对此也感受颇深。一方面，国内政策制定过程中的决策咨询越来越频繁，学界有更多机会将研究成果直接转化为政策建议。另一方面，在舆论引导、1.5轨道外交等方面，国内外需求也很大。国外政府显然也看到了这种变化。笔者所长期研究的东北亚安全和朝鲜半岛相关对象国，比如美国、韩国、日本等的政府官员、在华使馆官员，以及联合国等相关国际组织的官员等，也常常邀请笔者就相关政策问题进行座谈。正是包括这些积极的社会因素推动在内的中国外交决策的更加科学化，再加上中国硬实力的增强等，近些年中国外交才结出如此多的硕果。

既然社会因素影响中国外交是一个客观存在的现象，我们就需要了解社会因素影响我国外交的特点，在此基础上因势利导，发挥其积极作用，抑制或减弱其消极作用。

第二节 大众舆论与智库的发展

一 大众舆论的发展

中国传媒报道的传统做法是政府直接或间接地决定媒体报道议程和

事件的轻重缓急，媒体进而塑造公众舆论。公众舆论在政府外交中无足轻重。今天，随着大多数报纸和出版机构由于市场机构改革获得政府的财政支持越来越少，它们开始追求盈利，变得贴近市场，报道范围从原来的"政府有指示才能报道"发展到今天的"政府没有指示就可以报道"①，公众舆论形成的自主性增大了。这种市场化的导向使得新闻报道不再像以往那样千篇一律或舆论高度一致，内容涵盖范围上也在扩大，更加生动活泼，受到大众的喜爱。作为舆论的引导者，这些媒体发表各种专家的意见也越来越多元化，他们不再受到"统一口径"的束缚。从公众的需求来看，随着中国国际地位提升和更多参与国际事务，他们更加关注中国外交与相关国际问题。当今世界与中国又处于一个空前变革的时代，许多问题十分复杂，站在不同立场甚至会得出截然相反的结论，更不用说唯一答案，这又刺激了公众的思考，促使他们在各种社交媒体上积极主动地发表观点进行交流。这就推动了大众舆论的活跃与多元化，这种背景下，政府也不得不予以关注。

这其中要特别提到新媒体的作用。相对于平面媒体，网络舆论的表达者较少具有思想包袱，所以表达得大胆而踊跃，而且多数网上舆论形成的基础是草根网民，有时可以通过扮演民意代言人体现所谓的"正当性"。新媒体的发展更是鼓励了网民的踊跃发言。比如微信，希拉里和特朗普的首场公开辩论刚刚结束，"朋友圈"就开始转发两人辩论的实况视频；针对一些热点问题，比如南海问题、钓鱼岛问题、朝鲜半岛问题、"一带一路"等，又建立了一些"群"进行"群聊"。相比于平面媒体，一些专业网络媒体发表文章的速度更快，基本上是第一时间就刊发并向读者推送专家的观点与评论文章。一些网络写手也不再像过去那样，写完经过复杂的审批程序才能刊登其观点，而是直接在"朋友圈"发表自己写的文章，观点新颖且逻辑性强的文章又往往会被其他人进行转发。这就使得舆论的形成更为复杂，更难以引导。在这种背景下，官方已开始把倾听网民的声音作为政府外交工作的常规程序的一部分。早在 2003 年 12 月，原外交部长李肇星在线两个多小时回答网民的

---

① 郝雨凡、林甦：《中国外交决策：开放与多元的社会因素分析》，社会科学文献出版社 2007 年版，第 105、31 页。

问题就是这种姿态的一个表达。有些高官甚至直接加入微信相关话题的"朋友圈",不仅直接听取各种观点,有时甚至以匿名的方式直接参与讨论。

既然大众舆论可以改变人们对时尚潮流、汽车、流行音乐、电影明星的看法,它们当然也能在更加开放的背景下影响对外交政策的基本认知和态度。由于近代的历史经历,中国人民对和平的珍视出自内心。日趋成熟和强大的中产阶级大部分生活在沿海城市,他们受益于开放政策与稳定的对外关系,主流公众舆论支持政府理性的外交政策与建设性的对外合作关系。特别是伴随着中国持续发展对外部资源和能源需求的日益扩大,以及持续而频繁的对外交流带来的视野开阔与思维革新,他们普遍认识到中国的命运与世界命运休戚相关。这都在相当程度上影响到中国公民的全球观念和对外姿态。2016年皮尤调查表明,54%的中国受访者对国际多边机制表示满意,相比而言,不满意的占到33%。这表明,中国对现行国际体系是满意的,在大众层面也不寻求对现行机制推翻重来。

但与此同时,近代屈辱的历史记忆,伴随着GDP升至世界第二和西方发达国家影响力的相对下降,在面对西方国家外交上的高傲与趾高气扬时,又常常容易激起中国的民族主义情绪。中国政府在外交上有时就不得不突出"硬"的一面回应国内各种要求"说不"的公众舆论压力。比如,在1999年5月,不少学生给政府高层领导和报纸写信,要求对美国采取强硬政策。一名学生指出,美国之所以敢轰炸中国使馆,是因为它相信中国只会提出"强烈抗议"而不会采取其他措施。他告诉时任总理朱镕基:"政策所持的软弱立场拉远了政府和人民之间的距离……"[1]如此强烈的批评迫使政府官员在1999年和2001年与美国政府打交道时坚持更加强硬的立场,以避免显得软弱[2]。这也提示外国政府在对华开展外交时,必须照顾到中国民众的情绪。

总体上看,公众舆论对外交的影响体现在三个方面:第一,公众舆

---

[1] 郝雨凡、林甦:《中国外交决策:开放与多元的社会因素分析》,社会科学文献出版社2007年版,第79页。

[2] 同上。

论是众多非政府和非国家实体加入对外政策辩论并对其提出建议的平台；第二，在某种程度上，它在中国领导人了解民意方面是有意义的；第三，决策层里的精英们会动用公众舆论来加强他们的政策可信度①。此外，随着信息社会的到来，政府从技术上难以做到垄断信息，遇到突发事件时，政府有时甚至不得不依靠大众信息设置议程②。

二 智库的发展

外交透明度的提高和民间力量的更多参与是社会因素活跃的必然结果，而"智库"能否成为集思广益的平台不仅是其中的一项重要指标，也是一个国家决策科学化的重要标杆。与美国"智库"雄厚的实力与庞大的智力集群相比，中国的智囊机构还显得分散和零碎，但通过科学的分析和缜密的研究为政府外交提供智力支持，这条路在中国已然开始，并正在快速发展。近些年热门外交概念如"和平崛起""和平发展"等都是先由知名智库提出，尔后受到政府高层的关注并传播③。

按照知识的三个功能，也即经世致用、知识传递、大众教育，涉及中国外交的有关"智库"大体可以划分为三类。第一类是外交部、总参等涉外部委和军方的直属研究机构。其特点是密切跟踪当前的外交问题进行动态的对策研究。这类"智库"是名副其实的"智库"，研究成果会直接被政府所用。这里的研究人员是国家工作人员体系内的一个特殊群体。以中国国际问题研究院为例，该院的历任院长通常都是外交官转任（除了2015年刚被任命为比利时大使的曲星所长外），而且每个研究人员在院里工作一段时间后，和外交部的新任公

---

① 郝雨凡、林甦：《中国外交决策：开放与多元的社会因素分析》，社会科学文献出版社2007年版，第52页。

② 一般而言，各国外交官员日常获取信息的途径无非三个方面：传媒、驻外使馆的报告以及情报部门的详细资料。在美国，CNN已成为最普及的每日新闻来源，美国原国务卿克里斯托弗就曾说，他从CNN上看到的东西比许多从海外发来的保密级电报的内容少不了多少。新闻媒体对国际事务的报道起到了为决策者搜集和整理信息的作用，它们所提供的信息量和报道角度等无形中影响着决策者对国际问题的看法，并最终影响到外交决策。

③ 郝雨凡、林甦：《中国外交决策：开放与多元的社会因素分析》，社会科学文献出版社2007年版，第191页。

务员一样，必须外派到使领馆锻炼。在研究院和驻外期间表现突出的研究人员有可能被任命为大使、公使。在这类"智库"工作的生活待遇也与公务员类似，有的直接按照公务员法管理。由此可见，这类"智库"尽管也关注基础理论问题和中长期的战略问题，但是其功能主要在于"经世致用"，主要关注的是具体的政策问题，研究报告讲究时效性。

同时，这些单位的工作人员从某种程度上也充当政府外交"发言人"的角色。比如，有关中国政府的外交立场在官方不方便直接表达时则会常常请这些研究人员在权威媒体上进行解读，尽管有时讲解人未必专门研究某一要讲解的问题。在这种情况下，其主要目的就是向国内外传递中国的政策。相比于外交部发言人的表态，这些专家的发言与解读更为全面和具体。有时，政府也会"指定"这些机构举办类似"9.19共同声明"10周年之类的学术研讨会，邀请官方或者半官方人士参加，除了庆祝外，很重要的一个目的在于为下一步具体的政策出台集思广益与营造环境。

第二类是社科院与党校系统的国际问题研究机构。这类机构在财政上仍享受"全额拨款"，依据规定也能阅读到相关涉密材料。这类机构对外交的影响主要有三个。其一，外交部门外事工作的补充。比如，一些国外的政要到华访问，如果想与中国"智库"进行交流，那么社科院与党校系统会是外事部门的首选之一。选择这里不仅因为他们熟悉中国政策，而且这里的工作人员长于区域与国别问题研究，就具体问题对话驾轻就熟。其二，政府外交的重要思想支撑。比如中国社科院已经建立了成熟的报送渠道，研究成果可以根据需要顺畅的到达中央各级领导的案头。其三，国际关系学与外交学的学科累积。这些单位不少学者的研究主要以中长期战略问题和理论问题为主，决策报告是基于学术研究而结出的"花"与开出的"果"。比如，中国社科院亚太与全球战略研究院、世界经济与政治研究所等单位的部分学者已经成为中国中长期战略研究和理论研究的中坚力量。由此可见，这类"智库"的主要功能介于"经世致用"与"知识传递"两者之间。

即使在"经世致用"方面，社科院、党校系统学者与部委直属的智库也存在一定区别。其一，社科院与党校系统的学者只有到了一定的行政级别才能阅读"内部材料",多数学者的对策研究也是基于扎实的理论研究与战略分析以及对某一问题经年累月的跟踪,这与上述各部委直属的智库不同,后者主要依靠阅读所谓的"内部材料"提供对策分析;其二,社科院与党校系统学者提供的对策不仅有针对当前局势的一些思考与建议,更常常有中长期的思考与建议。

第三类便是高等院校。其工作特点主要是教书育人,专业研究上更为学术化,具有更强的理论色彩。尽管在高等院校工作的部分教师的研究成果凭借自己的学术声望与人脉也能直达高层,但绝大多数的研究主要以理论分析和战略分析为主。因此,这类"智库"的主要功能在于"知识传递"。

值得指出的是,近些年来还有一些社会智库发展如雨后春笋,方兴未艾。如"察哈尔学会""盘古智库"等,都迅速赢得了国内外的广泛关注。

上述三类智库的不同分工也正好可以形成优势互补,这也可被视为中国智库的优势之一。尽管针对智库对于国家政策的实际影响评价不一,但是人们普遍也都认为至少在以下两个方面智库对政策的影响是其他方面不可替代的。其一,基于长期的跟踪研究与深度的理论和战略分析,智库可以帮助政府进行深度的政策分析;其二,在知识的连续性上,如上所述,政府官员常常轮岗,特别是高级官员,到一个新的岗位自然就需要了解相关议题在过去的情况,在这种背景下,作为知识的补充,"智库"可以对决策部门的政策连续性提供"咨询"。

上述三种智库对中国外交的影响及渠道主要体现在以下几点。其一,直接的政策建议。这主要体现在前两种智库的功能上,其主要方式有以下几个方面:政府委托课题、就相关议题召集相关学者直接和主管部门的领导面对面交流、这些单位就自己认为有价值的题目进行撰写并提交。近几年,政府部门加大了对这些智库学者的借调,比如到驻外使馆、国家安全委员会等工作,工作表现优秀的并征求个人同意,这些人还可以直接调入这些政府部门工作,这也许是中国版"旋转门"的雏形。

其二,通过大众宣传,形成社会影响,从而引起政府关注。由于深厚的学术素养与对相关区域和国别问题的长期跟踪,以及开放的国内舆论环境，上述智库通过撰写文章和学术会议等公共讨论，使得相关观点不仅可以先在社会传播，而且其讨论结果由于代表了精英一定程度上的共识，从而能对政策制定产生影响。据笔者观察，由于知识的更新较快以及对专业化的要求增高，近些年中国外交官学习化能力非常强，其中一个学习的途径就是通过智库工作人员公开发表的成果。同时，由于外交官经常要"轮岗"到自己不熟悉的国家工作，他们要补充知识的一个重要渠道就是查看学者公开发表的相关成果。

其三，引导舆论，同时向国外介绍中国。由于新时期中国公众对于中国外交与国际问题了解的渴望很强烈，而这三类"智库"的研究人员无疑是掌握国际问题知识的精英人才，他们除了向政府贡献专业知识外，还充当向国内公众释疑解惑的功能。他们或通过撰写文章，或在网上做视频直播，或通过电视与广播报道等渠道，大大提升了中国公众对国际问题的掌握与分析能力，这也是中国民众理性化、国民心态更为健康的一个重要基础。

与此同时，随着中国的发展，可以说世界各国从未像今天这样渴望了解中国，因而智库学者还承担起向国外介绍中国的历史使命。在各种国际会议上，"中国学者"成了与会者关注的焦点。尤其是在提问环节，很多时候问题几乎都是提给中国学者的，简直成了中国学者的"新闻发布会"。笔者在工作中也常常接到来自世界各国（主要是西方发达国家）官员与学者"约见交流"的请求。这背后所反映的正是在中国国际角色备受关注的情况下，国际社会希望了解中国的急切愿望。智库学者之所以成为国外了解中国的一个重要渠道，也与我们政府官员还不太习惯于面对媒体、面对西方智库有直接关系，因而迫切寻找"答案"的西方各界人士就把焦点放到中国学者身上。

其四，这些智库也承担起培养外交官的任务，特别是外交部直属的外交学院。一方面，由于专业设置的特点，外交学院毕业的学生更有机会进入外交部工作。另一方面，外交部的官员如果需要"充电"在职攻读硕士研究生或博士研究生，他们往往选择外交学院。其实不仅是外交学院，由于外交官与中国政府其他外事部门官员通常毕业于国际问题研究的重镇，比如中国人民大学国际关系学院、北京大学国际关系学院、复旦大学国际关系与公共事务学院，以及中国社科院研究生院等，因此，这些单位也通过塑造中国外交官思维与价值观倾向影响着中国的外交政策。

今天中国外交面临的许多问题更为专业化与技术化，比如气候问题、大规模杀伤性武器扩散等问题，如果想处理好这些问题就需要强大专业知识的智力支持。在重大的战略安全问题上，中国面临的外交环境也前所未有的复杂化，中国自身的国际角色决定了其很多外交政策可谓"牵一发而动全身"，对精通国际战略态势、又熟悉具体问题的"智库"与专业人员的需求也前所未有的紧迫。

十八大以来，新一届中央领导集体高度重视智库建设。习近平总书记也多次对智库建设作出重要指示。十八届三中全会通过的《中共中央关于全面深化改革若干重大问题的决定》明确提出，要"加强中国特色新型智库建设，建立健全决策咨询制度"。2015年1月20日，中共中央办公厅、国务院办公厅发布了《关于加强中国特色新型智库建设的意见》，提出到2020年目标是"重点建设一批具有较大影响力和国际知名度的高端智库"。2015年11月9日，中央全面深化改革领导小组第十八次会议通过《国家高端智库建设试点工作方案》。12月1日，"国家高端智库建设试点工作会议"举行。中共中央政治局常委、中央书记处书记刘云山出席并讲话，强调建设中国特色新型智库是推进国家治理体系和治理能力现代化、提升国家软实力的重要举措，指出要着力建设一批国家亟须、特色鲜明、制度创新、引领发展的高端智库，推动我国智库建设实现新的发展。首批试点单位为25家，笔者所在的中国社科院亚太与全球战略研究院也名列其中，25家试点单位可分为以下四类。

第一类是党中央、国务院、中央军委直属的综合性研究机构，共10家，分别是国务院发展研究中心、中国社会科学院、中国科学院、中国工程院、中央党校、国家行政学院、中央编译局、新华社、军事科学院和国防大学。

第二类是依托大学和科研机构形成的专业性智库，共12家，分别是中国社会科学院国家金融与发展实验室、中国社会科学院国家全球战略智库、中国现代关系研究院、国家发改委宏观经济研究院、商务部国际贸易经济合作研究院、北京大学国家发展研究院、清华大学国情研究院、中国人民大学国家发展与战略研究院、复旦大学中国研究院、武汉大学国际法研究所、中山大学粤港澳发展研究院、上海社会科学院。

第三类是依托大型国有企业的研究机构，有1家，为中国石油经济技术研究院。

第四类是基础较好的社会智库，共两家，分别是中国国际经济交流中心和综合开发研究院（中国·深圳）。

第三节 半自主的社会因素

上文对大众舆论和智库发展的分析表明，影响中国外交的社会因素日趋活跃，这也是中国外交决策科学化的一个重要背景。与此同时，尽管社会因素对外交的影响已相当明显，但由于相关因素与影响方式还不成熟，如果我们只是简单地罗列与叙述就难以抓住本质。因此，本书提出了"半自主的社会因素"这一概念。所谓"半自主"，指的是社会因素作用于中国外交的特点，反映的是社会因素在政府外交中所扮演的本质角色。

尽管公众舆论对政府外交的影响在增强，但由于中国政治制度的特点，这种影响呈现出明显的"半自主"性。一方面，主要媒体仍然是官方机构的重要组成部分，比如《人民日报》、新华社、中央电视台、中国国际广播电台等，他们被视为党和政府的喉舌。其他媒体的信息与观点普遍受到这些"喉舌"的影响、甚至是"左右"；另一方面，中宣部、国务院新闻办等专职部门的主要功能之一就是用行政手段管理平面媒体与网络媒体，引导舆论往理性方向发展。

上述提到的三类"智库"尽管对中国外交决策质量的提升起到了很大的推动作用，但还远远不够，也明显呈现出"半自主"性的特点。第一类尽管能直接将研究成果转化为实际决策，但由于研究人员事实上属于官僚体系的一部分，常常被西方国家质疑为政府外交的"发声筒"或者"宣传部"；而第二类、第三类中，由于政府决策和咨询机制封闭性的特点仍然没有实现突破，不少学者的研究成果仍然局限为个人行为，研究成果与决策部门的沟通渠道需要进一步理顺。智库工作人员由于长期脱离政策滋养，不知道政府的真正需求所在，难免具有"临门抱佛脚"的不成熟感。

由此可见，今天社会因素与中国外交的关联呈现出复杂的图景。一方面，社会因素对外交的影响的确在增大，但另一方面，这种影响还不能被扩大，还比较有限，呈现出"半自主"的特点。在全球化、信息化影响下，今天美国任何一部叫座的影视节目，诸如《六人行》（*Friends*）、《国际地理》（*National Geographic*）和《欲望都市》（*Sex and City*）等都能几乎同步在中国风靡；任何一本被美国《纽约时报》或是亚马逊网站列出的畅销书都几乎能立即出现在许多中国的读书网站上；而在纽约流行的打击乐，第二天就很可能出现在微信朋友圈里。这些都开阔了民众视野，也提升了其接受世界先进信息的能力，并增强了他们的比较效应。从趋势上看，社会因素影响中国外交的"半自主性"在客观上毫无疑问会进一步朝着"更多自主性"的方向发展。从经验上看，如果社会因素影响外交的自主性增强，政府外交的复杂性就会随之增大。

由于信息掌握的程度、所考虑问题的角度等的差别，在每一个多元民主国家，社会因素的考虑与政府实际的外交政策考虑之间都存在差距。因此，政府重视社会因素的同时，不应一味迎合，应正面引导这种"半自主性"，特别是在两个方面。其一，是开头所提到的"雪耻心态"。在中国遇到不公平对待时，往往希望政府采取强硬态度"出气"，而对于强硬手段给整体外交战略态势带来的负面影响，以及对于经济科技等多领域负面影响的连带性较少顾及，这正如"不当家不知道柴米贵"所指出的那样。

其一，理性与现实的看，盲目地对西方国家强硬、甚至反西方并不符合中国利益。比如，在"9·11"发生后，强国论坛高峰时段每天有25000名网民同时在线，并且很多帖子公然赞扬恐怖袭击。一些网民写到，美国在1999年轰炸中国驻南大使馆和2001年中美撞机事件后得到了"公正的惩罚"。由于所占的角度与所掌握信息的情况不同，政府盲目地迎合部分民众的观点，不仅容易带来外交情绪化问题，而且有时还会牵涉基本的道义问题。

其二，就是在改革开放的和平环境与宣传下成长起来的一批人，他们对于中国的外部环境盲目乐观，认为世界是一片太平盛世，对于中国与西方世界关系的复杂性乃至西方对华战略目标的多重性缺乏清醒判断。他们有时是先"世界公民"后"中国公民",甚至是先"西方公民"后"中国公民"。在重大的战略问题上,他们不做思考地或有意或无意地善意解读西方对华意图。他们的舆论构成了平时的"虚无的和平主义",并在重大战略关头或战争不可避免关头会直接形成误国误民的"绥靖主义"。

必须看到,随着中国的持续发展,特别是在许多指标位居世界"第二"后,中国面临的战略复杂性与战略压力正逐渐达到近代以来的最高点。由于国际资源的有限性和世界的无政府性,世界"第一"的大国不会拱手相让,而世界"第三""第四"等大国也有可能出于各种目的对我虎视眈眈,甚至不排除他们可能组成各种联合对付"第二"。由此可见,随着社会因素自主性的进一步增强,政府通过积极引导,使得这种盲目的和平主义向现实主义转变,对于政府外交理性回归到现实十分重要。

第四节 小结

"外交是内政的延续",在西方代议制民主国家,延续的主要是执政党的政策和执政党与其他党派间的政党政治。在中国,由于共产党是唯一执政党,政党政治的因素并不存在,考虑到近年来中国社会因素的日趋活跃,因此,通过考察社会因素对政府外交的影响对于考察中国外交政策演变与国际角色的动态变化就显得非常重要。通过上文对公众舆论和智库发展的分析,我们发现社会因素对中国国外交的影响虽然仍受诸多限制,但的确正在增大,这就是本章所提出的"半自主性"问题。这对于观察中国国际角色有三点启示。

其一,社会因素影响政府外交的这种新变化表明,推动中国国际角色变化的不仅有硬实力的变化,还有民意等社会因素的作用,背后呈现出的是一副立体的"图景"。

其二,中国外交决策的环境更为复杂化,外交决策不仅要应对外部环境的变化,还要考虑与安抚平衡内部各种不同的声音;不仅要合理吸取内部各种有益的建议,还要引导各种情绪化与偏颇的观点。这对外事部门从业人员的专业水平与决策科学化要求都进一步提高。

其三，对于其他国家的外交决策者而言，他们在决策时不能再只是单纯地考虑到国与国之间的高层交往，只与外事部门打交道，而且还要小心地面对和处理中国国内的各种社会因素，真正做到对中国人民友好。

第三章　新时期中国国家利益界定：内外互动的视角

利益是人类古老的话题。司马迁在《史记·货殖列传》中曾指出，"天下熙熙，皆为利来；天下攘攘，皆为利往"[1]。虽然他谈论的是商人逐利，但反映的却是人们普遍的利益观。对于国际关系而言，国家利益始终是一个核心概念，是驱动国家间互动的最基本要素。乔治·华盛顿曾指出："除了国家利益，人们别指望政府会在其他任何基础上不断地采取行动。"[2] 法国学者雷蒙·阿隆也曾说过："维护国家利益是一切外交政策的根本原则。"

1949年新中国成立以来，中国领导人高度重视国家利益。毛泽东时代，无论是"联苏抗美"的"一边倒"还是"联美抗苏"的"一条线"，首要出发点仍然在于维护国家安全利益。改革开放以来，中国领导人始终强调国家利益的重要性。1989年底，在因"八九政治风波"导致中美关系紧张的时刻，邓小平会见美国时任总统尼克松时指出，"我们都是以自己的国家利益为最高准则来谈问题和处理问题的……我们都是现实的"[3]。十八大以来，以习近平总书记为核心的新一届中国领导集体更是高举中国国家利益的大旗。在2013年1月28日中央政治局第三次集体学习时，习近平主席明确指出，"我们要坚持走和平发展道

---

[1] 完整话是"天下熙熙，皆为利来；天下攘攘，皆为利往。夫千乘之王，万家之侯，百室之君，尚犹患贫，而况匹夫编户之民乎？"，《史记·货殖列传》，出自司马迁：《史记》卷一百二十九、列传第六十九。

[2] 《国家利益的来源——读罗高斯基的"商业与结盟"》，2004年8月22日，中评网（http：//finance.sina.com.cn/financecomment/20040822/1721966358.shtml）。

[3] 《邓小平文选》（第3卷），人民出版社1993年版，第330页。

路，但决不能放弃我们的正当权益，决不能牺牲国家核心利益。任何外国不要指望我们会拿自己的核心利益做交易"。2014年3月28日，习近平主席应德国科尔伯基金会邀请在柏林发表重要演讲时强调，"在事关中国主权和领土完整的重大原则问题上，我们不惹事，但也不怕事，坚决捍卫中国的正当合法权益"①。

但在有关"国家利益"的学术研究上，我们面临三个挑战。其一，尽管"国家利益"概念之于国际关系学科的重要性类似于经济学中的"货币"，但是其不可量化性所导致的难以客观衡量，使得在分析上容易形成争议。对此，本杰明·弗兰克尔（Benjamin Frankol）指出，关于国家利益的争论，如同民族国家一样古老②；其二，中国官方文件从来没有像美国那样公布过国家利益，以至于政府不同部门之间、中央与地方之间、政府官员与学者之间、精英与普通大众之间、不同地区之间，对国家利益的界定仍然存在较大分歧；其三，由于国家利益的界定与维护主要以内外环境为基础，如上所述，中国作为现代历史上发展速度之快少有的国家，国际国内环境变量均发生了沧海桑田的变化，客观上给研究带来了很大挑战。

由于明确的利益界定是观察与分析中国国际角色的出发点，也是中国国际角色形成的根本动因，因此本章就以上述中国内外战略环境变化为背景，试图分析与界定中国的国家利益。

第一节　从概念上界定国家利益

国家利益的概念并非从来就有，"王朝利益"演变为"国家利益"，从根本上讲是主权国家体系形成的产物。随着资产阶级革命的爆发，现代民族国家通过代议制的形式，将个人利益上升为政府视野，所有国民

---

① 《习近平的"战略思维价值取向"：以实现民族最高利益为目标》，2015年2月9日，人民网－中国共产党新闻网（http://theory.people.com.cn/n/2015/0209/c40555－26532145.html）。

② Exuberance S. Pursuing the National Interest in the 1990s// Frankel B, Ed. *In the National Interest: A National Interest Reader*. University Press of America（National Interest, Washington, D. C）, Lanham, MD. 1990, p. xi.

个人利益的最大公约数就成为国家利益。从这时起，国家利益反映的才是绝大多数国民的居于支配地位的价值与政策取向。而中央政府就成了国家利益的载体，新闻媒体中的"中南海""白宫"等称谓所反映的就是这种认识。但是在理论上应该如何界定国家利益呢？

摩根索指出，国家利益界定应考虑双重因素："一个是逻辑上所要求的，即在逻辑意义上必不可少的，另一个是环境决定的，是可变的。"[1] 克拉斯纳认为，在界定时必须符合两个重要条件："第一，国家利益应该是社会的整体利益，而不是社会中一部分人或利益集团的利益。第二，国家利益在一段较长时期内应保持相对稳定。"[2] 约瑟夫·奈指出了体系层面的意义，"国家利益的定义实际上是由国际通用的规范和价值决定的。这些规范和价值构成国际生活并赋予其意义"[3]。中国学者认为，国家利益界定要遵循三个步骤："首先，做出核心假定，国家利益具有民族性、排他性、稳定性。其次，确定判定因素，厘清分析常量与变量之间的关系。最后，引入辩证观点，从整体角度认知国家利益内涵与外延间的关系。"[4]

关于国家利益内涵，主流国际关系理论也有较大争议。现实主义从实力角度强调由物质性的权力和安全进行界定。摩根索就指出，国家利益包括领土完整、国家主权和文化完整，其中最本质的是生存问题，其他都是次要的[5]。沃尔兹以简约的模式分析体系结构时指出，生存是国家唯一的利益。自由主义则从国际制度规范出发，在承认现实主义前提下，强调国家利益中的制度性因素，以及应以"国际体系为中心的利益"代替"国家为中心的利益"，指出国家利益的组成并非单一，而是多方面并重。基欧汉就主张有三种利益并重：生存、独立、经济财富。建构主义学派主张以身份界定国家利益，强调其观念性。温特在基欧汉

---

[1] Hastedt G. P., *American Foreign Policy: Past Present and Future*, New Jersey: Prentice Hall, 1991, pp. 66 – 69.

[2] 阎学通：《中国国家利益分析》，天津人民出版社 1997 年版，第 131 页。

[3] Nye J. S., Jr., Redefining the National Interest, *Foreign Affairs*, 1999, 78 (4): 2.

[4] 高伟凯：《国家利益：概念的界定及其解读》，《世界经济与政治论坛》2009 年第 1 期。

[5] 汉斯·摩根索：《国家间政治——寻求权力与和平的斗争》，徐昕等译，中国人民公安大学出版社 1990 年版，第 4 页。

的基础上又增加了第四种利益——集体自尊①。

中国学者对于国家利益的认知:一种认为不用研究,任何人都能理解。而另一种认为,国家利益不是普通人关注的范畴,是政治家的事②。在界定上,学者多从需求出发,认为国家利益是"民族国家追求的主要好处、权利或受益点,反映这个国家全体国民及各种利益集团的需求与兴趣"③,是"一切满足民族国家全体人民物质与精神需要的东西,在物质上,国家需要安全与发展;在精神上,国家需要国际社会尊重与承认"④。关于其分类,有学者划分为"崛起性的、发展性的和生存性的"⑤。也有学者根据生存与发展直接分为"安全利益、经济利益、政治利益和国际联系利益"⑥。

综上可见,尽管在概念的内涵与外延上分歧较大,但人们都承认:①国家利益受国内外环境影响,是一个动态的范畴;②国家利益是一个抽象的集合概念,需要转化为可操作的概念才能实证分析;③不同的利益在国家利益中的重要性是不同的,需要比较研究。考虑到中国是从当今国际体系的边缘逐渐走向内侧乃至中心、从改革开放前国内政治国际政治截然两分到改革开放后互相交织,因此,本章把国家利益分为内部变量与外部变量。横向上,从安全、政治、经济等几个层面入手,通过比较分析的视角,总结出中国国家利益的轻重缓急,并指出在维护上应该注意的问题。

第二节 中国内部的国家利益

如上文所述,以外部战略环境的变迁与内部"半自主的社会因素"为背景审视中国的国际角色可见,今天建立在健康大国心态上获得较高

---

① [美]亚历山大·温特:《国际政治的社会理论》,秦亚青译,上海人民出版社2000年版,第39页。

② Yan xuetong, CHINA'S NATIONAL INTEREST, http://learn.tsinghua.edu.cn:8080/2000990147/interestbook/preface.htm.

③ 王逸舟:《国家利益再思考》,《中国社会科学》2002年第2期。

④ 阎学通:《中国国家利益分析》,天津人民出版社1997年版,第6页。

⑤ 阎学通:《安全利益是中国首要利益》,《环球时报》2008年4月13日。

⑥ 程毅、杨宏禹:《国际关系基础理论》,华中师范大学出版社1991年版,第296页。

的国际认知，恰恰同步于内部实行改革开放政策 30 多年后各项硬指标的迅速上升。这就表明，一个国家在国际社会中的地位提高及其可持续性，最终源于这个国家的内部强大。因此，尽管"国家利益"往往被视为是向外的一个概念，但内部利益的界定与维护仍然是国家利益讨论的起点与基础。特别是从历史上看，对于中国这样一个超大规模的国家来说——辽阔的国土、世界第一的人口总量、5000 年的历史长度等，只要内部健康稳定发展，想从外部搞乱、摧垮中国几乎不可能。这也是中国从内部变量影响外部利益的典型体现。也就是说，中国国家利益最大的部分还是在内部。从中国内部来看，有四点至关重要。

第一，保持经济持续发展，踏实解决民生问题。近现代中国历史上几次动乱乃至政权更迭都是在普通民众处于积弱积贫时发生的。中国目前经济发展处于关键的瓶颈阶段。从世界的经验来看，该时期各种社会矛盾凸现与恶化，如果处理不好，就可能导致剧烈的社会动乱。中国在基础弱和底子薄的基础上建设现代化，解决民生问题的关键在于持续良好的经济发展。尽管目前从与发达国家的对比来看，相关指标已非常接近，甚至某些还出现了超越，但两者最大的差距体现在民生问题上。第一章表明，从绝对值上看 2014 年美国和日本的人均 GDP 仍然分别相当于中国的 7 倍和 5 倍。

从消费水平看，在截至 2013 年的前十年间，中国居民的消费占国内生产总值的比重（居民消费率）一直都没有超过 50%，而美国的居民消费率则一直维持在 70% 的水平。特别是到了 2011 年，中国居民消费率只有 34.4%，不及美国的一半，比世界平均水平的 62% 也低了不少。从消费结构看，无论是城镇住户还是农村住户，中国居民支出的最大头都是"食品"，超过 36%。而美国居民的消费支出中，医疗保健所占的份额最高，超过了 1/5。而他们在食品上的支出比例则比中国居民低得多，仅有 6.61% 的支出用来购买食品和非酒精饮料[①]。2015 年 3 月 15 日，国务院总理李克强指出，"如果按照世界银行的标准，中国还有近 2 亿贫困人口，中国是实实在在的发展中国家"。按照国务院扶贫开

[①] 《中美居民消费大揭密：中国人买吃的 美国人购健康》，2013 年 2 月 5 日，中国网（http://news.163.com/13/0205/21/8MVUD2SV00014JB6_all.html）。

发领导小组的统计,"按照中国现行的标准,截至 2015 年初,中国还有 7017 万现行标准下的贫困人口"①。

目前来看,受惠于改革开放的成果,中国有一部分人确实富起来了,但仍然有相当一部分人还处于需要脱贫的状态。这也是为什么十八大以来,以习近平总书记为核心的新一届领导集体前所未有强调要打赢脱贫攻坚战的重要原因。"2016 年两会上,习近平主席多次强调,要把脱贫攻坚作为'十三五'时期的头等大事来抓。"② 而要实现脱贫攻坚的成功,以及实现国家的其他目标,经济发展是基础,这也是为什么 2016 年李克强总理强调"中国必须保持中高速增长"③ 的根本原因。

第二,切实推进台湾海峡两岸统一。由于历史和国际因素,在中国台湾问题上,毛泽东与邓小平都曾提到"如果这一代解决不了就留给后代解决"的思路。虽然欲速则不达,承认两岸目前和平统一条件不成熟符合客观唯物主义态度。但必须看到,两岸的分裂状态不仅在政治上使中国深受他国"勒索外交"之累,海峡两岸在国际上的竞争造成了中华民族的大量资源被浪费,而且台海问题久拖不决,"藏独""疆独""港独"也乘虚而入,又和"台独"呈现联动之势。从周边来看,随着中国的崛起,中美在中国周边的竞争将更为激烈,美国也很有可能策动南海与东海、南海以及朝鲜半岛的联动,以便干扰与围堵中国崛起。

同时,中国目前发展中所遇到的诸多问题,破解之道也需要纳入中国台湾因素。一方面,国内发展对外部资源的依赖越来越大,迫切需要一个安全的海洋通道。目前无论是经缅甸进入印度洋的海上通道,还是经中亚国家进入中东地区的陆上通道,都存在很大的不稳定性。长期来看,两岸统一后,中国可以有效解决出入太平洋、维护海洋通道的东海前沿基地问题,对通过马六甲海峡的中国海运安全将发挥有效保障。另

---

① 《扶贫办:中国尚有 7 千万贫困人口 6 年内全部脱贫》,2015 年 10 月 12 日,中国新闻网(http://www.chinanews.com/gn/2015/10-12/7564518.shtml)。
② 《习近平:精准扶贫要扶到点上、根上》,2016 年 3 月 17 日,人民网(http://politics.people.com.cn/n1/2016/0317/c1001-28207362.html)。
③ 《李克强:中国经济必须保持中高速增长》,2016 年 9 月 21 日,中华网(http://finance.china.com/news/11173316/20160921/23604604.html)。

一方面，从地缘上看，一旦中国台湾问题解决，海峡两岸的中国人联手，对钓鱼岛问题和南海问题的解决将大有助益。更何况，中国台湾问题的解决也会从根本上突破自冷战结束以来美国在亚太地区构筑的旨在封锁中国的环岛锁链之一。

从解决的条件来看，经过改革开放以来的务实推动，两岸在经贸融和、文化交流等层面已经打下了很好基础。2015年11月7日，习近平与马英九在新加坡的直接会晤也标志着大陆在逐渐想办法触及政治对话这一敏感议题。2016年5月20日，蔡英文正式就任台湾地区领导人，由于其不承认"九二共识"，两岸合作暂时受到较大挫折。与此同时，美国显示出利用中国台湾问题掣肘中国崛起的意图。12月2日，美国总统当选人特朗普与蔡英文直接通话。12月12日，美国参众两院通过《2017财政年度国防授权法》，该法案首度明确纳入美台高级军事交流章节，未来美国国防部"助理部长以上级别文官"与"现役军官"将可赴台交流，也突破了目前中国台湾"国防部长"不得访问华盛顿的限制。总之，从辩证的观点看，两岸分裂时间越长，政治融和与社会融合的难度将越大。在习近平总书记提出两个"中国梦"，提出"中华民族复兴"前所未有接近于实现，以及中国台湾问题呈现出复杂化趋势的背景下，我们更应该将中国台湾问题的解决和实现两岸和平统一列入重要议事日程。

第三，加强社会凝聚力和政权合法性建设。如上所述，现代科技手段的发展、特别是手机电脑等现代通讯设备与即时通讯手段的普及，政府已经很难用传统的管理平面媒体的手段管理与引导舆论。高层领导的平民化趋势与社会因素对政府外交的影响，也很难再采取毛泽东和邓小平时代那样"垂直拍板"的领导方式。同时，"改革开放以来对外交流便捷化和信息共享同步化，增强了大众的比较性和选择意识，一定程度上削弱了国内政府治理的权威性基础"[①]。考虑到高科技发展、改革开放呈不可逆转之势，传统的社会凝聚力建设会遇到更多挑战。

中国共产党的政权合法性不容置疑，这缘于近代中国历史沧桑巨变中中国共产党中流砥柱的作用，缘于新中国建立以来几代中国共产党人

[①] 王逸舟：《全球政治和中国外交》，世界知识出版社2003年版，第413—415页。

在维护国家主权、安全以及经济建设上取得的巨大成就,也源于中国共产党人根据新的国内外环境所推进的包括政治体制民主化与民生领域等各项事业的巨大进步。但也必须看到,我们所处的国内外环境既有有利的一面,也呈现出更加复杂化的一面,不仅西方国家对我和平演变的图谋没有改变,而且如果内部社会凝聚力建设不能取得积极成效,也会影响到政权合法性建设。总之,加强社会凝聚力建设和政权合法性建设,必须下大力气进行宣传体制和政治体制改革,以舆论引导代替舆论管制,以更多的规章制度实现权利在阳光下运行。如果这些工作做得好,就会进一步促进经济发展,直接影响中国长期发展稳定的内部根本利益。

第四,积极引导健康历史观与大国心态。历史上看,中国多数时间认为自己是"天朝上国",不屑于与"蛮夷"交流,执行闭关锁国政策。近代以来,中国在与世界其他国家、特别是西方发达国家的交往中发现了自身的巨大差距,又导致部分国民妄自菲薄,甚至把国家的落后归咎于文化,"言必称西方"。如上文所示,当我们今天成为世界第二大经济体、其他各项指标迅速上升时,一方面,要保持清醒与谦虚的头脑,切忌在外界捧杀与内部躁动下急切地寻求大国权利。比如2010年初,美国对台军售,会见达赖,国内民众"完全有能力制裁美国"的呼声空前高涨,一些军方人士也明确表示,是到了清算美国违背"八一七"公报劣迹的时候了,"我们手中已经有牌了""老虎不发威,人家会把你当成病猫"。抛开中国实力与美国还存在巨大差距不说,即使两国实力接近,我们也应借鉴布热津斯基在美国二战后实力达到巅峰、国内"自负心态"弥漫时发出的警告,"华盛顿如不改变无处不在的类似自负,一个世纪后,可能导致美国霸权及其世界唯一超级大国地位遭遇与英帝国分崩离析命运类似的命运"[①]。另一方面,要自信与平和,不要妄自菲薄。由于中国近代屡被侵略与压迫,所以遇到他国(特别是西方发达国家)不公正的待遇,很容易激起民族的悲情主义,并因此过度反应。一个真正的大国首先应该是一个自信与

---

① [美]威廉·恩道尔:《霸权之后,美国全方位主导战略》,吕德宏等译,知识产权出版社2009年版,第6页。

平和的大国。

中国内部国家利益之间的关系是相互影响的。经济发展与两岸统一可以有效推动凝聚力建设，为防止凝聚力变成极端的民粹主义，必须积极引导国民健康的历史观与大国心态。而健康的历史观与大国心态，也会有利于经济发展与两岸统一。

第三节 中国国家利益的外部指标

早期，由于社会发展和技术水平所限，人们所称的国家利益完全可以用一条"线"来划分，国家利益在国防线之内。随着全球化和信息化的深入发展，国家间"你中有我、我中有你"，国家利益外部变量的影响增大，具体可以将其分为安全、政治、经济、文化等层面。由于外部经济和文化利益更多的是内生变量的外延，因此，中国国家利益的外部变量主要有三点。

第一，近年来中国周边安全问题的频发态势不仅表明迅速增强的"硬实力"难以直接转化为和平的外交环境，而且也表明了中国崛起已处于瓶颈期，安全变量在中国国家利益中的分量愈加突出。有美国等西方国家作为背后推手、菲律宾阿基诺三世政府主导的南海仲裁案将南海局势闹的纷纷扬扬。随着南海仲裁案2016年7月12日的出炉该地区复杂局势达到一个高点。仲裁案出台后，不仅中国与东南亚部分国家的关系更为敏感，而且中美、中日之间的"信任赤字"也因此大幅增加。日本蛮横无理、高调抢占东海的钓鱼岛，并拉美国直接介入、狐假虎威，这些咄咄逼人的侵犯中国领土主权的做法导致中日对峙呈现长期化态势；朝鲜半岛局势也因朝鲜再三进行核试验、韩国将部署美国"萨德"导弹防御系统而剑拔弩张。美国缺乏解决半岛问题的政治意愿，以及希望利用半岛的适度紧张加大该地区军事部署，也是该问题态势长期紧张的重要原因之一。另外，中国台湾问题则因民进党的蔡英文当局2016年5月上台后拒不承认"九二共识"而陷入僵局，美国的推波助澜使得这一问题的发展在接下来几年内不容乐观。

上述中国周边热点问题频发可以看出背后均有美国的影子。历史上看，由于国际资源的有限性，一个大国的崛起往往引起既有大国与周边国家的防范与围堵。因此，中国安全变量的突出从某种程度上也可以认为是中国自身成长中不可避免的"烦恼"。

第二，随着中国的快速发展，相关硬指标上升迅速，国际地位与话语权得到很大提升，但是国际社会对华误解、误读、猜忌的一面凸显，国家形象塑造的紧迫性也进一步凸显。从历史上看，一个国家要想被国际社会接受为世界大国，以什么样的面貌展现于世界至关重要。这方面有两点较为紧迫。一方面，要加强国内的现代化治理，树立国内各行各业良好的风气。全球化信息化背景下，说到底，国家形象是一国内部形象向外界的真实表达。另一方面，中国要成为世界认可的大国，就必须放大在其他国家心目中的可信度。为此，承担更多的地区与国际责任、提供更多的公共产品是必经之路。

第三，随着近年来中国企业在商品和劳务出口、工程承包、境外投资等方面取得长足进展，公民出国求学与旅游也越来越多，海外利益变量逐渐凸显①。从地区分布来看，中国海外利益成发散状从点到面已从周边扩展至全球，尤以周边国家、发达国家以及能源丰富的地区利益最为集中②。随着海外利益的迅速拓展，必然伴随着利益维护问题。2004年中国外交部设立了涉外安全事务司，专门处理和协调中国海外公民和法人合法权益的保护工作③。在中国商船于索马里遭劫持后，海军编队不仅为中国商船护航，向世人昭示了维护自身海外利益的决心、意志和能力，而且主动承担保卫多国船只的任务，显示了一个负责任的大国形象。

---

① 海外利益包罗万象，既包括国家在境外的政治、经济及军事利益，也包括驻外机构和海外公司及公民侨民的人身及财产安全，还包括对外交通运输线及运输工具的安全等。为区分，本书专指与海外私企、公民个人有关的利益。

② 中国海外经济利益大部分集中在发达国家，较多依赖欧美市场和以日本、东盟、韩国为代表的亚洲市场。但从地缘战略角度出发，中国在亚洲和周边的利益，特别是经济利益正日益增加，扩展速度超过世界其他地区。中国与一些资源丰富的发展中国家和地区（如中亚、中东和非洲）的经济合作近年来也快速增长，主要是中国对当地的能源（石油）与原材料（富铁矿、锰、铬、钾、盐、铜、铝等战略资源）需求强烈。刘新华：《论中国的海外利益》，2010年8月17日，中国共产党新闻网（http://cpc.people.com.cn/GB/68742/187710/191095/12464892.html）。

③ 钟飞腾：《后危机时代的中国海外利益》，《世界博览·中国卷》2010年第1期。

第四节　政策重心的选择

总体上看，随着实力的提升与意识的增强，中国对国家利益维护的能动性得到了显著提高。但是，内外环境的复杂性造成国家利益维护的多重性，有必要厘清国家利益的轻重缓急，有针对性地施加影响力。尽管中国政府提出的 21 世纪三大任务——维护世界和平、现代化建设、实现祖国统一——隐含着国家核心利益的方向，而且 2009 年 7 月原中国国务委员戴秉国在中美战略与经济对话中也曾概括了中国的三个核心利益——维护基本制度和国家安全、国家主权和领土完整、经济社会的持续稳定发展，但总体来看，中国官方文件中对此并没有明确说明。

学界的观点也不同。"按其重要性等级，应为发展利益、主权利益和责任利益。"[1] "我国国家利益的排序是安全利益、政治利益、经济利益、文化利益。"[2] "经济利益、政治利益和安全利益构成国家战略利益的基本核心。国家经济利益是所有国家战略利益的物质基础，政治利益是经济利益的集中体现，而安全利益则是政治经济利益在国家关系中的延伸。"[3] 基于已有分析，本章拟从核心利益、根本利益以及重要利益三个层面对上述指出的内外七项利益变量进行归类。

核心利益是影响到国家主权与领土完整、对国家前途与命运生死攸关的利益。周边安全与领土主权完整、两岸统一以及国内社会凝聚力和政权合法性建设属于中国的核心利益。无论从理论上还是实践上，国家生存与安全都处于第一要位。任何一个国家，重中之重是要维护国家主权，保证领土完整和安全。安全利益不保，其他利益的维护就是一句空话。况且，没有一个世界大国是领土不完整的和分裂的[4]。国内社会凝聚力建设与政权合法性建设属于国内稳定与安全范畴。从近代历史上

---

[1]　王逸舟：《全球政治和中国外交》，世界知识出版社 2003 年版，第 51—52 页。
[2]　阎学通：《中国国家利益分析》，天津人民出版社 1997 年版，第 6 页。
[3]　《中国军队如何为国家利益拓展提供有力支撑》，2005 年 10 月 7 日，亚东军事网（http://www.warchina.com/news/ent/2009 - 12 - 27/117166.html）。
[4]　无论从历史上，还是从国际法的角度，钓鱼岛和南沙群岛等有争议的领土在主权上属于中国不难证明，主要挑战在于如何在强大的军事实力保障下，善用国际与地区环境收回。

看，在中国这么一个多民族国家，一旦政府在凝聚力建设上出现问题，很容易影响到国内稳定，进而国外相关势力就可能乘虚而入，导致各种安全问题激化。

根本利益是对于国家的发展与稳定起到基础性作用的利益。保持经济持续发展和维护海外利益属于中国的根本利益。没有强大的经济做后盾，一切军事和政治目标都是无根之草。国家形象建设也需强大的经济基础。汉唐时期中华文化的广泛传播，与当时勇冠全球的经济实力密切相关。中国现代化过程中对海外的资源依赖越来越大，比如，2014年，我国石油净进口约为3.08亿吨，石油对外依存度达到59.5%[1]。维护海外利益不仅仅是为了保护中国公民的个体利益，而且也是为了保护国家经济发展的根本利益。

所谓重要利益是指对国家稳定与发展非常重要，处理上稍微不慎就会对其他利益维护带来负面影响的利益。就中国而言，国家形象建设和积极引导国民健康的历史观与大国心态属于重要利益。尽管目前中国在其他国家外交议程中的重要性与重要国际机制中的地位越来越高，但多数国家只是根据能否在经济、安全和外交上得到"好处"决定其对华政策，缺乏根基，双边关系的稳定性还有待提升。中美关系动辄就成为美国国内政治的牺牲品也与此有较大关联。欧洲在希拉克、施罗德等老一代较为了解中国的领导人执政期间，对华政策较为友好，但随后在萨科奇等新一批欧洲领导人上台后，中欧关系频频出现摩擦，说到底还是中欧关系发展的基础不牢固。

国家间关系的根基还是人民间的关系，西方国家对华政策的根基不牢其根本原因在于这些国家的民众对华缺乏了解，甚至存在较大偏见，动不动就戴着有色眼镜看待中国。今天尽管中国在世界各地建立的孔子学院越来越多，但很多人学习汉语的目的是为了和中国人做生意，要让他们热爱中国文化、提升中国的魅力还需要做很多工作。这些都表明，在中国崛起的瓶颈期，切实需要采取合理的手段加强国家形象建设，否则西方国家的民众对华越是关注，误解、猜忌、担心就会越多，对中国

---

[1] 《中国石油对外依存度近60% 全年净进口约3.08亿吨》，《人民日报》2015年1月29日。

发展造成的阻碍也就会越大。同时，由于近代历史上中国频遭劫难，在中国壮大后培养健康的历史观与大国心态也至关重要。否则发展起来的力量也不排除会被愤怒与骄傲所误导，给中华民族复兴带来障碍。

第五节　小结

总体来看，国家利益要在核心利益、根本利益以及重要利益三个层次上进行维护。而且我们必须看到现实的利益维护要比学术上的分析复杂得多。在不同时期，不同利益的重要性和紧迫性也会有所不同。比如，和平时期经济发展的重要性会相对提升，安全利益的紧迫性会有所下降。在国家安全危难之际，安全利益会成为第一要务，经济发展的紧迫性则次之。不同利益间的关系也很复杂。有时为了国家形象和凝聚力建设，需牺牲经济利益。而有时为了安全利益，则要暂时承受国家形象和凝聚力建设的损失，甚至需要暂时牺牲发展利益。

不可否认，我们在国家利益的界定与维护乃至学术研究上仍然存在诸多问题。比如，国家利益究竟是国内绝大多数人民的，还是属于民族国家的全体人民的，如果是绝大多数人的，哪些人没有国家利益？如果国家利益被界定为所有个体利益的最大公约数，那么不属于最大公约数的那部分利益和国家利益是什么关系？再比如，在国家主权利益方面，我们常说某某地方"自古以来就是我们的领土"，这在中国人看来当然合理，但这不是法权观念的表述。在西方人眼里，主权属于法权范畴，讲归属要讲法律根据，是以某某条约"签署并生效以来"的法律文本为依据。因此，如何在维护主权利益时既能用西方听懂的语言，又符合历史实际，都是我们需要进一步研究的课题[①]。

---

① 张文木:《如何向世界准确表达中国国家利益》,《环球时报》2006年6月5日。

第二部分

从周边外交看中国角色

第四章　亚太地区形势与中国周边外交：相互间疑虑增大

周边对于中国的重要性怎么强调都不为过。一方面，周边是中国影响力的主要所及，而且"中国的经济利益、安全利益和国际政治利益主要体现在亚太地区。"① "中国虽有一定的全球利益，但主要地缘政治利益是在亚太地区。"② 另一方面，从地缘政治的角度看，作为陆海兼备的东亚大国、也是世界大国中地缘环境最为复杂的国家之一，中国周边国家数量多、多元化程度高，有的与中国还存在历史问题。随着中国的迅速发展，面临的战略压力最近几年有增加之势，从区域上看这些压力又主要集中于中国的周边地区。历史一再证明：周边外交成功，中国外交就成功；周边外交一片混乱、甚至是烽烟四起，那么中国外交就会一片混乱和烽烟四起。"最重要的还是周边外交，具有牵一发而动全身的作用。周边发生的事情对中国影响最直接、最迅速。"③

第一节　中国高度重视周边外交

在开始讨论前，首先厘清周边外交的范畴至关重要。在中文语境，"周边"的"周"主要指封闭体系的四周，"边"主要指封闭体系的边缘，"周边"一词在历史上很多时候含有"华夏中心—蛮夷边缘"的关

---

① 熊冲新：《从中国传统文化的视角看中国与周边国家的睦邻友好政策》，《国际政治研究》2004年第2期。
② 林利民：《21世纪中国地缘战略环境浅议》，《世界经济与政治》1999年第12期。
③ 张沱生：《关于中国周边外交的几点思考》，《当代亚太》2009年第1期。

系①。"周边"在英语里对应的是"框边"(the rim or edge),也即在一个物体的四边上所镶的那个边。"周边国家"的翻译是"Surrounding countries",意指围绕在四周的国家②。周边国家概念作为一个历史范畴尽管早已失去了历史上的"华夏中心—蛮夷边缘"含义,但其研究对象相当清楚,指与中国海上与陆上接壤的四周国家,包括陆上14个:朝鲜、俄罗斯、蒙古、哈萨克斯坦、吉尔吉斯斯坦、塔吉克斯坦、阿富汗、巴基斯坦、印度、不丹、尼泊尔、缅甸、老挝和越南;海上6个:日本、菲律宾、韩国、马来西亚、印度尼西亚、文莱。此外,不论从实际影响力上,还是从传统的领土与主权界定来看,美国在日韩等国的军事存在,实质上分享了这些国家的部分主权,美国应是中国周边战略研究的对象③。

把除此以外的国家纳入中国周边战略的研究对象并不合适。一方面,在全球高度相互依赖的"地球村",国家间的相互联系已成为常态,尤其是像中国规模与政治影响这么大的国家,不与某个国家发生联系几无可能,如果以抽象意义上的相互联系等作为"周边"对象的界定依据,很容易将研究范围无限扩大,并不科学;另一方面,在国际政治、特别是地缘政治的话语里,"周边"范围的扩大有时会被视为奉行扩张政策与寻求势力范围。

1949年以来,中国历代领导人都非常重视周边。毛泽东"一边倒"政策与"三个世界"的划分,站在以苏联为首的社会主义阵营一边,以南亚和东南亚新兴独立民族主义国家为中间地带重要依托,是中国领导人重视周边并力图推行睦邻友好政策的最早实践。邓小平明确指出维护周边安全环境是中国对外政策的首要任务。在其努力下,至20世纪80年代末,"中国在周边已没有一个公开的敌对国家",和平安定的周边环境基本上形成了④。十八大以来,以习近平总书记为核心的新一届

---

① 钟飞腾:《"周边"概念与中国的对外战略》,《外交评论》2011年第4期。
② 比如北约在20世纪50年代由美国和英国的军事理论家和领导人将周边国家界定为欧洲的各半岛和岛屿上的国家。
③ 需要指出的是,由于下一章将专门集中讨论中国周边战略中的美国因素,因此本章不再专门分析相关议题。
④ 张小明:《邓小平关于稳定周边的战略思想》,《国际政治研究》1998年第1期。

中国领导人高度重视周边外交工作。2013年10月24日至25日新中国成立以来的首次周边外交工作座谈会召开。在这次座谈会上，习近平主席强调指出，"周边对我国具有极为重要的战略意义"[1]。

冷战结束后，中国领导人提出了一系列周边政策。在十五大报告中江泽民指出："要坚持睦邻友好"。在十六大报告中，江泽民再次指出："我们将继续加强睦邻友好，坚持与邻为善、以邻为伴，加强区域合作"。温家宝于2003年出席东盟峰会时明确提出了"睦邻、安邻、富邻"的周边外交政策。2007年在十七大报告中，胡锦涛提出要"积极开展区域合作，共同营造和平稳定、平等互信、合作共赢的地区环境"。温家宝2011年明确指出，东亚一体化要突出发展、互利、共赢的主题。在2013年召开的周边外交工作座谈会上，习近平主席指出，我国周边外交的基本方针，就是坚持"与邻为善、以邻为伴，坚持睦邻、安邻、富邻，突出体现亲、诚、惠、容的理念"。

综上可见，无论是在新中国成立初期还是在全球化的今天，周边都是中国战略重心所在，中国历代领导人都高度重视与周边国家关系。近几年，周边地区形势有所变化，相关大国在亚太地区的主要角逐点也更集中于亚洲，特别是东北亚、东南亚以及南亚地区。中国作为这一地区规模最大、发展势头最好的国家之一，亚太地区和亚洲地区在全球战略中的这一变化会直接影响到其周边外交。而反过来看，周边外交对于任何大国来说，都是走向全球外交的重要基点所在，特别是对于中国而言，作为一个很大意义上仍属地区大国的发展中国家，利益重心与权力优势也仍然在于周边外交。本章详细分析与考察了亚太地区的形势发展与中国的周边外交新动向。

第二节 亚太地区形势的发展

亚太地区历来是国际政治与大国战略的重要支点，近几年，又有了一系列新的动向，概括起来主要有以下几点。第一，大国纷纷把角力的

---

[1] 《习近平在周边外交工作座谈会上发表重要讲话》，2013年10月25日，人民网（http://politics.people.com.cn/n/2013/1025/c1024-23331526.html）。

重点转向亚太地区,该地区开始取代欧洲成为世界地缘政治中心,世界权力中心也真正开启了由欧洲—大西洋地区向亚洲—太平洋地区的历史性转移。2009年11月14日,奥巴马在日本首次全面阐述其亚太政策时宣称自己是美国历史上首位"太平洋总统"。刚上台不到一年时间,奥巴马连续两次出访亚洲[1]。原国务卿希拉里和国防部长盖茨等高官也频繁穿梭于美国与亚太之间,高调表示美国"重返亚洲",加强和提升与亚太地区主要国家的双边关系。奥巴马在白宫接待的第一位外国元首是日本首相麻生太郎,承诺其政府将强化与日本"特别重要的同盟关系"。与韩国的关系重新定位为"全球战略同盟"。在对华关系方面,奥巴马多次表示"没有比两国关系更为重要的双边关系"[2]。奥巴马政府刚上台的这些举措,正式掀开了美国"重返亚太"的序幕。

受美国新亚太战略的驱动,其他大国纷纷加大了角逐亚太的力度。2010年,时任俄罗斯总统梅德韦杰夫在俄罗斯驻外使节会议讲话中前所未有地把亚太地区置于独联体之前,从排序第三位提升至第二位。欧盟与日本开始举行首脑定期磋商,在亚太地区相互借重谋求更大影响力。欧盟与东盟建立全面政治伙伴关系,继续加强在中亚的油气博弈。日本大力强化在西南诸岛方向的攻防能力,加大对中亚的投入。印度在继续"东进"亚太的同时,与哈萨克斯坦签署核能合作协议,重启与伊朗的联合委员会会议,商讨伊—巴—印天然气管道协议。该地区一体化"领头羊"的东盟极力实施"大国平衡术",举办首届东盟外长扩大会议("10+8"),推动美、俄加入东亚峰会。

第二,地区热点问题持续紧张,军备竞赛有抬头之势,这典型的反映在该地区最大的热点问题——朝鲜半岛的局势上。自2010年以来,半岛局势长期紧张,并有升级势头。2010年3月,据韩国军方称,在西海白翎岛西南方1.8公里海域,韩国海军第二舰队司令部所属的1200吨级的"天安舰"遭受朝鲜攻击而沉没,40多名士兵牺牲。随后韩美举行的一系列军事演习并没有有效"吓阻"朝鲜。11月23日,延

---

[1] 2009年11月13日,奥巴马开始出访日本、新加坡、中国和韩国;2010年11月5日,奥巴马又开始访问印度、印尼、韩国和日本四国。
[2] 《胡锦涛同美国总统奥巴马通电话》,《人民日报》2009年1月31日。

坪岛炮击事件爆发，造成韩国1人死亡，13人受伤，半岛局势进一步恶化。2012年12月12日，朝鲜使用"银河3"号火箭发射"光明星3"号卫星。这引起了国际社会的强烈反对，2013年1月23日，安理会一致通过了关于朝鲜发射卫星问题的第2087号决议。

2013年2月13日，朝鲜不顾国际社会的强烈反对，进行第三次核试验。2013年3月7日，联合国安理会一致通过涉朝第2094号决议。朝韩也相互斗狠，该年度的半岛局势被战争的乌云笼罩着。2014年的半岛局势被朝鲜频繁进行导弹试射、无人机问题、所谓的"朝鲜人权问题"等所笼罩。2015年8月，韩军士兵在朝鲜半岛军事分界线韩方一侧巡逻时遭遇两次爆炸，两名士兵受伤，其中一人双腿截肢，另一人单腿截肢，随后朝韩关系再度紧张。2016年1月6日，朝鲜再次进行核试验。2016年9月9日，朝鲜不顾国际社会普遍反对进行第五次核试验，半岛局势仍然看不到改善的前景。

在2016年7月8日，韩美军方共同宣布将在韩国部署"萨德"系统后，东北亚局势和朝鲜半岛局势进入更为复杂的局面。"萨德"入韩后，随着这个"矛"对中俄两国军事的探测，中俄为了防御自然会加大"盾"的设施。同时，为了特别情况下先发制人，中俄自然会把相关战略武器瞄准韩国，也即会加大"矛"的一面。作为反应，美韩很可能也会加大相关军事的部署。这样一来，过去很多年相关大国共同努力在东北亚地区竭力避免的军备竞赛将极有可能会发生。"萨德"入韩引发的地区安全阴影也会再次加大相关国家之间的互相恐惧。它对中美战略互疑的负面影响甚至超过美国"亚太再平衡"政策，其负面影响某种程度上可与20世纪60年代古巴导弹危机相提并论。同时，它也会加大中韩和美俄战略互疑。"萨德"入韩又会大大刺激朝鲜发展导弹与核武器。过去国际社会在阻止朝鲜往这方面发展上还具备一致意见，还能通过联合表态与一致行为有效约束朝鲜，目前随着"萨德"入韩，中美、中韩、美俄忙于争吵与互相提防，哪有什么精力与可能再去有效约束朝鲜？

除朝鲜半岛问题外，如上文提及的那样，南海问题、钓鱼岛问题、阿富汗问题等近年来都有逐渐升温、甚至激化的趋势。

第三，大国合作共同管理地区事务进一步发展。在亚太地区，面对气候变化、重大疫情、特别是金融危机等各类全球性挑战，各大国之间一损俱损、一荣俱荣，需要协调应对与"同舟共济"，相互依存的深度与广度不断增加，竞争的可控性显著上升，合作共同管理的意愿增强。2011年1月14日，美国原国务卿希拉里在国务院本杰明·富兰克林厅举行的首届以理查德·霍尔布鲁克命名的演讲会上明确反对有关把中国的发展视为威胁的看法，呼吁以新的方法理解国际格局变化，强调中美在同一条船上，要么向同一方向划，要么将不幸造成动荡和漩涡。2016年9月3日，在G20峰会正式召开前夕，中美两国共同宣布完成《巴黎协定》国内批准程序，并将《巴黎协定》批准文书递交给见证这一历史时刻的联合国秘书长潘基文。这不仅意味着中美两国正式加入《巴黎协定》，也展示了两国在推动全球应对气候变化进程中的领导力，为《巴黎协定》的早日生效注入了强大的推动力。

与此同时，在地区热点问题上，小国驱动大国的模式正在让位于大国合作带动问题解决的模式。在朝鲜半岛问题上，在发生了"天安舰"事件和"延坪岛"炮击事件后，朝鲜明显感受到韩国民众对其"悬崖战术"的心理承受能力已经临近极限，其战争边缘政策的实施到了临界点。避免战争爆发，显然是朝韩的共同目标。因此，虽然受追求核大国梦想、打破国际孤立、吸引美国关注、迫切改善对美关系等因素的驱动，朝鲜仍然会不时地通过核试验和导弹发射等制造事端，但是朝鲜如以往那样通过"战争边缘政策"的"悬崖战术"而带动其他大国被动卷入的主客观能力有所下降。今后连同朝鲜核问题在内的朝鲜半岛问题的解决趋势更多的将是在大国合作的相对可控范围内进行。类似地，在阿富汗、巴基斯坦、缅甸等亚太地区热点问题上，这些国家或因国内的少数势力本身驱动事态发展的能力有限，或者由于前期发展已经引起大国相当的关注，其未来发展趋势有望更多受到大国合作进展的影响[①]。

第四，区域一体化合作的领导权之争表面化。随着美国战略上高调重返亚太，以及其他大国对这一地区的空前重视，相关大国围绕地区一体化的主导权争夺开始表面化，美国推出的跨太平洋伙伴关系协定

---

① 张春：《"变动中的亚太格局及中国周边政策"研讨会综述》，《国际展望》2010年第1期。

(Trans-Pacific Partnership Agreement，TPP) 等就是明显的例子。除了美国、日本与中国的竞争外，印度还一度走上了冷战时期的老路，试图将所谓的"民主""自由"等价值观要素也塞入东亚一体化的进程之中。韩国、亚洲开发银行等也都提出了自身有关东亚一体化的构想。东盟尽管内部出现了诸多问题，能力与凝聚力都有所下降，但仍坚持自身的领导地位。但总体上看，由于实力使然，在东亚地区一体化问题上，东盟的领导能力正在下降，美国、日本、印度、韩国、澳大利亚等国的影响力在上升。一时间，东亚地区一体化的倡议纷纷出现，领导权之争已经表面化[①]。

第三节 对中国周边外交的压力增大

总体来看，源于相关国家对中国崛起的不适应症、自身相对衰落的危机感、对于未来不确定性的恐惧症以及特定时点和政治事件（如国内大选以及多国互动）的焦虑症的共同作用，近几年中国周边态势呈现出复杂化、长期化的趋势，来自区域内和区域外国家的战略压力都在增大。

在区域内，日本对华战略转向主要始于2010年。随着中国 GDP 于2010年第二季度超过日本，其维持40年之久的世界第二大经济体地位让位于中国，战略上产生严重的"不适应"和"焦躁症"，更加专注亚太，尤其是专注于应对中国崛起[②]。以"撞船"事件、朝鲜频繁导弹试射和第五次核试验为借口，日本采取了一系列拉紧日美同盟，加强日韩战略合作的措施，并推进与越南、印度、蒙古等中国周边"战略性力量"的特殊关系。日本在2010年12月推出的新"防卫计划大纲"中明确将其国防首要"假想敌"由苏联转换为中国，其军事力量部署重点由"北方"转向面对中国的"西南方"，其军事力量建设模式也由过去因准备反击苏军登陆日本而重视地面装甲部队转向

[①] 张春：《"变动中的亚太格局及中国周边政策"研讨会综述》，《国际展望》2010年第1期。

[②] 林利民：《变中生乱，乱中求变——2010 国际战略形势评析》，《现代国际关系》2011年第1期。

为对付中国而更加重视海空军力量建设尤其是加强潜艇力量[1]。由于日本所谓的"西南诸岛"（指冲绳西南宫古岛、石垣岛和钓鱼岛等大小岛屿）周边海域是中国海军突破岛链封锁进入大洋的重要通道，为此 2010 年日本在宫古岛、久米岛设立了先进的雷达侦测站，持续加强冲绳的海空作战力量；在那国岛上部署陆上自卫队部队，监视中国海军的行动。

地理上属于非亚洲国家的区域外主要力量美欧俄等大国积极布局亚太，比如美俄明确重新自我定位为亚太国家，这一方面存在机遇。与各大国亚洲政策观念转变同步的是，中国作为该地区规模最大的国家与发展势头最好的国家，随着各大国对该地区的日趋重视，对华关系的重要性随之得到提升，中国的地区影响力与国际影响力也会相应提高。以美国为例，随着其亚太政策的调整，中国已经上升为其在亚洲的经济和外交中心，和日美同盟一道成为其亚洲政策的两大支柱。另一方面，我们也必须看到，各大国纷纷把战略重点"向东移"的本质目的在于维护自身国家利益。由于资源的有限性，特别是某些大国在冷战思维支配下，与中国更多的是在争夺亚太的政治、经济与战略影响，政策中牵制、迟滞中国的意图凸现[2]。

同时，中国某些周边国家出于平衡中国影响力的意图，会主动"邀请"美国布局中国周边，两者在针对中国崛起上有可能形成某种事实上的"联盟"。日本《产经新闻》2011 年 1 月 17 日刊登杏林大学名誉教授田久忠卫的文章，明确表示日美印应紧密合作联手限制中国。原印度总理顾问巴鲁表示："印度和美国都面临着中国崛起的威胁，没有人希望中国独霸亚洲"。[3]《澳大利亚人报》网站 2011 年 3 月 10 日发表悉尼大学美国问题研究中心主任杰弗里·加雷特的文章，指出中国挑战

---

[1] Mure Dickie,"Japan to shift focus of defense to China", *Financial Times*, December14, 2010.

[2] 2010 年，夹杂着西方主要大国的"影子"，挪威诺贝尔奖委员会竟然将和平奖授予因违反中国法律正在服刑的罪犯，这不仅是在公开支持中国境内违法犯罪行为并对中国司法主权构成了粗暴干涉，而且也表明冷战思维在大国关系中仍有体现。

[3] Calum MacLeod,"Obama packs much into 9 days in Asia," *US Today*, November 2, 2010, http：//www.usatoday.com/news/world/2010 - 11 - 02 - obamatrip_ N. htm.

将把我们（澳大利亚）与美国更紧密地连在一起。对于奥巴马政府的"亚洲再平衡政策"，越南原国防部长阮志咏称："我们欢迎美国的举动重返亚洲。"① 新加坡总理李显龙2016年8月3日访问美国时盛赞奥巴马为"美国首个太平洋总统"，并赞扬他在推动美国亚太再平衡战略中展现了个人领导实力与决策能力。针对中国不接受此前海牙法庭对南海的仲裁，李显龙却表示海牙法庭对南中国海主权争议的仲裁有力地界定了有关国家的主权声索，新加坡呼吁所有国家尊重国际法，接纳有关裁决。新加坡联美制华、在中国周边热点问题上浑水摸鱼的心态与导向一目了然。

　　从静态的地理环境来看，中国属于典型的陆海型国家。陆上被蒙古、中亚、南亚、东南亚国家围绕。海上被黄海、东海、南海围绕。东侧的日本、越南、韩国又是中国进出太平洋的前沿要地。东南亚国家，特别是马来西亚又扼守马六甲海峡。由于周边国家数量较多，且在政治制度、意识形态、经济发展、文化习俗、民族宗教等方面差别较大，再加上中国的超大规模以及相关国家的认知，中国的高速发展与实力快速上升就导致了一些周边中小国家与美国通过广泛地"结盟"来应对中国发展，"因为与制衡逻辑相反，他们认为中国是比世界上最强大国家更加危险的威胁"②。这也与中国自身的发展阶段有关。冷战期间，中国本质上是"生存第一主义"的国家，它需要节省有限的实力并在一个危险的环境中调整适应其给定的危险的位置。也就是说本质而言，中国的行为是"向内"的，主要关注内部；而90年代后，特别是21世纪以来，中国的生存威胁已基本消失，实力日益增强，利益的自然外溢开始有意无意地主动塑造周边的环境，也就是说中国的行为开始"外向"化。这就使得一些国家越来越感受到中国的存在，并视为一个威胁。这其中最大的威胁还是周边国家与域外大国针对遏制中国组成的各种联合。

　　在东亚与东北亚地区利用朝鲜半岛的紧张局势，美国大幅强化与

---

　　① 《越南菲律宾为何对华强硬：美国重返亚洲干预南海》，2011年6月13日，凤凰网（http://news.ifeng.com/mil/4/detail_ 2011_ 06/13/6971622_ 6. shtml）。

　　② ［美］金骏远：《中国大战略与国际安全》，王军、林民旺译，社会科学文献出版社2008年版，第128页。

韩国的"延伸威慑"力量，巩固了与韩国的同盟关系，特别是以朝鲜频繁的导弹和核试验为借口希望在韩国部署"萨德"导弹防御系统，进一步将韩国捆绑在美国的战车上。美国成功销蚀日本国内抬头的"排美"与"离心"倾向，强化美日安全纽带，频繁在中国周边海域军事演习；利用中日钓鱼岛之争，明确宣布《日美安保条约》第五条适用于钓鱼岛，还与日本举行以"夺岛"为目的的军事演习，对地区紧张局势火上浇油。2010年11月，奥巴马访日发表了新的《日美共同宣言》指出，要推动双边防务合作深化、提高潜艇探测能力，共同应对中国在东海的"军事威胁"。联合宣言提出在台湾海峡有事时，美军航母应成为中国最大的威胁。在2010年2月美国防部发布的《四年防务评估报告》中，美国就提出在美军嘉手纳机场要推进与自卫队的联合作战，以提高防空层面的联合应对能力，应对可能的台海危机。

在东南亚地区，作为一个地理位置上并无关联的国家，2010年7月22日，希拉里就南海问题在东盟地区论坛部长会议上对中国发难，大谈南海与美国国家利益相关，明显为东南亚国家撑腰打气。与此同时，时隔11年后美国国防部长重新开展对印度尼西亚陆军特种部队的支援，并与几十年的"仇敌"越南在南海举行了联合军事演习，为本已复杂的地区局势增添了复杂因素。2011年5月下旬，中国与越南和菲律宾就南海岛屿及其附近海域主权的争端陡然加剧，越南外交部一改此前坚称的不会允许第三国参与，公开表示欢迎包括美国在内的国际社会协助解决纷争。作为呼应，美国参议院东亚和太平洋事务小组主席韦布，更是向国会递交了一份议案，要求谴责中国，呼吁以多边方式协助解决纷争，引入美国的力量。在与菲律宾的争执上，2011年6月15日，美国驻菲律宾大使明确表示在南海争端上将无条件地站到菲律宾一侧。更有甚者，2011年6月12日，美国的"华盛顿号"航空母舰离开了它的母港，在14日与东南亚六国进行了南海联合军事演习，在6月28日和菲律宾进行了南海联合军事演习，在7月份和越南进行了南海双边军事演习。这些都明确向越南、菲律宾等国发出支持其在南海问题上向中国"无理索要"的信号,进一步恶化了局势①。

美国与东南亚部分国家联合向中国施压最明显的例子莫过于所谓的南海仲裁案。南海仲裁案,即所谓"菲律宾控告中国案",是一个临时组建的仲裁庭,就菲律宾阿基诺三世政府单方面提起的南海仲裁案进行了所谓"裁决",其实质是披着法律外衣的政治闹剧。2013年1月22日,菲律宾正式向联合国海洋法法庭提请针对中国的"仲裁"。菲律宾之所以不听劝告、罔顾事实,主要就是美国在背后撑腰打气。美国高官和专家多次煽动菲律宾等南海声索国通过法律办法,特别是国际仲裁解决南海争端。2013年菲律宾提出仲裁请求后,美国不断地制造国际舆论,支持菲律宾、抹黑中国。美国国务院发表声明:"美国重申对以和平方式解决领海争端的做法的支持,而不必害怕任何形式的报复,包括恐吓和逼迫。"2016年奥巴马在美国与东盟国家领导人非正式会议上表示,美国将继续"强有力且永久地维持在亚洲的存在",利用美国在亚太地区的实力建立"基于规则的秩序"。《纽约时报》等美国媒体也纷纷声援菲律宾,同时要求中国接受、参与仲裁。

在奥巴马的第一个总统任期内,美对菲军事援助"稳步增长",2011年还不到1200万美元,到2012年就猛增至2700万美元。在美菲军事同盟条约及一系列有关军事合作协议的基础上,2014年4月,美国与菲律宾签署《强化防务合作协议》;2016年3月双方达成协议,允许美军以轮换驻扎的方式使用菲律宾的五处军事基地,包括靠近南沙群岛的巴拉望岛空军基地。在仲裁庭作出管辖权裁决的前两日,美军拉森号驱逐舰进入我国南沙岛礁12海里海域。仲裁案于2016年7月12日通过后,美国不仅向中国施压让中国接受,还联合盟友向中国施加压力。美国国务院发言人于通过当天发表新闻声明称,菲律宾南海仲裁案

---

① 截至目前,越南已在南海地区占据了29个岛屿,并在岛上建造了码头、机场跑道、发电站、防护堤及军事碉堡。而在南海诸岛中,属于中国控制的只有9个,其中中国大陆占8个、中国台湾占1个。事实上,在历史上,越南承认这些领土属于中国。直至1974年,越南教育出版社出版了普通学校地理教科书,该书在《中华人民共和国》一文中写道"从南沙、西沙各岛到海南岛、台湾岛……构成了保卫中国大陆的一座长城。"越南出版的地图也将南海诸岛标注为中国领土。1960年越南人民军总参谋部图处编绘的《世界地图》和1972年越南总理府测量、绘图局印制的《世界地图集》就是明证。

仲裁庭公布的所谓"裁决"对中菲双方"都有法律拘束力",希望双方遵守"有关义务",并以此为契机恢复和平解决争议的努力。日本外务大臣就仲裁庭公布最终裁决称,根据《联合国海洋法公约》有关规定,"裁决"为"最终结果",对当事国"具有法律约束力",当事国有必要接受"裁决",并称强烈期待当事国接受裁决。澳大利亚领导人声称,有关裁决对当事方"具有约束力",希各方予以遵守。

在南亚地区,美国通过"阿巴新战略",特别强化提升与印度的关系。2010年6月,印美开启战略对话,承诺建立"全球战略伙伴关系"。11月6日,作为亚洲之行的第一站,奥巴马率领250位高官抵达印度,不仅在规模上创下新高,而且正式宣布取消对印度实施的高科技产品和用于军事用途的核技术禁运政策。奥巴马也改变了40年来所有访问印度的美国总统的一个惯例——访问印度的同时也要到访巴基斯坦[①]。特别值得关注的是,11月8日奥巴马在印度国会演讲时对于印度申请成为联合国安理会常任理事国一事,一改前任政府的反对和模糊态度,明确表示支持。他特别指出,美国将帮助印度实现在国际上与中国处于同等地位的愿望[②]。这次访问被称为印美关系史上的里程碑,标志着美国南亚战略的重大调整。特别是在世界上热论"中国崛起""龙象之争"的背景下,奥巴马印度战略的转变不仅强化了美国在南亚的战略存在,而且始终暗含着中国因素。2010年,美国还与印度在中国周边举行了以"反恐"为目的的军事演习。2016年6月,印度总理莫迪对美国进行了为期3天的访问。这是莫迪2014年执政以来第4次访美,也是两年来第7次与时任美国总统奥巴马会面。美印两国都期待双边安全关系脱胎换骨,形成"坚定不移"的同盟。

军事演习是各国军队的常规军事训练科目与正常行动,与其他国家军队联合进行军事演习对于美国来说也司空见惯。但是2010年以来,

---

[①] 这一惯例的改变也被一些观察家解读为美国的南亚战略将印度第一变为了印度唯一。

[②] 印度早在1994年第49届联合国大会上,就正式提出成为安理会常任理事国的要求。2004年9月,印度与日本、德国、巴西发表共同宣言,组成了"四国联盟",发起了最猛烈的"入常"攻势。印度一直以来希望得到美国对印度入常的正式支持。布什政府时期曾对印度"入常"问题表示过强烈的反对,但之后美国的态度有所转变。奥巴马上台后,美国对印度"入常"的态度逐渐明朗。

美国在中国周边进行的一系列的军事演习有两个突出的特点。第一，美国主导的"环太平洋"军演、美韩"不屈的意志""乙支自由卫士"联合军演、美越南海军演、美国同东南亚一些国家举行"卡拉特"联合军演、关岛"勇敢之盾"演习、美日夺岛演习，从地点上看，从东北亚的黄海、日本海、东海一直到南中国海，均在中国周边水域，矛头直指中国；第二，演习的参与国不仅有美国的传统盟友韩国、日本、澳大利亚，也有新近关系骤然升温的印度与昔日"仇敌"越南，从地图上看，美国几乎与中国周边海域的主要大国均进行了联合军事演习，潜在地遏阻中国崛起的意图不言而喻。对此，美军高层直言不讳地称演习主要目的就是"预防亚太地区崛起的新兴军事力量"[1]。美国一系列军演，再加上"天安号事件"、延平岛炮击事件、朝鲜频繁进行核试验、中日钓鱼岛争执事件等，也使得中国的海上安全成为中国周边安全环境中的突出问题凸显出来。

与中国周边大国进行军事与战略部署的同时，美国还推进湄公河下游开发计划，向沿岸的柬埔寨、老挝、泰国和越南的外长承诺，将提供总计1.87亿美元的援助，并意图挑拨中国与相关国家的关系。对于2009年年底柬埔寨向中方遣返20名维吾尔族人一事，美国迅速对柬埔寨进行了制裁[2]。而在2010年11月访柬时，希拉里更是公开劝诫柬方应在亚太地区建立多元伙伴关系，不要"过分依赖"中国，并特意强调中国在湄公河上游建造的水坝就是对柬埔寨的挑战。美国还以要求柬埔寨政府偿还19世纪70年代积欠美国至今的4.45亿美元债务来敲打柬埔寨领导人[3]。美国加速在中国周边从多层面投棋布子。

我们必须看到，美国及其他相关大国与周边国家对中国施加更多的战略压力固然与相关国家的冷战思维有关，但同时也与中国自身实力的

---

[1] 谢昭：《美聚集13国举行世界规模最大联合军演防范中国》，《环球时报》2010年6月25日。

[2] 《美国停止向柬埔寨提供军车以惩罚柬方遣返维吾尔人》，2010年4月2日，《路透社》中文网（http://cn.reuters.com/article/CNTopGenNews/idCNCHINA-2017920100402）。

[3] John Pomfret, Clinton urges Cambodia to strike a balance with China. Washington Post, November 2, 2010, http://www.washingtonpost.com/wp-dyn/content/article/2010/11/01/AR2010110106754.html.

增强密切相关，比如 GDP 成为世界第二、外汇储备世界第一、纯军费开支位居世界第二、外贸总量世界第一、人均 GDP 在 20 年间增长了 10 倍。中国属于典型的崛起性国家。2015 年，中国的 GDP 总量为 11.2 万亿美元，位列亚洲之首，约为日本、韩国、印度以及东南亚国家的 GDP 之和；中国的军费开支为 2145 亿美元，同样位列亚洲之首，是日本（463 亿美元）的 4.6 倍，韩国（386 亿美元）的 5.6 倍，印度（511 亿美元）的 4.2 倍，俄罗斯（910 亿美元）的 2.4 倍。周边对于中国的快速发展仍然存在较大的不适应性，新出现的这些问题也属于中国必须经历的"成长中的正常烦恼"。

第四节　中国的政策优化

综上可见，在当今国际环境与国际格局大变化的背景下，亚太地区正在经历着重大的调整与变革。与之相对应，中国与世界的互动、中国与周边国家的互动都正在发生着巨大的变化。近几年的案例显示，彼此间行为的摩擦明显增多，交锋、碰撞与冲突已经变得表面、直接和激烈。这一方面，是由于中国在地缘上深处这一地区的中心地带，特别是政治社会制度、发展模式、文化、价值观等方面又与现有世界大国存在较大差异，因此，该地区战略位置的提升所必然带来的战略角逐与权力争夺不可避免地会围绕中国展开，而且会倾向于以"压力增大"的方式展开。这种压力不仅包括有形的战略态势压力，也包括无形的认知压力。对此，我们应有心理准备。

另一方面，我们特别应该注意到在亚太局势与中国周边局势纷繁复杂的战略动向下，中国与世界在认知取向上正在悄悄发生的积极变化。具体来说，金融危机、朝核问题等全球性问题使得美日等国在认知取向上更进一步认识到相互依赖的重要性，与大国零和博弈思维相伴的是大国合作共同管理地区事务的认知得到了进一步加强。从这一层面上看，中国与世界、中国与周边国家关系的调适又明显处于瓶颈期与转折期。

如何看待中国周边国家在美国积极布局中国周边、中美"信任赤字"有增无减过程中的角色，这背后的问题首先是"信任赤字"。张蕴岭教授对此指出，"面对崛起的中国，邻国担心来自中国的越来越强的竞争和影响,这使'中国威胁论'找到了发展的土壤。如果中国试图在周边地区营造合作性的环境,首要的事情是与邻国之间建立真正的信任"①。虽然中国反复强调致力于奉行"与邻为善""与邻为伴"的睦邻友好外交政策,但是周边某些国家似乎没有体会到这种善意,反而因中国的迅速崛起而产生更多的疑虑,担心成为强大中国的附庸或牺牲品。他们试图拉拢美国来制衡中国,已经给中国制造了很大的战略困扰。这背后的原因之一当然与邻国,特别是其中的中小国家对中国的崛起有更加切实的感知有关。除了结构性制约因素外,在制定中国周边战略时我们需要弄清楚这种感知的来源究竟是什么,是邻国误解了中国的战略意图?还是中国在对周边国家的政策上仍然有需要优化甚至检讨之处?

  对于中国的周边外交,当然存在需要检讨之处。尽管我们长期强调中国外交"周边是首要",但实际上冷战后我们长期更为重视大国外交,特别是对美外交。在周边外交上除了重视俄罗斯、日本外,中国对其他国家实际上的重视程度与其在中国外交中的"首要"地位并不相称。近年来,美国巩固日韩同盟,同时放低姿态与中国周边国家如缅甸等国提升关系,给中国的周边外交带来很大的压力,也迫使中国反思周边外交与周边战略。对此,新加坡东亚研究所的郑永年教授指出,"中国的元首外交都放在了非洲、拉丁美洲,在亚洲中国的软力量缺乏"。郑教授进一步指出,"美国重返亚洲,提醒中国在亚洲要着重于周边关系,从战略意义与商业利益两方面处理与亚洲各国的多边关系"②。时殷弘教授在反思中国外交时也指出,"我们过去若干年,外交上我个人认为有一个重要失误,就是我们只讲中美关系重中之重,我们忘记了中国作为一个大国,不是只有这一个重中之重,中美关系重中之重,但在战略领域,在外交领域还有另外一个重中之重,就是我们复杂的,但是非常重要的中国周边关系"③。2013年10月,中国周边外交工作座谈会

---

  ① 张蕴岭:《构建中国与周边国家之间的新型关系》,《当代亚太》2007年第11期。
  ② 《郑永年谈中国的地缘政治与多边关系》,2013年2月6日,光明网(http://v.gmw.cn/2013-02/06/content_6650598.htm)。
  ③ 时殷弘:《中国过往只强调中美关系是外交失误》,2013年4月1日,凤凰网(http://news.ifeng.com/mainland/detail_2013_04/01/23753569_0.shtml)。

的召开可谓是一个积极信号，下一步的关键就是将其落实到具体的周边外交工作中。

在周边外交上，中国要突出重点领域、加强对重点问题的集中攻关。中国要强化周边外交战略攸关中华民族前途命运的观念，在具体外交运作上应在普遍重视第三世界的同时加强对周边地区的更为重视，在对全球事务普遍参与的同时加强对周边事务的更多参与。中国的周边外交做好了，美国介入中国周边事务以此围堵中国的切入点就会减少，干扰中美关系的因素就会减少，这也有利于中美关系的发展。作为中美两国，如能成功构建起良性的新型大国关系，那么不仅中国周边地区能实现真正的和平与稳定，而且在亚太地区，乃至全球以及大国关系历史上也能首次真正从实践意义上走出"大国政治的悲剧"。在这一过程中，中国周边作为中国外交的"首要关注"以及中美竞争的主要场所不仅是中美关系中需要格外慎重处理的区域，也可以成为两国构建新型大国关系的"试金石"。

第五节　小结

通过本章的分析可见，如果以亚太地区战略形势新的变化为分析背景，从中国周边外交的主要压力源上看，最大挑战在于地理上区域外大国，特别是美国，与周边国家以防范中国崛起为目的而进行的各种联合。如果中国对此采取正面挑战，那么势必会受到这些国家的遏止（或联合遏制），战略环境将大大恶化。其化解的思路不仅需要回到如何应对周边国家的相关关切上，而且更要看美国介入中国周边事务的动因、手段以及走势。

第五章　美国在中国周边全面布局：压力空前加大

中国周边对于中美显然具有不同的重要性，特别考虑到以下两点。第一，中国周边有14个陆上邻国和6个海上邻国。按照地缘政治学家麦金德的观点，国际竞争中邻国越多，特别是接壤邻国越多越不利。中国周边情况也比较复杂，有社会主义国家也有资本主义国家；有超级大国，也有地区性强国和小国；有佛教、伊斯兰教国家，也有天主教、基督教国家。其中，"中国在漫长的陆海边界的几乎每一方向都面临着强大的邻国、不稳定的国家或者潜在不友好的国家联盟"[①]。中国周边还有四个有核国家，俄罗斯、印度、巴基斯坦、朝鲜。第二，中国陆地边界和海上边界都存有领土纠纷，形势复杂。陆上同印度有领土纠纷，海上与日本、越南、菲律宾等国存有领土主权争端。中国周边也存在众多安全隐患和不确定因素，如朝鲜半岛问题、南亚印巴对抗、中亚的三股势力等。

由此可见，与美国濒临两洋、邻国少而弱，以及作为超级大国影响力与利益遍布全球相比，中国周边不仅形势复杂，也是影响力的主要投射区域。由于美国始终是亚太地区局势与中国周边外交最重要的影响变量，本章主要讨论美国在中国周边的战略布局与发展走向。

第一节　美国在中国周边的利益

美国在中国周边的利益可以从经济、政治、安全等几个层面进行分

---

① Wang Gengwu, "China and Southeast Asia", in David Shambaugh, ed., *Power Shift: China and Asia's New Dynamism*, University of California Press, Berkeley, 2006, p. 198.

析。经济利益主要表现在国际贸易上,具体可以从出口与进口两个层次考察,本章以美国商务部刚刚公布的最新两年的贸易数字为例说明这个问题①。

表5-1可见,美国2014年前30大出口目的地中,有7个在中国周边,加上排名第13的新加坡、第15的澳大利亚、第25的泰国,中国周边所占的比例超过了29%。2015年的统计也能得出类似结论。同期,欧洲国家所占的比例仅为20%。

表5-1 2014—2015年美国前30大出口目的地中的中国周边国家（地区）

（单位:百万美元）

国家（地区）	2014年 出口额	排名	2015年 出口额	排名
中国	123621	3	116072	3
日本	66876	4	62443	4
韩国	44625	7	43446	7
中国香港	40911	9	37167	9
中国台湾	26667	14	25860	14
印度	21501	18	21452	18
马来西亚	13069	24	12277	24
30国出口总额	1396042		1315218	

资料来源:美国商务部人口调查与统计局外贸科,http://www.trade.gov/mas/ian/build/groups/public/@tg_ian/documents/webcontent/tg_ian_003364.pdf。

表5-2可见,2014年美国前30大进口来源地中,9个在中国周边,加上排名第16的泰国、第22的新加坡、第29的澳大利亚以及第30的菲律宾,总额占到7338亿美元,为美国前30大进口总额的43.6%。2015年的统计数据也能得出类似的结果。

---

① 中国是世界第二大经济体,也是美国与许多周边国家最重要的经济伙伴,为了全面而准确地考察美国在该地区经济利益,以及对周边国家关系的影响,表5-1与表5-2也包括了中国的数据在内。

表 5-2 2014—2015 年美国前 30 大进口来源地中的中国周边国家（地区）

（单位：百万美元）

国家（地区）	2014 年 进口额	排名	2015 年 进口额	排名
中国	468484	1	483245	1
日本	134505	4	131364	4
韩国	69680	6	71759	6
印度	45355	9	44792	9
中国台湾	40839	11	40908	11
越南	30616	13	38020	13
马来西亚	30564	14	33971	14
印度尼西亚	19390	20	19602	20
俄罗斯	23660	24	16366	24
30 国进口总额	2122141		2051530	

资料来源：美国商务部人口调查与统计局外贸科 http：//www.trade.gov/mas/ian/build/groups/public/@ tg_ ian/documents/webcontent/tg_ ian_ 003364. pdf。

冷战后美国在中国周边的政治利益服从于美国的亚太战略与全球战略，继续维护美国霸权。早在 2011 年 1 月的国情咨文中，奥巴马就四次提到中国，指出美国面临严峻形势的同时表示："就在不久之前，中国已拥有世界上最大的私营太阳能研究设施，世界上运行速度最快的计算机，中国正在建造更快的火车和更新的机场"[1]，拿中国激励美国的同时，变相渲染"中国威胁论"。

美国的安全利益一方面服从并服务于政治利益，避免中国崛起为一个能在安全层面挑战美国的大国。2002 年 9 月，布什政府公布的《美国国家安全战略》认为，世界上"唯有中国有军事能力对美国构成潜在威胁"，美国"将保持世界上最强大的军事力量，不允许任何国家对其第

---

[1] Remarks of President Barack Obama in State of the Union Address, http：//www.whitehouse.gov/the-press-office/2011/01/25/remarks-president-barack-obama-state-union-address.

一军事大国地位构成威胁"①。2010年5月,奥巴马政府公布了新的《美国国家安全战略》报告,不同于小布什安全战略报告中的单边主义与常常出现的"美国国防力量是保证美国安全和世界和平的基石"、"美国的战略是打赢两场大规模战争""威慑、击败一切可能对手"等表述,将盟友体系置于非常关键的地位,重视外交手段和对话途径解决纠纷②。报告的序言明确指出,"美国已经做好再次领导世界的准备""要保持世界军事力量第一"③。希拉里在布鲁金斯学会解释美国新安全战略时说,"在当今这个时代,美国对世界的领导不是应该减少,而是应该增加"④。此外,"美国加强与印度的军事合作以及保持在阿富汗和中亚驻军,都潜藏着以印度或中亚国家来遏制中国发展的意图"⑤。

另一方面,美国的安全利益体现在军工集团的利益实现上。"美国军工复合体是美国最强势的利益集团之一"⑥。"军工集团在美国政治中,特别是在美国对外政策的制定中起到举足轻重的作用。"⑦ 表5-3仅以奥巴马政府刚上台时的2009—2010年为例。数据显示,在奥巴马政府上台后,美国对外军事出口额前5名的国家中,中国周边国家占到4个,前10名中占到6个。在所有统计的63个国家中,中国周边国家占到10个。也就是说中国周边国家中的一半在奥巴马政府上台后的对外军事出口中都"名列前茅",出口总额占美国2009—2010年出口总额的52%。美国军工集团在中国周边的这一巨大利益不仅是美国渲染"中国威胁论"的结果,而且也表明美国军工集团会继续反华,旨在

---

① The White House, *The National Security Strategy of the United States of America*, September 2002, pp. 28 – 30.

② 甘钧先:《2010年〈美国国家安全战略〉报告评析》,《现代国际关系》2010年第6期。

③ "2010 National Security Strategy of the United States", p. 10 and p. 15, http://www.whitehouse.gov/sites/default/files/rss_viewer/national_security_strategy.pdf.

④ Karen De Young, "Obama Redefines National Security Strategy, Looks beyond Military Might", *Washington Post*, May 27, 2010, p. 2.

⑤ 甘钧先:《2010年〈美国国家安全战略〉报告评析》,《现代国际关系》2010年第6期。

⑥ 章节根、沈丁立:《军工复合体对美国军控政策的影响》,《美国研究》2004年第2期。

⑦ 赵可金:《美国军工集团与中美关系》,《和平与发展》2004年第3期。

"给美国确定一个敌人,从而达到谋求经济利益的目的"①。

表 5-3 美国军事出口地中的中国周边国家(地区)概览(2009—2010 年)

(单位:百万美元)

国别	2009 年	2010 年	总计	排名
澳大利亚	544	1554	2098	1
新加坡	814	719	1534	2
巴基斯坦	122	1317	1439	3
韩国	270	1057	1327	4
日本	357	354	711	6
阿富汗	280	245	525	10
中国台湾*	100	68	168	21
印度	4	52	56	33
泰国	31	23	54	34
菲律宾	1	5	6	49
总计(63 国)	6658	8641	15299	

* 2011 年 9 月 21 日,美国政府不顾中方一再反对,宣布向中国台湾出售一批先进武器装备,总额达 58.52 亿美元,再加上表 5-3 中显示的 2009 年、2010 年美国的对台军售,奥巴马在执政前三年共向中国台湾出售总额超过 122 亿美元的先进武器。在两岸关系改善的大背景下,美国对台军售金额逐年上升,出售武器在性能上日渐先进,不仅公然违背《八一七公报》,而且也很好反映了美国"牵制中国"的战略。

资料来源:瑞典斯德哥尔摩国际和平研究所的武器交易数据库(Arms Transfers Database),http://www.sipri.org/contents/armstrad/output_ types_ TIV.html。

第二节 美国重返亚洲的战略布局

2009 年 7 月,正在泰国访问的美国原国务卿希拉里郑重宣布,美国将"重返"亚洲,亚洲事务将在美国议事日程中处于更加突出的位置。对于亚太地区战略上的重要性,希拉里 2010 年 10 月 28 日在夏威夷发表讲话时明确指出:"我们知道,21 世纪的大部分历史将在亚洲

---

① 赵可金:《美国军工集团与中美关系》,《和平与发展》2004 年第 3 期。

书写。"① 2011 年 10 月，希拉里在夏威夷大学东西方中心发表演讲再次明确指出："显而易见，21 世纪世界的战略以及经济重心在亚洲和太平洋地区""美国政府今后的外交和经济政策重心会放在亚太地区"②。

在经济上，2008 年 9 月，美国加入 TPP 谈判，奥巴马政府给予 TPP 前所未有的重视③。2009 年 11 月 13 日，奥巴马在东京指出：美国将会推进"跨太平洋伙伴关系"协议，致力于打造一个广纳成员、质量较高，又适应于 21 世纪的区域贸易协定。TPP，作为美国新政府提出的第一个贸易行动，将会为美国工人提供更为强大的保护。同一天，美国贸易代表柯克（Ron Kirk）在新加坡发表演讲，重点包括美国重视 TPP，将和其他国家合作推动其成为整合亚太经济的平台；美国国内的工人、农民、牧场主、制造商和服务供应商面临着不同的挑战，美国将根据他们的利益，确立新的加入标准；TPP 将作为一个高标准的区域贸易协议增加美国人的就业，带来经济繁荣④。

美国商会、制造业协会、服务业联盟及对外贸易协会等重要组织均表态支持 TPP 谈判。美国参议院财政委员会原主席马克斯·鲍克斯（Max Baucus）2009 年 11 月 13 日指出，参加 TPP 有利于美国的就业、出口和美国经济，在未来几年亚太地区将保持经济增长以及经济的整合趋势，为美国的出口商开辟这些关键的市场，首要的关注就是美国企业和美国工人的需求。原参议员格拉斯利（Chuck Grassley）指出："如果我们能够达成协议，它将为美国的出口商创造新的机会，有助于加强在亚太地区的地位。出口商有了机会，就会创造更多的就业。据白宫统计，160 万个工作机会是与亚洲的出口联系在一起的。我们可以在此基础上走向世界各地。政府期待与哥伦比亚、巴拿马和韩国签订贸易协

---

① Hillary Rodham Clinton, "America's Engagement in the Asia-Pacific", U. S. Department of State, October28, 2010, http：//www. state. gov/secretary/rm/2010/10/150141. htm.

② Hillary Rodham Clinton, "America's Engagement in the Asia-Pacific", Kahala Hotel Honolulu, HI October 28, 2010, http：//www. state. gov/secretary/rm/2010/10/150141. htm.

③ TPP 全称是跨太平洋伙伴关系协议。2002 年，智利、秘鲁和新加坡建立太平洋三国紧密关系 [Pacific Three Closer Economic Partnership (P3 - CEP)]。在此基础上，2015 年 6 月，TPP 协议签署，2016 年正式生效。

④ USTR NEWS：Kirk Comments on Trans-Pacific Partnership, http：//www. ustr. gov/about-us/press-office/press-releases/2009/november/ustr-news-kirk-comments-trans-pacific-partnership.

定。一旦实施，每个协定都能够为美国的农民、制造商和服务商们提供一个很大的活动舞台。那将转变成为美国工人的铁饭碗。总统应该立即推动这些协定的落实。"

2009年12月14日，美国贸易代表柯克在给国会的通报中表示，奥巴马政府倾向于加入TPP的谈判，目的在于形成一个高标准、宽领域的地区一体化组织。他同时表示，这样的协定可以帮助美国商品出口以及国内创造就业机会。在2009年12月15日华盛顿国际贸易协会举办的会议上，柯克提到："总之，我们期望TTP协议能够作为美国未来贸易发展模式。我们认识到，今天的工人、商人、农民所关注的内容与上一代人已经非常不同了，我们打算更新贸易方式来适应这个变化的世界。"[1]

2010年3月初，新加坡驻美国大使陈庆珠（Chan Heng Chee）在美国国际贸易委员会的听证会上指出，TPP是美国利用亚洲发展潜力的一个具体工具。由于中国、韩国、日本及东盟10国正在全力推进亚洲经济融合，在亚洲地区美国将会处于极端不利的地位。华盛顿的彼得森国际经济研究所也表示："一个没有美国的东亚自由贸易区，将会使美国的公司每年至少损失250亿美元，即大约20万个高薪工作岗位。"[2]

2010年3月11日，在华盛顿美国进出口银行年会上，奥巴马表示：希望通过深化与主要新兴市场如中国、印度、巴西等国的关系，增加200万个新就业机会。奥巴马上台之初，提出要在五年内使美国的出口翻番。为了兑现承诺，TPP是一个可以尝试的策略。他指出："TPP的一个长远目标是推动APEC向一个亚太自由贸易区发展。"[3]

对于奥巴马政府强化重视TPP，日本《读卖新闻》发表文章指出，2010年在东亚和亚太的地区合作历史上将是一个大的转折年份。1989

---

[1] U. S. Engagement with the Trans-pacific Partnership: Action to Date, http://www.ustr.gov/about-us/press-office/fact-sheets/2009/december/tpp-statements-and-actions-date.

[2] Testimony by Ambassador Chan Heng Chee at the International Trade Commission Hearing on the Trans-Pacific Partnership Agreement, 2 March 2010, http://app.mfa.gov.sg/pr/read_content.asp? View, 14650.

[3] Obama's Speech on the National Export Initiative, March 2010, March 11, 2010, http://www.cfr.org/trade/obamas-speech-national-export-initiative-march-2010/p21642.

年亚太经合组织宣告成立开创了以"亚太"为核心框架的地区合作时代。但是此后，亚洲经济危机又促成新的地区合作，1997年，东盟"10+3"首脑会议首次开幕，以"东亚"取代"亚太"成为地区合作的核心框架。2010年，"钟摆"又被推了回来，随着美国力推TPP，以"亚太"为核心框架的地区合作再次成为主流。

综上可见，一方面，美国通过TPP期望更深入介入亚太市场，为美国的出口商创造新的机会，创造更多就业①。另一方面，TPP又有着明显争夺地区主导权的目的。在经济融合与相互依赖加深的背景下，亚洲地区最近几年的经济一体化明显加快，目前有"10+1"（东盟10国加中国），"10+3"（东盟10国加中国、韩国、日本），"10+6"（东盟10国加中国、韩国、日本、印度、澳大利亚和新西兰）。各国也有意愿推动"东亚经济共同体"建设。特别是2009年9月日本鸠山政府上台后明确提出建立"没有美国参加的东亚共同体"，这些都让美国十分敏感。

在亚洲各种经济区域化与机制化的合作中，作为世界第二大经济体的中国自然就成了美国争夺主导权的主要目标，"美国积极推进TPP，目的在于插足亚洲地区贸易结构中心，形成将中国排除在外的经济合作机制，防止世界经济中心移向中国"②。在美国的鼓励下，日本已经加入谈判。作为第一大经济体与第三大经济体的美日两国如果在区域合作中合作，那么给中国的压力会非常巨大。韩国媒体就此发表评论说："东京有关加入TPP谈判的做法标志着华盛顿创建一个新自由贸易区并从北京手中夺取主动权的努力取得了突破。"③ 由此可见，"与追求出口倍增目标相比，通过对TPP控制权的掌握以达到'重返亚洲'的目的应当是美国附注在TPP身上的最重要战略意图。某种程度而言，除了凭借军事力量加紧向亚洲渗透之外，TPP可以看作是美国争夺亚洲话语

---

① 据白宫的统计，160万个工作机会是与亚洲的出口联系在一起的。美国提出的TPP优先领域包括进一步推动清洁能源和其他新兴经济部门的发展，为美国的制造商、农民和服务机构提供新的出口机会，增强美国的知识产权保护的权利等。

② 李文、何丽娟：《美国战略东移：理论与实践》，《毛泽东邓小平理论研究》2012年第1期。

③ 同上。

权（特别是与中国）的重要通道"①。

在政治外交层面上，一方面，美国更加重视亚洲的多边外交。2009年11月，时任美国总统奥巴马与东盟10国领导人举行首次会晤。2010年9月美国与东盟10国领导人在纽约举行第二次峰会，双方会后发表联合声明，强调"海上安全""自由航行"的重要性。2005年，第一届东亚峰会召开，有媒体将之称为"东亚地区第一个没有美国参加的地区合作机制"。2010年，美国成为东亚峰会的观察员国，在2011年巴厘岛举行的东亚峰会上成为正式成员国。

2016年9月9日，奥巴马赴老挝参加美国—东盟领导人峰会以及东亚峰会。在美国—东盟领导人峰会上，奥巴马重点是强化与东南亚各国经济合作，加强应对地区和全球性挑战方面的合作。在东亚峰会上，奥巴马与地区领导人协调推进以规则为基础的国际秩序，其重点日程包括推销《跨太平洋伙伴关系协定》（TPP），帮助美企扩大亚洲出口。

另一方面，如表5-4可见，奥巴马政府上台后美国与中国20个周边国家的政治外交关系类型除了传统的同盟关系与由于反恐而建立的准同盟关系外，最大的特点就是与该地区的许多主要国家的关系在近两年都急剧升温。

表5-4　　　　美国与中国周边国家政治关系类型

关系类型	同盟（准同盟）	关系急剧（持续）升温	普通关系	对手
国家	日本、韩国、菲律宾、阿富汗	印度、越南、印度尼西亚、蒙古、缅甸、哈萨克斯坦、吉尔吉斯斯坦、塔吉克斯坦	俄罗斯、巴基斯坦*、不丹、尼泊尔、老挝**、马来西亚、文莱	朝鲜

* 最近几年美国与巴基斯坦的关系因美国屡次越境抓捕或袭击在巴境内的基地和东突分子，已引起巴方的强烈反感。但尽管如此，两国政治关系仍然较为紧密，高层互访频繁。2011年，巴基斯坦总统访问美国，美国原副总统拜登与原国务卿希拉里也先后到访巴基斯坦。

** 2010年7月，老挝外交部长通伦·西苏里访问美国，他是自1975年以来到访美国的级别最高的老挝官员。

---

① 沈铭辉：《东亚合作中的美国因素——以"泛太平洋伙伴关系协定"为例》，《太平洋学报》2010年6月。

这些国家可分为三类。第一类是蒙古与缅甸，这两个国家尽管经济总量等指标不大，但地缘位置重要。2011年8月，美国副总统67年来第一次访问蒙古，蒙古公开将美国称为中俄外的"第三邻国"。希拉里2011年11月抵达缅甸，成为自1955年以来首位访问缅甸的美国国务卿。

第二类是以反恐为名，美国与中亚哈萨克斯坦、吉尔吉斯斯坦、塔吉克斯坦的关系持续升温。2010年11月，哈萨克斯坦与美国完成了就哈萨克斯坦加入世界贸易组织的谈判进程。2010年12月，希拉里向吉尔吉斯斯坦原临时政府总理奥通巴耶娃颁发了美国国务院设立的"国际妇女勇气奖""表彰她在复杂的政治和经济环境下能够保持吉国家的完整"。2010年，向塔吉克斯坦提供人道主义援助最多的国家是美国，占援助总额的55.6%[①]。

第三类，美国和印尼、越南、印度开始构建"战略伙伴关系"。这三个国家均属于具有重要地区影响（甚至国际影响）的国家，与美国关系的走向格外引人注目。2010年11月，奥巴马访问印尼，两国建立全面伙伴关系。2010年9月，美国与越南关系正常化15周年之际，两国表示将建立"战略伙伴关系"。希拉里在2011年东盟地区论坛上高调支持越南在南海问题上的立场，两国并就民用核能合作达成协议。在韩美黄海军演后，美国"乔治·华盛顿"号航母穿过南海，开到越南的砚港港口，邀请越南海军官兵登舰参观。2010年6月，美国与印度开启战略对话，承诺建立"全球战略伙伴关系"。

为保障经济利益与政治利益，自奥巴马政府上台后，美国在安全上也积极布局中国周边。美国于2010年8月正式宣布结束美军在伊拉克的战斗任务，同时开始寻求从阿富汗脱身的办法，希望从全球收缩力量，但同时却将60%的核潜艇和11艘航空母舰编队中的6个编队陆续转移到关岛，着力打造新的战略枢纽，强化太平洋岛链体系，战略明确"向东移"。

2011年2月，美国在《国家军事战略报告》中重申将加强与菲律

---

① 相对而言，俄罗斯仅占5.2%、中国占0.7%。

宾、泰国、越南、马来西亚、巴基斯坦、印尼以及新加坡等国的军事关系。表5-5可见，与美国进行过联合军演的中国周边国家多达16个。也就是说，奥巴马政府时期，除朝鲜、缅甸、俄罗斯、不丹外，美国与所有中国的周边国家均进行过联合军演。第一个层次是作为传统盟友之间的常规军演，这主要包括日本、韩国、菲律宾、阿富汗。值得关注的是，日本开始公开与美国开展以"夺岛（钓鱼岛）"为目的的军演[①]，与韩国的联合军演2011年首次在黄海举行，美国"华盛顿"号航母也第一次不顾中国的坚决反对参与了军演。之后航母进入黄海有常态化之势。2016年10月，在美韩举行的"不屈的意志"联合军演中，美国"里根"号核动力航母进入黄海。美韩联合军演的规模与水平均大幅提高，军事同盟关系显著提升，战略意图与走向明显超出应对朝鲜半岛问题的界限。

第二个层次是借"反恐"之名进行的联合军演。除上述的阿富汗外，这主要包括哈萨克斯坦、吉尔吉斯斯坦、塔吉克斯坦、巴基斯坦、印度尼西亚等。从地图上看这些国家主要集中于中亚地区与穆斯林集聚的地区。其中，与印尼的军事关系在奥巴马政府上台后迅速加强，仅2011年，美国与印尼军方就有150多次活动、交流和访问，其中包括多次联合军演。

第三个层次是近几年与美国军事安全关系迅速升温的国家。除上述印尼外，主要包括印度、越南、老挝、马来西亚、文莱等几个国家。从演习地点上看，除印度洋外，主要集中于南海地区。其中，美国与印度的海军于2011年12月举行联合军演，共有1万人参加，规模创两国联合军演的新高。美国与越南在2011年7月首次进行南海联合军演，两国也签署了自1995年邦交正常化以来的首次军事合作协议。越南积极推动实现了美国与老挝的联合军演。

[①] 2010年10月，美国原国务卿希拉里与日本原外相前原诚司在夏威夷举行会谈，之后在联合记者会上，希拉里称："我愿明确重申，尖阁（中国名称：钓鱼岛）属于安保条约第5条的范围。我们重视保护日本国民的义务。"参见《美国务卿希拉里称钓鱼岛适用日美安保条约》，《环球时报》2010年10月28日。

表 5-5　　美国与中国周边国家军事关系（2009—2011 年）

类型	国家情况
与美国联合军演	日本、韩国、菲律宾、阿富汗、哈萨克斯坦、吉尔吉斯斯坦、塔吉克斯坦、巴基斯坦、印度尼西亚、印度、越南、老挝、马来西亚、文莱、蒙古、尼泊尔
有美国驻军	日本、韩国、阿富汗、吉尔吉斯斯坦、塔吉克斯坦、巴基斯坦

表 5-5 也显示，在中国 20 个周边国家中，有 6 个有美国驻军，日本、韩国自二战以来一直都是美国在亚太地区驻军的重要国家，阿富汗、巴基斯坦、吉尔吉斯斯坦、塔吉克斯坦则是"9·11"后以反恐为名开始驻军。尽管美国在中国的东南亚邻国中目前还没有驻军①，但值得关注的是，2012 年 1 月，美国菲律宾第二次防务对话后，美军太平洋司令部司令罗伯特·威拉德表示，美方愿意以轮番驻扎的形式在菲律宾驻军，加强在此区域的军事部署②。

2011 年 11 月，奥巴马在澳大利亚宣布，美国将从 2012 年开始在澳大利亚北部达尔文市长期驻扎 250 名海军陆战队员，未来驻澳美军总兵力将达到 2500 人。达尔文市是澳大利亚最接近南海的地区，在南海问题再度复杂化、美国公开"挺"相关东南亚国家的背景下，美国此举难以撇开针对中国的意图。对于美军在西太平洋中最大的海空军基地——关岛基地，2010 年以来，美国以"中朝导弹威胁"为名斥资 128 亿美元，全面升级关岛海空基地，欲将关岛打造成五角大楼的"超级基地"③。

第三节　美国重返亚洲的主要意图

奥巴马政府上台后，美国新政府的亚太政策主要意图集中在美国原

---

① 以菲律宾苏比克湾海军基地和克拉克空军基地为中心的东南亚基地群原为美"岛链"中承上启下的一环。1992 年 11 月，苏比克湾海军基地交还菲律宾后，美国丧失了"岛链"中的重要一环。2001 年 3 月，美国"小鹰"号航空母舰舰队进泊新加坡樟宜基地标志着美军已重返东南亚，原来苏比克湾基地的职能已经由樟宜基地和关岛基地共同承担。

② 《美国称愿在菲律宾轮番驻军》，2012 年 1 月 29 日，人民网（http://world.people.com.cn/GB/157278/16955260.html）。

③ 《关岛升级增设深水码头 将成"超级基地"》，《北京日报》2010 年 11 月 23 日。

国务卿希拉里和当时负责东亚和太平洋事务的原助理国务卿库尔特·坎贝尔（Kurt Campbell）的几次演讲中。希拉里 2010 年 1 月 13 日在夏威夷檀香山市的东西方中心发表演讲，阐述美国的亚太政策，重点强调了以下几个方面。①美国的同盟关系是地区参与的基石。此前（2009 年 2 月 13 日）希拉里在华盛顿亚洲协会演讲中表示要强化东亚同盟关系，全面提升盟友日本的国际地位，将把 8 万美军从日本的美军基地转移到关岛，加强日本自卫队力量。同时要在国际维和行动，在巴基斯坦和阿富汗这两个地方给予日本更大的空间。②地区性组织安排应努力促进美国所要追求的目标，也即"加强安全和稳定、扩大经济机会、促进民主和人权"三大任务。③成立和运作亚太地区组织应本着严谨而务实的精神，必须能产生实效，而非徒具虚名。④亚太地区组织应强调灵活性，美国将参加以应对具体挑战为目标的非正式磋商，并将支持那些能促进周边国家共同利益的次地区机构。⑤美国将确定哪些组织为决定性的地区机构[①]。

坎贝尔 2010 年 1 月 21 日在美国众议院外交事务委员会上对奥巴马政府的亚太政策做了更为具体的说明，包括①明确指出美国在地缘政治上、军事上、外交上、经济上都是一个天然的太平洋国家，会采取更加务实的手段或目标，更多地参与亚太多边框架。美国的战略是确保在该地区扮演的角色和此地区（在地理层面）的其他国家一样，而非仅仅是一个客人。类似于东亚共同体的任何东亚的重要地区组织都要有美国参与，防止被挤出西太平洋地区。②该地区新兴崛起大国（如中国）和既有大国（美日）的互动，既存在机会，也面临挑战。为了使新兴大国遵守甚至强化现有国际体系，美国需要加强接触与领导[②]。

美国国家安全委员会亚洲事务主任杰弗里·贝德也指出美国政府将

---

① Video and Transcript: Secretary Clinton's Address at the East-West Center, January 13, 2010, http://still4hill.wordpress.com/2010/01/13/video-transcript-secretary-clintons-adress-at-the-east-west-center/.

② Principles of U. S. Engagement in the Asia-Pacific, Kurt M. Campbell, Before the Subcommittee on East Asian and Pacific Affairs Senate Foreign Relations Committee Washington, DC, January 21, 2010, http://www.state.gov/p/eap/rls/rm/2010/01/134168.htm.

把亚太政策放在首位。2010年3月10日,贝德再次表示,奥巴马年内计划访问的澳洲和印尼尽管都是APEC成员,但主要目的不是为了赴APEC开会,而是为了访问亚太地区,这在美国近十年来还是第一次,说明美国非常重视该地区,在访问中将讨论TPP的签署。同一天,美国白宫新闻秘书强调亚太地区是美国重要的战略利益所在,认为美国过去某种意义上在亚太地区是"缺席缺位",如今要重新构建在此地区的领导力。美国著名智库也纷纷表示支持奥巴马政府上台后采取的"亚太再平衡"政策。传统基金会亚洲事务主任沃尔特·洛曼（Walter Lohman）2010年2月24日撰文表示,美国在亚太地区最关键的是要保持领导地位,因此,必须参与一些地区组织,比如东盟等,并要取得一些实际成果[1]。

美国通过"重返亚太"将亚太地区置于其全球战略安排中十分突出的地位,通过对TPP的重视,重新开始强化并布局在亚太地区的领导权,进而维持和巩固金融危机背景下在全球的霸权优势。美国对亚太地区的战略调整将极大地影响亚太地区政治对话的格局和经济合作的进程。对于调整的动因,究其本质,有两点。第一,亚太地区本身的重要性在提升。一方面,亚太幅员辽阔,是全球主要战略力量最集中的区域,亚太及其周边地区集中了世界前10个人口大国中的8个（中、印、美、俄、日、巴、孟、印尼）、5个安理会常任理事国中的3个（中、美、俄）、8个有核国家的5个（中、美、俄、印、巴）、前4大经济体中的3个（美、中、日）；另一方面,截至2011年,亚太经济增长率比欧美高出4%—5%,中、日、韩、印四国的经济总量已超过12万亿美元[2],再加上东盟及中国香港、中国台湾等,亚太经济总量已与北美、欧洲比肩,贸易总量已超过北美、直逼欧洲[3]。在金融方面,世界上几个外汇储备最多的国家都在亚太,东亚的中、日、朝、新以及中国台湾和中国香港等国家和地区拥有世界外汇储备总和的2/3以上。2009

---

[1] Walter Lohman, More Charm than Harm: Lessons from China's Economic Offensive in Southeast Asia, February 24, 2010, http://www.heritage.org/Research/Lecture/More-Charm-than-Harm-Lessons-from-Chinas-Economic-Offensive-in-SE-Asia.

[2] "Economy watch", International Herald Tribune, *Reuters*, January 3, 2011.

[3] 崔立如主编：《世界大变局》,时事出版社2010年版,第27页。

年,亚太地区股票成交量达到 18.6 万亿美元,较欧洲成交量多出约 1/3,成为股票成交量最多的地区[①]。

尤其重要的是,由于中国周边已经成为美国出口与进口最重要的区域,"重返亚洲就是要确保在这一地区的经济利益"[②]。"预计 2030 年,亚洲经济体可能占据世界经济总量的 44%,超过欧洲和美国的总和还要多,谁成为这一地区的领导者,谁就是未来事实上全球的领导者。"[③] 上述统计数据也表明,美国与亚太的外贸增速较之其与欧洲及与世界任何其他地区的外贸增速都快得多,目前美国每年向亚太地区出口货物总额达 7470 亿美元,亚洲也已超过欧盟成为美国最大的商品出口市场。由于美国在地理上介于两洋之间,当其在亚太的贸易、投资和其他商业利益超过欧洲—大西洋地区时,美国由大西洋国家"变脸""变身"为太平洋国家的进程就会大大加快。而美国"变脸""变身"直接推动了亚太地区成为世界地缘政治的中心。

对于美国在重返亚太过程中突出强调的"重返东盟"的桥梁作用,应该看到,除去政治与外交意义外,对于美国而言,东盟是比拉美、俄罗斯、中东和非洲更为重要的贸易和投资伙伴。美国目前是东盟第二大贸易伙伴和最大的外来直接投资方。东盟是美国第五大贸易伙伴和第三大出口市场,东南亚进口美国商品是中国进口美国商品的两倍。超过 1/3 的全球贸易和 66% 的全球石油和天然气运输通过这一地区的海峡,马六甲海峡比苏伊士运河的运输量高 3 倍,比巴拿马运河高 15 倍。这里也是中国、日本和韩国的能源生命线。三国超过 80% 的石油和天然气来自或经过东南亚[④]。

从未来的发展来看,中国的增长仍在持续,以印度崛起为标志的发

[①] Jeremy Grant, "Trading on Asia-Pacific exchanges Overtakes Europe", *Financial Times*, March 3, 2010.

[②] 夏立平:《新世纪美国全球战略与中美关系》,《现代国际关系》2000 年第 10 期。

[③] 李文、何丽娟:《美国战略东移:理论与实践》,《毛泽东邓小平理论研究》2012 年第 1 期。

[④] The Asia Foundation, *America's Role in Asia—Asian and American Views: Recommendations for U. S. Policy from Both Sides of the Pacific*, San Francisco, CA: The Asia Foundation, 2008, pp. 38 – 40, http://Asia foundation. org/resources/PDFs/AmericasRoleinAsia2008. PDF, 2010 – 08 – 15,转引自王帆《美国的东亚战略与对华战略》,《外交评论》2010 年第 6 期。

展已然发动,尤其是两个作为亚洲规模最大的国家其发展所带动的地区扩散与拉动效应,可以说,亚太地区的整体性崛起有望会持续下去。对此,美国国家情报委员会2008年11月发表的全球趋势研究报告《转型的世界:2025年全球大趋势》指出,世界财富和经济力量"从西方向东方转移"的规模、速度史无前例,将导致"二战以来"建立的国际体系发生翻天覆地的变化。英国《经济学家》载文称之为"太阳重新升起"[1];美国《新闻周刊》则宣称21世纪将是"亚洲世纪"[2]。希拉里也曾直言不讳地指出:"21世纪将是美国的太平洋世纪"[3]。甚至有学者指出,今后10年,亚太经济、贸易总量将全面超过美欧,届时世界权力中心将彻底完成从欧洲—大西洋地区向亚洲—太平洋地区的决定性转移[4]。总之,在美国战略家眼中,很多"硬"数据表明,亚太急剧增长的现状以及不可限量的发展前景,特别是其对地区乃至全球的政治、经济的磁吸作用,表明要想主导全球事务,必然要先主导亚太事务。因此,作为亚太地区,特别是西太平洋地区发展势头最好的国家,中国被美国视为要重点防范遏制的"潜在对手"。"遏制中国,防范中国成为未来美国的对手,也是美国现今亚太战略的一个重要目标"[5]。

正是由于上述原因,美国军方原首席长官马伦在2011年发表的新国家军事战略报告中也明确指出,关于美国如何应对未来威胁上,中国是最主要考虑因素。白宫亚洲事务原资深顾问贝德对此表示,奥巴马将致力于展示美国重新参与亚洲事务的立场,以缓解中国的邻国对于其在该地区越来越过分自信的担忧[6]。2010年4月美军太平洋舰队原司令威拉德在接受媒体采访时声称,"我们(帮中国周边国家)'看管着'南

---

[1] "The Balance of Economic Power: East or Famine," *The Economist*. February 27th, 2010, pp. 72 – 73.

[2] Katie Baker, "Still Betting on Asia's Growth", *Newsweek*, March 8, 2010, p. 8.

[3] Hillary Rodham Clinton, *America's Engagement in the Asia-Pacific*, Kahala Hotel Honolulu, HI October 28, 2010, http://www.state.gov/secretary/rm/2010/10/150141.htm.

[4] 林利民:《变中生乱,乱中求变——2010国际战略形势评析》,《现代国际关系》2011年第1期。

[5] 孙建社:《当前中国周边安全环境与中美关系》,《世界经济与政治论坛》2003年第3期。

[6] Matt Spetalnick, "China High on Agenda for Obama's Asia Tour-aide", *Reuters*, November 2, 2010, http://www.reuters.com/article/2010/11/03/idINIndia – 52633720101103.

中国海、东中国海",以"保障本区域的安全",因为这是"美军太平洋司令部长期以来的使命"。《今日美国》2010年11月2日称,中国日渐增强的经济和军事力量让亚洲国家感到"担忧"①。

第二,美国实力下降,不得不进行战略收缩与战略选择。在伊拉克战争、阿富汗战争以及金融危机的打击下,美国实力正在下降。日本《经济学人》周刊2010年12月14日刊登的一篇题为《军事和经济地位的下降令美国开始摸索世界新秩序》的文章指出,在中国等新兴国家崛起、国际环境发生巨变的情况下,美国的经济和军事地位明显下降,2010年正是这一变化凸显的一年。哈佛大学著名教授约瑟夫·奈在《外交》2010年11/12月号上发表的题为《美国的未来》的文章中指出国家的实力和卡路里一样,少了不行,多了也不行。他用这种奇妙的比喻暗示美国正在经历的军事和经济地位的下降局面。不仅是媒体界和学界认识到美国实力的下降,即使在公众认知层面上,普通民众也普遍认为美国实力正在下降。2010年8月,美国的一项民调显示,65%的美国人认为美国正处于"衰落状态"。正是这种负面认知,美国国内对前途弥漫着一股消极态度。在奥巴马2010年12月结束"亚洲之行"后,《纽约时报》就用一系列悲观的标题来总结这次出访:"奥巴马的经济观点在世界范围内遭拒""中国、英国和德国质疑美国""与首尔的贸易谈判以失败告终",等等。

在上述背景下,美国政府明确释放出战略收缩的信号。美国国防部原部长盖茨刊登于《外交》杂志2010年5/6月号上的文章指出,解决争端实现和平应由美国的同盟国通过自主性防卫努力来实现。这篇论文明确暗示,由于拥有巨额财政赤字,各相关盟国不要再寄希望于美国通过在全世界部署军事力量继续扮演"世界警察"角色了,而是要通过自主努力来解决问题。希拉里刊登于《外交》2010年11/12月号上的一篇文章呼吁美国应该"通过民间交流维护美国的领导力",提倡新型外交,主张在环境和贫困问题上加强民间的主导权,一改往昔的霸权姿态与咄咄逼人的"世界警察"作风。

---

① Calum MacLeod, "Obama Packs Much into 9 Days in Asia", *US Today*, November 2, 2010, http://www.usatoday.com/news/world/2010 - 11 - 02 - obamatrip_ N. htm.

综上可见，奥巴马政府"临危授命"，面对力量削弱的现实，只得集中战略资源，把重点投放到战略地位更为重要、有望成为世界权力中心的亚太地区。随着美国从战略高度关注并布局亚太地区尤其是亚洲地区，并由此带动其他相关大国把战略角逐的重点投放到该地区，中国的周边已经成为国际战略竞争与权力格局博弈的焦点，中国的周边外交越来越复杂。

第四节　中美关系走向与中国周边外交

美国作为世界唯一超级大国，其战略走向和中美关系的发展攸关中国战略全局，这当然也包括其在中国周边的战略布局。如果后冷战时代国际体系仍然长期是单级体系，即美国作为唯一的超级大国将持续几十年而不是几年，那么，中国和平崛起的内涵是什么呢？[①] 届时中国面临的战略环境很可能是双重的，一方面，持续发展、共同利益的塑造，以及价值观的更多趋同与互相理解，周边对华的战略压力将大大减小，中国已经被国际社会广泛认可为一个真正的世界大国，届时与美国综合实力相差已经大为减小。但另一方面，美国仍然是综合实力最强大的国家，"一超"局面仍存在。因此，未来的中美关系主要有以下三种可能性。

第一，中美建立起成熟的新型大国关系。按照中国外交部的解释，中美新型大国关系"应该建立在平等互信、包容互建、合作共赢的基础上"，中美"要走一条和传统大国冲突对抗的老路子不一样的新路子，要开创一条大国之间能够长期和平相处、合作共赢的符合时代要求的新路子"[②]。也就是说，成熟的新型大国关系并不意味着两国没有竞争与分歧，但是竞争将是良性的竞争，分歧将是在合作背景下的分歧，中美两国届时将真正实现互相尊重对方的核心利益。这就意味着在攸关中国核心利益的相关周边问题上，美国会从目前全面布局的态势中收

[①] [美]金骏远：《中国大战略与国际安全》，王军、林民旺译，社会科学文献出版社2008年版，第101页。

[②] 《中美建新型大国关系 不走传统大国对抗老路》，2013年5月30日，新华网（http://news.xinhuanet.com/world/2013-05/30/c_124783957.htm）。

缩,在中国与有关国家的领土纠纷上,美国会真正做到不持立场。随着中国与周边国家利益的进一步相互融合,中国对周边的影响会进一步增大,美国将接受其在中国周边影响力进一步减小这一现实。

第二,中美关系将维持目前的既合作又拆台的竞争态势。这表明美国一方面将在全球气候问题、经济发展、大规模杀伤性武器扩散,以及中国周边的某些问题比如朝鲜半岛问题上强调与中国的合作,另一方面将积极利用并介入中国与周边国家的某些分歧来分散中国的战略关注,延缓和迟滞中国的发展与崛起。鉴于两国在这种态势下都想斗而不破,中美的这种竞争尽管不能排除在中国周边因某一方战略误判致使中美兵戎相见的可能性,但两国在中国周边大体上能维持一个相对和平的态势。值得注意的是,这却会进一步增大两国本已存在的广泛的"信任赤字",也会变相纵容鼓励周边个别国家在领土问题上向中国继续"无理"声索。中国周边的热点问题将很难实现中国所一贯主张的"搁置争议",甚至某些时候各种问题会此起彼伏、互相联动,中国所追求的和平与稳定的周边环境会受到一定程度干扰。但是鉴于周边绝大多数国家在经济上依赖中国,而且在领土问题上与中国存有争议的周边国家毕竟也属于少数,由周边国家主动发起战争的可能性也不大,中"邻"关系将保持在一定的弹性范围内。但是中国的忍耐是有限度的。如果周边个别国家在美国的错误信号下继续选择在政治安全上与中国对抗,那么与中国的关系将不可避免陷入紧张,来自中国的压力也必然会增大,最终某些国家将不得不在中美两国间"选边站"。在这种情况下,周边国家也很有可能在美国的幕后推动下,发展小多边外交联合制华。

第三,中美关系进入全面的恶性竞争状态。美国目前在中国周边的广泛布局根本上源于美国对中国崛起的焦虑,随着中国的持续发展与崛起,美国对中国的焦虑很可能将进一步加深。中国作为崛起国目前已经提出要建立与美国的新型大国关系模式,如果美国决策层和战略界固守历史上守成国对崛起国的围堵思维,那么随着中国的持续发展,中美关系有可能进入一个"全面摊牌"(showdown)的阶段。届时,鉴于上述崛起国周边对于崛起国与守成国的不同意义,两国在中国周边的竞争将更为白热化,两国的摊牌也将很可能首先在中国周边爆发。在这种背景下,美国有可能在战略误判的推动下,直接站到与中国有领土或历史纠纷的有关国家一方和中国对峙。甚至不能排除美国作为主导,在中国周边构建一个事实上以围堵中国为目的的"联合反华阵线"。届时,中国会发现周边烽烟四起,和平发展的努力和权利已被全面阻隔,进行反制的动机将大大增大。周边爆发冲突甚至大规模战争的可能性会随之大大增加。

此外,还有两种可能性,也即中美共治与中国接受美国的霸权领导。中美共治已经被中国领导人否定,中国学界与智囊机构也多持批评意见①。对于接受美国的霸权领导,前景也不乐观。中国历史上一直是东亚乃至世界最强大的国家,从改革开放30多年前后诸如GDP等一系列数字的对比,以及中国国际影响力的对比,特别是这种实力对比巨大反差所历经的时间之短暂,可以看出中华民族发展的强大动力与成为世界大国的巨大潜力。以中国的规模与民族记忆,以及巨大的发展动力与潜力来看,随着中国的发展,尽管美国可能继续保持世界最强大国家的地位,但由于美国霸权对于中国国家利益存在结构性的破坏,中美越来越接近的国家实力与中国越来越增强的大国心态最终会使得"中国地缘政治战略的核心任务之一就是抵御美国霸权"②,而不是去接受美国霸权。因此,中美关系未来的走向主要还是以上三种可能性。

在奥巴马政府任期内,中美两国都意识到两国关系的重要性,都在努力致力于第一种可能,也即致力于建立成熟的中美新型大国关系。对此,2013年6月在美国加利福尼亚州安纳伯格庄园举行的中美领导人会晤可谓良好开端。在这次会晤上,习近平主席强调,中美要建立"新型大国关系",不走新兴大国与老牌大国必定冲突的老路,走出一条前无古人,后启来者的新路。奥巴马虽然没有直接使用"新型大国关系"的概念进行回应,而是强调建立"新型合作模式",但对于完全由中国领导人提出的一个概念与中美关系发展思路,作为当今世界唯一超级大国的美国,其最高领导人能在这么短的时间内做出这样的回应与肯定不可谓不是一个很大的进步。但是由于历史上从没有类似的经验可

---

① 吴建民:《G2的提法不妥》,《人民日报海外版》2009年5月25日;蔡微微:《中国缘何不认同G2说》,《中国社会科学院报》2009年6月2日;任孟山:《"中美共治论"不符合中国国家利益》,《华夏时报》2009年5月23日。

② 潘忠岐:《地缘学的发展与中国的地缘战略》,《国际政治研究》2008年第2期。

第五章 美国在中国周边全面布局：压力空前加大

循，而且由于国际社会事实上的无政府状态没有发生根本变化以及资源的客观有限性，随着中国的崛起，新型大国关系也需要美国确实要让渡目前在国际社会中所主导的部分权益，对此美国能否做到是一个巨大疑问。况且，对于新型大国关系的认知，奥巴马政府内部也存在较大的分歧。与此同时，在美国和中国的战略界还不时能听到针对对方的冷战思维。

从两国关系发展的客观动力来讲，纵观国际关系史，还没有出现过霸权国与崛起国像中美这么具有难分难解、密不可分的利益关系，"不发生大的对抗"符合双方利益[1]。"中国已经作出正确的战略选择，中国的崛起必将以和平发展的方式来实现"[2]。美国受制于在其他地区问题上的牵制，实际上也无力调集所有力量在中国周边全面遏制中国，2016年11月9日特朗普当选新一届美国总统所反映出的美国国内较强的"孤立主义"倾向也加深了这一点。而且从中美目前的对外战略来看，冷战结束以来两国从未完全视对方为威胁和敌人，而是始终用复杂的心情和目光看待对方[3]。这就表明中美两国也不太可能在中国周边发展到全面的恶性竞争状态。

由此可见，中美关系很可能将长期继续维持目前既竞争又合作的状态。鉴于崛起国周边对于崛起国与守成国的不同意义，以及结构上周边中小国家对于崛起邻国的不安心理，届时在中国进一步崛起的时代背景下，上述美国在中国周边布局的动因不仅会继续存在，而且很有可能会进一步强化。美国不仅会继续布局中国周边，而且在战略误判的情况下也有可能强化这种布局。如果考虑到上述美国在中国周边日益增强的至关重要的经济利益，将更是如此。

美国在该地区巨大的经济利益随着中国以及亚洲经济的持续崛起有望进一步增大，美国因此会一方面从政治与安全层面加大在该地区的布局"保护"其经济利益，同时利用热点问题迟滞中国的发展，甚至煽风点火来分散来自中国经济优势带来的战略压力。另一方面巨大的经济

---

[1] 张蕴岭：《中国周边环境的新变化与对策》，《思想战线》2012年第1期。
[2] 汪晖：《关于中国坚持走和平发展道路的分析》，载全国高校国际政治研究会第六届年会论文汇编：《世界大变革与中国对外战略》2008年。
[3] 牛新春：《中美战略互信：概念、问题及挑战》，《现代国际关系》2010年第3期。

利益相互依赖，也会成为中美关系大体稳定的"压舱石"，确保两国将维持一种斗而不破的局面。事实上，奥巴马政府推出的"亚太再平衡战略"从根本上讲就是针对中国实力上升和影响力扩大的战略谋划，其动机具有双重性。一方面，确实看到亚洲发展对于美国的重要性，而且中国崛起所带来的亚洲地缘结构发生了微妙变化，因此美国认为其需要战略上"再平衡"，要把战略重心进一步转移到该地区。另一方面也是看到中国的实力上涨，要从中国周边入手遏制中国权力的迅速扩散。但是鉴于两国竞争的是中国周边，而且局势因此持续紧张也将是在中国周边，因此对中国造成的损害显然要大于美国，给中国带来的战略焦虑也将大大超过美国。如何减少甚至逐渐消除这种损害，显然是给中国战略界提出的最大难题。

实际上，客观来看，符合发展趋势又符合双方共同利益的中美关系当属两国互相尊重前提下的国际政治民主化了。在这一状态下，当今国际关系的多数特征会继续保持下来，比如无政府状态、大国之间既斗争又合作等，但中美会实现真正的互相尊重。这也是习近平主席所提出的中美新型大国关系的核心内涵。对于中国周边战略而言，中美互相尊重意味着中国战略环境的实质性改善。以安全边界与主权边界的关系区分战略环境，美国安全边界远远超出主权边界。中国不仅绝大多数有争议领土被其他国家实际占领，而且中国还没有实现统一，安全边界远远小于主权边界。从中国台湾、钓鱼岛、南海争议岛屿等问题上看，安全边界相对于主权边界"小"的部分多数存在强烈的美国因素。如果中美实力进一步接近，软实力的提升，以及中国外交的进步，美国很可能会真正尊重中国的国家利益。中长期目标的实现也意味着中国将实现安全边界与主权边界的重合[①]。

从长期来看，也不能完全排除由于美国在战略上犯了致命性失误，或者中国发展的动力更为强劲，中国综合国力超过美国的可能。对于这样一种前景，中国是否可能会追求霸权呢？答案是否定的。一方面，中

---

① 周边国家的俄罗斯基本上属于安全边界与主权边界重合，但其实际占领着与日本有争议的北方四岛。日韩两国与邻国有争议的领土有的自己实际占领，有的被他国占领。其他周边国家也多属于主权边界与安全边界基本重合。

国历史文化中有很强的自给自足的因素，没有对外扩张的观念。正如 20 世纪 20 年代，英国著名哲学家罗素到中国考察后曾经指出的那样，"如果说世界上还有大国无意对其他国家扩张的话，那么这个国家就是中国；中国人有不想统治他国的美德"①。另一方面，历史上伴随着一个大国的崛起出现过各种各样的霸权主义与强权政治：欧洲帝国主义、沙俄帝国主义、日本帝国主义、美帝国主义。中国历史上备受这些霸权主义与强权政治的欺凌，从内心强烈反感。在中国的历史教育与文化教育中，上述"主义"也都作为负面教材。此外，中国与帝国主义的日本不一样，并不缺乏资源，不至于到了需要通过扩张来最大程度地降低依赖他国的那种程度；与纳粹德国不一样，中国并没有种族优越感以及促使它侵略邻国争取生存空间的贪欲；与苏联也不一样，中国不再将自己看作是在全世界传播无产阶级生活方式、不懈地努力瓦解资产阶级生活方式的领袖②。

第五节　小结

综上可见，奥巴马政府在经济、政治、安全等层面对华全方位的压迫已经形成。尽管早在布什政府时期，就有学者指出环绕中国周边，美国势力几乎全方位涌进③，但与近几年美国的亚太政策对比，更为凸出中国因素是一个明显特点。"我们可以明显感觉到中国本身就成为了美国制定（当下）亚太战略的首要因素，这与此前美国对华关系处于美国亚太战略之下不可同日而语。"④ 新加坡国际事务研究所原主席西蒙·泰（Simon Tay）更为坦率地指出："如果你是一个中国的战略思想家，你不必成为一个偏执的阴谋理论家就能够想到，美国正在领着其他

---

① 张颖：《新中国周边外交战略的确立及其中国特色》，《国际论坛》2010 年 5 期。
② Joseph S. Nye and William A. Owens, "America's Information Edge"; Samuel P. Huntington, "The U. S. – Decline or Renewal". 转引自 [美] 金骏远《中国大战略与国际安全》，王军、林民旺译，社会科学文献出版社 2008 年版，第 233 页。
③ 郑永年：《中国当理性回应亚洲版"北约"》，《联合早报》2007 年 3 月 27 日。
④ 钟飞腾、张洁：《雁型安全模式与中国周边外交的战略选择》，《世界经济与政治》2011 年第 8 期。

亚洲国家对付中国。"① 通过上述分析可见，经济上的巨大利益是美国在战略布局上重返亚洲的坚定基础，而在政治层面防范中国崛起，以及军事层面加强对中国的遏制则是美国重返亚洲的根本原因。

由中国经济对于周边的依赖②以及中美经济的相互依赖可见，经济利益可以共享并实现共赢，中国并不反对美国在中国周边追求经济利益，也并不反对美国在亚洲地区追求正当的政治与安全利益。在2009年的《中美联合声明》中，中国还正面评价了美国在亚太的存在和影响，明确表示"欢迎美国作为一个亚太国家为本地区和平、稳定与繁荣作出努力"③。但中国坚决反对美国在政治与安全上奉行冷战思维，视中国为对手围堵中国。从中国的角度，改革开放以来中国奉行"韬光养晦"政策，"是一种谦逊谨慎、自我克制的低调战略"④，引申到地缘政治上，强调战略重心主要在周边。因此，判断域外大国对华意图的重要依据就看其对中国周边事务的介入。由此可见，美国在中国周边全面的战略布局正是中国对美"信任赤字"产生的一个重要来源。中国从全方位压力下寻求突围的正当努力⑤，在美国眼中又成为美国怀疑"中国和平崛起"的证据，加强了其布局中国周边的正当性。"中国担心美国为维持'一超'地位，在中国周边构筑包围圈，危及中国国家安全。美国则忧虑快速发展的中国利用其巨大的经济能量积极推行亚洲版'门罗主义'"。⑥ 最终，中美"信任赤字"的螺旋就这样形成了。

吊诡的是，在奥巴马政府中美"信任赤字"有增无减的同时，

---

① 王鸣鸣：《美"重返亚洲"带领诸国围堵中国》，《人民日报》2011年1月26日；张蕴岭教授对此指出，"近几年中国的周边热点迭出，几乎中国周边所有的新变局中都有美国的影子"，参见张蕴岭《中国周边环境的新变化与对策》，《思想战线》2012年第1期。

② 中国经济对于周边的依赖也达到30%以上。参见钟飞腾《政经合一与中国周边外交的拓展》，《南亚研究》2010年第3期。

③ 《中美联合声明》，2011年1月20日，人民网（http://politics.people.com.cn/GB/1024/13770789.html）。

④ 周方银：《韬光养晦与两面下注——中国崛起过程中的中美战略互动》，《当代亚太》2011年第5期。

⑤ 任何一个国家的外交很大一部分都是外部环境塑造的结果，尤其是对于现代国际体系后来者的中国来说更是如此。

⑥ 刘长敏：《中美战略对话机制的发展及其解析——守成大国与新兴大国关系的新探索》，《现代国际关系》2008年第7期。

第五章 美国在中国周边全面布局：压力空前加大

"如果我们对比布什政府和奥巴马政府的三个政策文件，很多积极迹象表明，奥巴马非常希望建立我们的相互信任，而不是加剧我们的相互猜疑"①。奥巴马入主白宫后，给予构建中美战略互信前所未有的重视，并提上了两国关系议事日程②。从理论上讲，愿望与现实背后的矛盾就在于周边对崛起国与守成国有着不同的意义。从崛起国的角度来看，在崛起过程中由于还没有成为全球性大国，所处的周边地区就成了重要战略依托，"任何大国崛起，都需要一个可资依赖的周边依托带③"。"几百年来，所有大国特别是强权大国兴起的前提之一，是在其周边构建了一个非常紧密的经济、政治、社会、文化的共同体，形成了一个友好国家体系。"④ 英国在崛起过程中，首先通过强大的海军以及与欧陆国家结盟打败了周边的陆上大国法国和海上邻国西班牙，建立了稳定的周边环境，然后才走向世界，成为"日不落帝国"。美国在崛起过程中首先通过"门罗主义"排除了欧洲对周边的控制，形成了友好的周边环境。苏联在崛起过程中，也首先在东欧、巴尔干和中亚形成了一个稳定的周边环境。但是对于守成国，当看到一个国家正在崛起并可能威胁到自身霸权时，第一反应就是从周边入手进行围堵，正如斯德哥尔摩国际和平研究所所长拜莱斯女士以此逻辑分析美国对华政策所指出的那样，"当美国看到一个地区中有一个

---

① 在2002年的《核态势评估》报告中，布什讨论了可能在台湾海峡运用核武器的紧急情况。在2010年2月发布的《四年防务评估》报告中，奥巴马谈到与中国合作，而不是限制中国。2010年5月华盛顿发布《国家安全战略》报告，美国政府再谈与中国共事。奥巴马政府修改了布什政府时期负面的战略文件，制定了更加合作的文件。参见［美］戴维·兰普顿：《中美关系中的力量与信任》，《国际展望》2010年第4期。

② 2009年9月，美国原副国务卿斯坦伯格建议中美通过相互"战略保证"增加战略互信。随后，美国国家安全委员会亚洲部原资深主任贝德于2009年11月6日提出中美"通过语言和行动建立信心和信任"。同年11月17日，《中美联合声明》强调："培育和深化双边战略互信对新时期中美关系发展至关重要。" James B. Steinberg, "U. S. Relations with the People's Republic of China", Keynote Address at the Center for a New American Security, Washington, D. C., September 24, 2009. / Jeffrey Bader, "Obama Goes to Asia: Understanding the President's Trip", Keynote Address at the Brookings Institution, Washington, D. C., November 6, 2009.

③ 林利民：《中国对外战略：新问题、新任务、新思路》，《现代国际关系》2010年第11期。

④ 吴白乙：《对中国外交重心与周边秩序构建的几点思考》，《当代亚太》2009年第1期。

大国存在，它本能的反应是将这一大国看作是自己的对手，因此美国会不遗余力地同中国周边的小国加强合作，来禁锢和压制中国的发展和影响力[①]"。

既然在理论上崛起国周边对于崛起与守成国具有十分不同的意义，对于任何一个有抱负的世界大国和崛起国都不会容忍周边全方位的压力存在。以古巴导弹危机为例，1962年苏联在美国周边的古巴部署中程导弹，射程可以覆盖美国全境。为迫使苏联撤走中程导弹，10月23日，美国要求召开美洲国家组织会议和安理会紧急会议。24日，美国向古巴附近海域出动了16艘驱逐舰、3艘巡洋舰、1艘反潜艇航空母舰和6艘给养舰只，另外还有150艘备用舰只，准备拦截和检查苏联的舰只。美国三军都进入战备状态，准备战争的爆发。最终，迫使苏联撤回了导弹。再以格鲁吉亚战争为例。2007年3月，美国众议院通过决议，"邀请"俄罗斯周边的乌克兰和格鲁吉亚加入北约。格鲁吉亚的亲美政权也表示迫切希望加入北约投入美国的怀抱。这让俄罗斯感到强大的压力。最终借南奥塞梯问题，2008年8月8日北京奥运会开幕当天，俄罗斯果断对格鲁吉亚用兵。2014年初爆发的乌克兰危机，非但没有实现加入北约的希望，反而促使俄罗斯果断出手，使得克里米亚成为俄罗斯的一部分。

这两个案例有两点重要启示。第一，通过行动积极主动并意志坚决地发出明确信号，有利于双方互信的建立。古巴导弹危机使得美苏两国在防止军事冲突的问题上，找到了共同的立场和共同的语言。从此以后，两国在对方所在地区冲突中更多地以支持第三方反对对方的方式斗争，而不是亲自介入对方周边的冲突。也正因为此，此后美苏没有再发生类似柏林封锁、柏林危机和古巴导弹危机那样严重的直接对抗。格鲁吉亚战争后，美国对于向俄罗斯周边国家的东扩更为敏感了，双方达成了默契。以至于时至今日，乌克兰与格鲁吉亚也没能加入北约。这表明，中国虽然不得不隐忍美国幕后支持某些国家向中国"要价"，但是对于美国已经表现出来的直接想走向前台介入中国与周边国家领土纠纷的企图，中国一定要发出坚决信号，坚决打掉美国的侥幸心理，否则对

[①] 《美国和欧洲看中国崛起眼光不同》，《参考消息》2007年5月22日。

于中美关系健康发展将后患无穷。美国在这方面也已经迈出了十分危险的一步,比如2011年6月15日美国驻菲律宾大使明确表示在南海争端上将无条件地站到菲律宾一侧。

第二,两个案例也都再次表明,国家实力仍然是化解"周边国家拉域外大国获安全"的最好方式。古巴导弹危机发生时,美国的相对实力与绝对实力都大大小于今天的美国。格鲁吉亚危机发生时,俄罗斯的相对实力与绝对实力也同样大大小于冷战期间的苏联。这就表明,中国切勿为了加强"软实力"建设,特别是为了消释周边国家所谓对华"畏惧"的战略压力而自废武功,停止硬实力的建设,反而应该加强"硬"的一面,需要增强实力、扩大行动能力。国家之间的竞争说到底仍然是国家实力的综合竞争,而在无政府状态的国际社会中,军事力量始终是国家综合实力最核心的要素之一。

以中国发展航母为例,尽管很多周边国家表示担忧,美日等国也施加了一些战略压力,但试想一旦中国的航母是一个可以投入实战的战斗群,尽管和美国的航母实力仍然差距巨大,但有以逸待劳地理优势的"抵消",完全可能会以"不对称"的实力迫使美国妥协,美国届时料将不会如现在这样动辄就在中国周边海域炫耀航母战斗群。一个国家军事实力的水平与"软实力"的影响一起,共同构成了一个国家真正成为世界大国,甚至是超级大国的"双翼"。从长期来看,前者又是后者的前提。比如美国文化的很多因素在欧洲早就已经存在,但是之所以美国文化在当今世界的影响很大,与美国的军事霸权有关。苏联的很多文学与歌曲之所以当时在中国以及东欧国家深受欢迎与苏联当时的军事影响也同样密不可分。中国要想建设一流的软实力,必须建设一流的军事实力。

第六章 中国周边外交推进的抓手:"命运共同体"

在广受瞩目的 2013 年 10 月于北京召开的中国周边外交工作座谈会上,习近平主席特别强调"要让命运共同体意识在周边国家落地生根"[①]。这被普遍视为是中国新一届政府对待周边国家外交的指导性方针。自十八大以来,中国领导人频繁使用"命运共同体"这一概念。可以说,"命运共同体"已成为新时期中国外交理论和实践创新的一面旗帜,也成为中国构建周边战略的主要抓手。但是不仅官方对这一概念没有进一步阐释,而且纵观国内学界,除了一篇研究周边命运共同体与人文交流机制关系的文章外,迄今再没有专门的学术研究成果[②]。在目前国外学界也没有相关研究成果,但是笔者在对外学术交流中,常常被问及命运共同体到底是什么?它和中国周边战略、"一带一路"等具备什么样的关系?可以说,国内的研究现状与国外的关注存在较大的不对称。有鉴于此,本章首先梳理了这一概念的提出背景,接下来分析了其内涵与外延,最后从操作路径的角度分析如何推进中国周边命运共同体建设。

第一节 "命运共同体"概念的提出

一 命运共同体的提出

2012 年 11 月,十八大报告中明确提出,"要倡导人类命运共同体

[①] 习近平:《让命运共同体意识在周边国家落地生根》,2013 年 10 月 25 日,新华网(http://news.xinhuanet.com/2013 - 10/25/c_ 117878944. htm)。

[②] 王晓玲:《"周边命运共同体"构建与人文交流思路的转换》,《现代国际关系》2015年第 5 期。

意识，在追求本国利益时兼顾他国合理关切，在谋求本国发展中促进各国共同发展"①。12 月，习近平就任总书记后首次会见外国人士时就表示，国际社会日益成为一个你中有我、我中有你的"命运共同体"，面对世界经济的复杂形势和全球性问题，任何国家都不可能独善其身②。"命运共同体"的概念虽然是在十八大之后广受瞩目，但就其提出而言，并非始于十八大。早在 2007 年，时任中国国家主席的胡锦涛在中国共产党第十七次全国人民代表大会报告上，就正式提出"命运共同体"这一概念，当时他是用这一概念来描述大陆和台湾之间特殊的两岸关系③。2011 年《中国的和平发展》白皮书提出，要以"命运共同体"的新视角，寻求人类共同利益和共同价值的新内涵。这一概念还出现在了 2012 年 6 月胡锦涛在上海合作组织峰会的演讲以及之后他在 2012 年全国人大的报告当中。

2013 年 3 月，习近平就任中国国家主席后首次出访，对俄罗斯、坦桑尼亚、南非、刚果共和国进行国事访问和出席金砖国家领导人第五次会晤。他在莫斯科国际关系学院的演讲中就提到了"命运共同体"的概念，在坦桑尼亚发表演讲时，三次强调命运共同体的重要性——"中非人民结下了同呼吸、共命运、心连心的兄弟情谊"，"中非从来都是命运共同体，共同的历史遭遇、共同的发展任务、共同的战略利益把我们紧紧联系在一起"，"全非洲是一个命运与共的大家庭……"④ 在 4 月参加博鳌亚洲论坛时，习近平在主旨演讲中强调"我们生活在同一个地球村，应该牢固树立命运共同体意识"⑤。9 月，在二十国集团领导人第八次峰会上，习近平指出，各国要树立命运共同

---

① 《中共首提"人类命运共同体"倡导和平发展共同发展》，2012 年 11 月 10 日，新华网（http://news.xinhuanet.com/politics/2012 - 11/10/c_ 113657062.htm）。
② 《习近平向世界传达中国善意，宣示"中国绝不会称霸"》，2012 年 12 月 7 日，新华国际（http://news.xinhuanet.com/world/2012 - 12/07/c_ 124059747.htm）。
③ 《胡锦涛在中国共产党第十七次全国代表大会上的报告》，2007 年 10 月 25 日，（http://www.chinapeople.com/peopleele/pqrty/pqrtyinfo.aspx? pid = 4044）。
④ 《习近平在坦桑尼亚尼雷尔国际会议中心发表演讲 中非永远做可靠朋友和真诚伙伴》，2013 年 3 月 25 日，新华网（http://news.xinhuanet.com/world/2013 - 03/25/c_ 124501686.htm）。
⑤ 《习近平博鳌亚洲论坛2013 年年会演讲释放和平发展信号》，2013 年 4 月 7 日，新华网（http://news.xinhuanet.com/politics/2013 - 04/07/c_ 115296941.htm）。

体意识，真正认清"一荣俱荣、一损俱损"的连带效应①。同月，在上合组织成员国元首理事会第十三次会议上，习近平表示要把上合组织打造成"成员国命运共同体和利益共同体，使其成为成员国共谋稳定、共同发展的可靠保障和战略依托"②。在10月出访东盟时，习近平主席在印尼国会的演讲中郑重提出了"携手建设中国—东盟命运共同体"的倡议，强调要坚持讲信修睦、合作共赢、守望相助、心心相印、开放包容，使双方成为兴衰相伴、安危与共、同舟共济的好邻居、好朋友、好伙伴③。习近平在2016年新年贺词中再次强调提出构建人类命运共同体的重要性。

习近平主席首次在国外阐释命运共同体是在俄罗斯。在2013年年底召开的中国周边工作座谈会上，习近平首次提出亚洲命运共同体的概念。2014年4月，习近平主持召开国家安全委员会首次会议，命运共同体被他再次提及——既重视自身安全，又重视共同安全，打造命运共同体，推动各方朝着互利互惠、共同安全的目标相向而行，这表明命运共同体不仅仅存在于"中国外交层面"，还上升到了"国家安全高度"。此外，习近平在出访东盟、非洲、拉美等时分别提出中国东盟命运共同体、中非命运共同体、中拉命运共同体等。

"命运共同体"通俗地讲就是有关国家结成风雨同舟和休戚与共的关系，不仅仅是经济层面，而且也包括社会、人文、价值观、安全等层面。因此，命运共同体应该具备这样几个特征：通过经济的共同发展享受富足丰裕的生活，通过合作共赢享受共同的安全，通过和谐相处享受人民的友谊。命运共同体的构建显然是一个双向互动的过程，不仅需要中国加大投入，也需要其他国家给予理解与合作。

可以说"命运共同体"这一概念几乎贯穿习近平主席上台以来的每一场重大外交活动。但在中国的语言体系中，"共同体"往往强调一

---

① 《习近平在二十国集团领导人第八次峰会第一阶段会议上的发言》，2013年9月6日，新华网（http：//news.xinhuanet.com/world/2013-09/06/c_117249618.htm）。
② 《习近平出席上海合作组织峰会，提出四点主张》，2013年9月13日，中国新闻网（http：//www.chinanews.com/gn/2013/09-13/5284684.shtml）。
③ 《国家主席习近平在印度尼西亚国会发表演讲（全文）》，2013年10月3日，中国新闻网（http：//www.chinanews.com/gn/2013/10-03/5344133.shtml）。

种情感纽带,在"共同体"之前加上"命运"则带有一种血缘色彩,体现了中国人重感情、讲情面的传统。2015 年 12 月 16 日,习近平主席在第二届世界互联网大会的演讲中,笑称自己最近很喜欢"命运共同体"这个词①。

二 命运共同体提出的周边背景

我国领导人之所以在十八后广泛强调这一概念有两个背景需要特别指出。其一,中国国家综合实力的迅速增强引起了国际社会前所未有的关注,"中国威胁论"不仅停留在舆论层面,而且在具体政策操作层面,某些大国试图推动遏制中国的"国际联合",中国周边相关热点问题也有联动频发态势。美国重返亚太及其亚洲再平衡政策、日本曾试图推动的"价值观联盟"等都是这方面的典型表现。"命运共同体"概念的提出显示出中国竭力避免霸权争斗的悲剧,竭力避免与周边国家陷入"安全困境"的陷阱,强调中国与世界各国命运与共的现实,目的在于追求共同发展。

其二,这一概念的提出也正值中国作为崛起大国前所未有重视周边的背景,其主要指涉周边的意图也非常明显。如上文所述,从崛起国的角度来看,在崛起过程中由于还没有成为全球性大国,所处的周边地区就成了重要战略依托,"任何大国崛起,都需要一个可资依赖的周边依托带"②。"几百年来,所有大国特别是强权大国兴起的前提之一,是在其周边构建了一个非常紧密的经济、政治、社会、文化的共同体,形成了一个友好国家体系。"③ 中国作为一个地区大国,其实现中华民族伟大复兴必然是在和地区各国分享发展、共同进步中才能实现。在近几年美国全面布局中国周边、周边某些热点问题开始频发并出现互相联动态势,以及中国综合实力迅速增强已具备开始布局经营周边的背景下,从

---

① 《习近平为什么说自己喜欢用"命运共同体"?》,2015 年 12 月 16 日,新浪网(http://news.sina.com.cn/c/2015-12-16/doc-ifxmszek7179511.shtml)。

② 林利民:《中国对外战略:新问题、新任务、新思路》,《现代国际关系》2010 年第 11 期。

③ 吴白乙:《对中国外交重心与周边秩序构建的几点思考》,《当代亚太》2009 年第 1 期。

中国的角度也有一定实力与信心主动与有关国家,特别是周边国家构建"命运共同体"。

事实上,快速发展的中国其发展成果首先惠及的就是周边国家,构建人类命运共同体事业始于周边,这也是题中应有之义。长期以来,中国坚持与邻为善、以邻为伴、"睦邻、安邻、富邻"的周边外交政策,与周边国家互利合作不断发展,利益融合达到前所未有的水平。以经贸发展为例,2012年,中国与周边国家的贸易额超过1.2万亿美元,较2000年增长6倍;中国企业在东亚和南亚亿元以上重大合作项目40余个,涉及金额达2600亿美元,在中亚注册的中资企业近800家;中国同周边国家人员往来超过3500万人次;中国同东盟建成了最大的发展中国家自贸区①。"2013年中国与东亚和南亚国家贸易额超过1.14万亿美元,中国前十大贸易伙伴中半数来自亚洲,对外投资约七成投向亚洲国家和地区。"②

随着2014年11月8日包括中国、孟加拉国等8个国家的元首在北京举行加强互联互通伙伴关系对话会,特别是2015年12月26日亚洲基础设施投资银行正式成立,中国的发展有望进一步惠及周边国家,中国与周边国家在经贸利益上的互相融合与依赖有望进一步加深。中国还是亚洲区域安全机制的重要参与者和推动者,为解决朝核问题中国主持召开了六方会谈,该机制虽然暂时遇到一些困难,但是各方均认为该机制仍是解决朝鲜核问题的重要平台③。中国与俄罗斯以及有关中亚国家共同构建的"上海合作组织"在打击三股势力上成效显著。随着"一带一路"的顺利推进,中国和亚洲其他国家的共同利益将越来越大。在这种背景下,中国主动推动与周边国家构建"命运共同体"的条件可谓是具备了"天时地利人和"。

---

① 《积极构建中国同周边国家命运共同体》,2013年11月11日,新华国际(http://news.xinhuanet.com/world/2013-11/11/c_125682431.htm)。

② 刘振民:《坚持合作共赢 携手打造亚洲命运共同体》,《国际问题研究》2014年第2期。

③ 对于朝鲜反复表示"六方会谈已经成为历史"的言论要辩证地看,即使在2008年六方会谈召开期间朝鲜也多次这么说。总体上可以视为其讨价还价的策略。

第二节 "命运共同体"概念的内涵

一 命运共同体的内涵

2015年3月28日,在博鳌亚洲论坛上,习近平主席发表主旨演讲时首度阐释了迈向命运共同体的四大内涵:迈向命运共同体,必须坚持各国相互尊重、平等相待;必须坚持合作共赢、共同发展;必须坚持共同、综合、合作、可持续的安全;必须坚持不同文明兼容并蓄、交流互鉴①。根据中国与世界关系发展的现实以及习近平主席在外交上的重大举措,"命运共同体"的内涵可以从以下几个方面进行解读。

第一,首先是利益共同体,这包括经济共同体、安全共同体、社会文化共同体等。在以国家利益为主导的现实国际关系中,没有利益的共同体就难以有命运的共同体。2014年3月,习近平主席在联合国教科文组织总部演讲时指出:"当今世界,人类生活在不同文化、种族、肤色、宗教和不同社会制度所组成的世界里,各国人民形成了你中有我、我中有你的命运共同体。"这段话除了表达当今世界的差异性外,也表达了世界各国利益的相互依存性。利益共同体典型反映在经济、安全以及人文层面。

在经贸层面,仅以中国、美国、中国周边国家三者的关系为例,不仅中美高度依赖,美国与中国周边国家、中国与周边国家也都形成了高度互相依赖的客观现实。根据中国学者的统计,"中国经济对于周边的依赖也达到30%以上"②。就此可见,中国、美国、中国周边国家三者在经贸方面事实上已经形成了高度的利益共同体。

在人文社会层面,随着新的信息沟通技术的发展以及交通方式的便利,"地球村"的内部联系越来越紧密,甚至一个新的"国际市民社会"也正在隐约形成。正是由于在经贸和人文方面高度的相互依存,以及大国间存在大规模杀伤性武器确保互相摧毁的能力,世界各国在安

---

① 《习近平阐释迈向命运共同体四大内涵》,2015年03月28日,中国新闻网(http://www.chinanews.com/gn/2015/03-28/7166282.shtml)。

② 钟飞腾:《政经合一与中国周边外交的拓展》,《南亚研究》2010年第3期。

全层面也越来越互相依赖，一个国家的不安全会直接或间接致使相关国家也不安全。如果考虑到非传统安全领域这种依赖就更为明显。

第二，"命运共同体"还是一种新的价值理念，体现为试图构建价值共同体的诉求。虽然国家间的相互依存度越来越高，但是相互间的观念冲突与价值摩擦还时有发生，甚至冷战思维也并没有真正减少。以中美关系为例，虽然两国贸易额近年来连续攀升，在2015年突破5583.9亿美元，但是两国对彼此的战略怀疑却进一步增大。"当美国人考虑安全问题时，中国处于显要位置。"[①] 罗伯特·卡普兰2010年发表在《外交事务》杂志上的文章在界定中美关系时排除了可能的"双赢"结局，指出"限制一个大中华的兴起"应该被确立为美国的战略目标[②]。中国与某些周边国家的"信任赤字"也有增加的趋势，这典型地反映在日本、菲律宾、越南等几个与中国有历史或领土纠纷的国家之间。这些在上文已有详细论及。如何在各国利益日益紧密联系的同时发展出一种共同的、为各国所普遍接受的价值观，进而推动各国的共同福祉，就成为国际社会的当务之急。"命运共同体"概念是一个超越了不同政治制度、意识形态、文化和文明的理念，强调的是合作而非斗争、融合而非分歧、宽容而非狭隘，是试图构建这种普遍价值观的很好尝试。

面对中美之间存在的分歧、面对中国与某些周边国家存在的分歧，"命运共同体"思想强调和承认世界的多样性、差异性。习近平主席还以花朵为例说明："一花独放不是春，百花齐放春满园"。具体来讲，一是互相尊重原则。习近平主席指出："世界上没有放之四海而皆准的发展模式，各方应该尊重世界文明多样性和发展模式多样化。"二是民主协商原则。"世界的命运必须由各国人民共同掌握。各国主权范围内的事情只能由本国政府和人民去管，世界上的事情只能由各国政府和人民共同商量来办。这是处理国际事务的民主原则，国际社会应该共同遵守。"三是"命运共同体"思想中的"中国主张"或"中国声音"。习近平主席多次强调"己所不欲，勿施于人"[③]。

---

① [美]戴维·兰普顿：《中美关系中的力量与信任》，《国际展望》2010年第4期。

② Robert D. Kaplan, "The Geography of Chinese Power: How Far Can Beijing Reach on Land and at Sea?" *Foreign Affairs*, May/June 2010.

③ 邱耕田：《"命运共同体"：一种新的国际观》，《学习时报》2015年6月8日。

第三,"命运共同体"观念的提出也包含"责任"意识。如上所述,由于命运共同体所反映的国家间的相互依存,世界各国之间越来越显示出"一损俱损、一荣俱荣"的特点。因此,哪怕从建设本国更美好明天的目的出发,也需要为这个共同体承担一定的责任。今天中国的发展得益于世界各国的发展,同时中国的发展也越来越惠及世界的发展。2013年3月,在习近平同志就任国家主席首次出访前夕接受多国媒体采访时表示,"中国人是讲爱国主义的,同时我们也是具有国际视野和国际胸怀的。随着国力不断增强,中国将在力所能及范围内承担更多国际责任和义务,为人类和平与发展作出更大贡献"①。

目前,中国已经成为128个国家的最大贸易伙伴,还是世界上增长最快的主要出口市场、最被看好的主要投资目的地,以及能源资源产品的主要进口国。同时,中国随着自身实力增长,也承担着越来越大的国际责任。2008年国际金融危机爆发以来,中国不仅向国际货币基金组织投入资金,向面临困难的国家伸出援手,还以自己坚实稳定的增长,与新兴市场国家一道,支撑起全球经济复苏的希望。截至2012年,中国对亚洲经济增长的贡献率已经超过50%,并已成为推动世界经济增长的主要引擎之一。

十八大以来,中国新一届领导人相继提出"一带一路"建设、成立亚洲基础设施投资银行、与周边国家建设"互联互通"项目等,并在2014年APEC会议上宣布中国将出资400亿美元设立丝路基金直接支持"一带一路"建设,这都反映了中国的责任意识。为共同营造人人免于匮乏、获得发展、享有尊严的光明前景,中国建设性地参与制定2030年可持续发展议程,努力将合作共赢、共同发展的理念转化为实际行动。中国设立"南南合作援助基金",首期提供20亿美元,支持发展中国家落实2030年可持续发展议程;中国宣布将继续增加对最不发达国家投资,力争2030年达到120亿美元;中国还宣布开展"6个100"务实项目,在减贫、卫生、农业等领域帮助发展中国家解决实际困难。

---

① 《习近平:将量力承担更多责任义务》,2013年3月20日,人民网(http://theory.people.com.cn/n/2013/0320/c49150 - 20848996.html)。

在安全领域，中国在解决伊朗核问题、朝鲜核问题上展现出的责任意识有目共睹。在非传统安全领域，比如共同抗击非洲埃博拉病毒以及在全球气候领域的承诺等，中国都展现出作为一个发展中国家愿意为国际社会承担更大责任的形象。中国作为一个蓬勃发展的地区大国强调"命运共同体意识"也意在向世界再次表达愿意为国际社会的发展承担更大责任的愿望，以及与世界各国合作发展的诚意。

二 命运共同体与中国周边战略、"一带一路"等的关系

值得注意的是，在周边外交工作座谈上提出"周边命运共同体"的同时，习近平主席指出周边外交工作要坚持"亲、诚、惠、容"理念。2013年10月，习近平主席访问东盟国家时提出"建设21世纪海上丝绸之路"，在9月访问中亚时提出"丝绸之路经济带"，也即"一带一路"。由此可见，周边命运共同体是落实中国周边战略的重要抓手，"一带一路"成为构建周边命运共同体的具体政策，构建周边命运共同体的具体理念则是"亲、诚、惠、容"。

李克强总理在2014年3月5日所作的政府工作报告中提出，要抓紧规划建设丝绸之路经济带和21世纪海上丝绸之路。这表明"一带一路"已经上升为中国的国家战略。和之前的一些对外战略不同的是，这次"一带一路"不仅先由我国最高领导人提出，而且迅速上升到国家战略，并积极推动周边国家与国内相关部门进行落实。2013年5月，李克强总理访问印度时与印方共同倡议建立"孟中印缅经济走廊"，访问巴基斯坦时与巴方共同倡议建立"中巴经济走廊"，也即"两个走廊"建设。在东北亚，密切与俄罗斯的关系，推动两国全面战略协作伙伴关系进入新的历史阶段，并于2014年6月达成《中俄东线天然气合作项目备忘录》的能源合作大单。2014年7月初与8月底习近平主席先后单独访问韩国与蒙古。这表明，在四个次区域，中国已经开始全面推进和落实相关政策以使中国与周边国家的命运共同体构建"落地生根"。

综上可见，"命运共同体"的提出并非一时冲动，也并非宣传辞令，它是中国新一届政府精心设计和构思的对外战略中的核心部分，目前已经进入落实阶段。实现中华民族伟大复兴的"中国梦"为中国人

民描绘了宏伟的蓝图,"两个一百年目标"在维系国内团结和稳定的基础上为国民提供了清晰的奋斗目标;"新型大国关系"建设主要用来寻求与大国和谐共存的途径,特别是为如何实现中美和平共处给出了中国答案;而"命运共同体"建设则主要为了发展与周边国家的关系,是建构中国周边战略的主要"抓手"。

第三节　周边命运共同体构建的困难与动力

一　周边命运共同体构建的困难

"命运共同体"提出的主要目的旨在为构建中国周边战略服务,从周边命运共同体的构建来看,目前面临下列困难。第一,中国和某些周边国家还存在一些历史和领土问题,政治互信较低,其中有些问题甚至已经影响到经贸关系。命运共同体的构建,不仅需要紧密的经贸关系,同时要求安全目标不应是对抗性,尤其需要双方具备一定的政治互信。尽管在经贸关系上,中国是周边绝大多数国家的最大贸易对象国,但不仅贸易优势无法自动转化为政治互信,同时较低的政治互信又很可能影响到经贸关系,这典型反映在中日关系上。中国海关总署发布的2013年进出口数据显示,中日双边贸易额下降了5.1%。张蕴岭教授对此曾指出,"面对崛起的中国,邻国担心来自中国的越来越强的竞争和影响,这使'中国威胁论'找到了发展的土壤。如果中国试图在周边地区营造合作性的环境,首要的事情是与邻国之间建立真正的信任"[1]。不消除这些障碍,中国与某些周边国家的关系只能停留在"危机管控"上,难以建立真正的"命运共同体"。

第二,由于中美关系的竞争性特点,美国不希望中国与周边国家形成命运共同体,会想方设法破坏这一命运共同体的构建。如前所述,从理论上讲,对于守成国,当看到一个国家正在崛起并可能威胁到自身霸权时,第一反应就是从周边入手进行围堵,这在上文已经详细分析过。

第三,该概念的阐释本身也需要进一步清晰化。目前已有不同的共

---

[1] 张蕴岭:《构建中国与周边国家之间的新型关系》,《当代亚太》2007年第11期。

同体概念，比如理查德·瓦杰尼最早提出"安全共同体"的概念，此后卡尔·多伊奇和阿查亚等进行了发展。在实践层面，也有各种不同的共同体已经形成。总体上看，"共同体"（Community）作为一个表示基于一定条件而形成集体身份的约定俗成的概念，若加上限定词"安全""经济""政治""文化"等都比较容易理解，比如"欧洲经济共同体"（EEC）等。但是如果在"共同体"前面加上"命运""生命"之类含有"血缘""情感"等比拟化的定语，就往往含意比较模糊，似乎无所不包，同时又十分抽象。如果一个共同体的内涵与外延无所不包，那么也就失去了学术上的科学性与严谨性。因此，如果不将"命运共同体"的概念进一步清晰化，就容易使得在构建时有可能缺乏可操作性。本书认为"命运共同体"可以分为安全共同体、经济共同体、发展共同体、社会文化共同体、价值共同体等几个方面。

二 周边命运共同体构建的动力

尽管面临上述困难，中国与周边国家构建命运共同体的动力还是十分强劲。其一，亚洲国家内部的经济相互依赖程度已经非常高。"1986年到1992年，亚洲内部的经济出口从31%增长到43%，到2010年这个数字占到亚洲贸易总量的56%"[1]。世界贸易组织原首席经济师罗柏年2013年11月表示，"亚洲内部的贸易额增长一向高于全球平均值"[2]。构建亚洲命运共同体，实现共同发展，既是区域内合作进一步提升的结果，又能主动深化区域内的相互依赖。这些都使得中国与周边国家的命运共同体构建具备一定的基础。

其二，包括中国在内的各国具备政治意愿去推动命运共同体建设。一方面，随着中国外交的更为娴熟，中国与周边国家已经建立起越来越多的以共同利益为基点的对话与合作机制，这会进一步提升与周边国家的政治互信，并管控与某些国家的双边问题。这典型反映在2014年5月21日，习近平主席在亚洲相互协作和信任措施会议第四次峰会的主

---

[1] T. J. Pempel, "Remapping East Asia: The Construction of a Region", *American Journal of Sociology*, 2006, 111 (5): pp. 54, 66.
[2] 《专家表示亚洲区域内部贸易成为全球贸易重要"发动机"》，2013年11月7日，新华网（http://news.xinhuanet.com/world/2013-11/07/c_118053333.htm）。

旨讲话中（简称"亚信峰会"）所明确提出的"共同、综合、合作、可持续"的新亚洲安全观上。在钓鱼岛问题、南海问题等高度敏感的问题上，虽然短期内不具备解决的条件，但是中国有诚意与有关方建立管控危机的措施，防止其影响到双边与地区整体关系。另一方面，地区内各国之间虽然存在这样或那样的问题，但是普遍都面临发展经济、解决民生的问题。也就是说，各国都希望通过命运共同体建设取得实实在在的发展。这从亚洲基础设施投资银行首批意向创始成员国就达到21个也能看出来，这些国家涵盖了中国大多数的周边国家。

第四节 周边命运共同体构建的路径

针对如何进行构建，有的学者认为"第一，以共同发展作为核心要义。第二，以互信协作维护安全环境。第三，以开放包容推进机制建设。第四，以文化互鉴凝聚理念共识。第五，以和衷共济强化感情纽带"[①]。也有的专家认为，当下应该特别强调三层含义："一是整体优化。二是变通适应。三是合作共赢。"[②]

本书认为，我们仍应秉持"先易后难、逐步推进"的原则从以下方面入手。第一，发挥经贸优势，巩固"经济共同体"，以此作为"命运共同体"构建的基础。由于该地区国家均面临经济发展和升级的重任，没有该地区的共同发展繁荣，就不可能成功构建彼此的命运共同体。而且结合亚洲地区的现实，应该说经济共同体和发展共同体的构建要比安全共同体、社会文化共同体、价值共同体较为容易。上述分析也能看到，在目前情况下周边国家愿意与中国构建命运共同体的主要动力也主要在于希望通过此举首先获得经济发展的好处。因此，我们要注重中国自身经济发展红利的"溢出效应"，逐渐与周边国家建立起区域经济、贸易、投资、能源、金融的合作框架，逐步形成一种紧密型的健康的环中国经济带。

---

① 刘振民：《坚持合作共赢 携手打造亚洲命运共同体》，《国际问题研究》2014年第2期。

② 翟崑：《中国周边战略的继承与创新》，《现代国际关系》2013年10期。

在经济相互依赖程度比较突出、合作发展阶段比较高的东北亚地区，构建命运共同体的重心应放到如何落实"东北亚区域合作"上。在这方面，我们可以以中韩两国2014年11月签订的FTA为契机，带动中日韩三国区域合作的一体化，同时，将国家主席习近平2014年9月在出席首次中俄蒙三国元首会晤时的倡议进行落实。习近平主席当时提出倡议，可以把丝绸之路经济带同俄罗斯跨欧亚大铁路、蒙古国草原之路进行对接，打造中蒙俄经济走廊。如果中日韩三国区域一体化和中俄蒙三国经济走廊能取得扎实的进展，中国与东北亚的命运共同体就能取得进展。而在周边的其他次区域，中国在与其开展经济合作中一定要遵守当地法规和风土人情，并遵守国际规范，提高透明度①。

第二，近两年南海问题凸显、中美竞争加剧、周边矛盾丛生的情况再次反映出中国构建周边命运共同体的困难，其背后主要根源在于缺乏政治互信。某种程度上可以认为中美以及中国与周边国家缺乏政治互信是构建命运共同体的最大障碍。建立政治互信也是一个庞大的系统工程。除了如上所述要扩大经贸合作的利益关系、发挥其外溢效应外，还要培养各国具备更多趋同的偏好，调和不同安全观差异。

以周边次区域中最缺乏政治互信的东北亚地区为例，如果该地区相关国家能建立历史联合研究小组，比如中日韩，那么研究成果就有望缩小各方在历史问题上的差距，也更容易被三国民众所接受；还可以推动由退休高官和著名学者组成的"名人论坛"，共同讨论东北亚各国间现实的安全利益分歧并对该地区未来安全秩序进行研究，同时引导舆论。为调和不同的安全观差异，要合理安排美国同盟体系与该地区共同安全利益的关系。美国同盟体系是东北亚安全战略的基石，任何触动美国同盟体系的安排都不大可能取得成功。在这种背景下，务实安排的一种可能是通过"美韩+X""美日+X"等三边机制方式，实现美国双边同盟与该地区其他国家的对接。

第三，要加强有关命运共同体的联合研究。应该说，中国与周边国

---

① 笔者2016年8月1日—5日访问缅甸时，在与缅甸各方的交流中，缅甸方面反复强调中国在缅甸投资需要遵守国际规范、增加透明度，遵守当地风土人情与造福当地百姓的重要性。

家存在大量的共有文化、共有价值、共有理念，具备构建命运共同体的先天基础。如何加强联合研究，把这些先天基础转化为彼此在新时期构建命运共同体的重要推动力，是一项重要任务。在这方面，2013年2月启动的由我国与中亚国家联合开展的丝绸之路跨国申遗工作，以及2013年7月东北亚名人会第八次会议公布的关于中日韩共用常见800汉字表草案，都是十分成功的先例。除此之外，中国与南亚和东南亚不少国家具有源远流长的宗教渊源，在这些方面也应该进行挖掘。与此同时，就当前如何构建命运共同体，中国也可以鼓励中外科研机构进行联合研究，并为此提供必要的政策与资金支持。因为作为一个跨国的、牵涉历史与文化层面的议题，联合研究的成果往往比中国单方面研究的成果更能被他国的政府与民众所接受，也更容易推进落实。

第四，要扩大人文纽带。命运共同体，意味着有共同的身份和更多的价值认同，这需要加强在人文、教育方面的互动。2015年4月，习近平在亚非领导人会议上提出，中国未来5年内将向亚非发展中国家提供10万名培训名额；连续在华举办亚非青年联欢节，共邀请2000名亚非青年来华访问并参加联欢。在亚洲地区，由于地缘相近，历史上又有着千丝万缕的联系，中国在扩大人文纽带上具有一定的基础与优势。事实上，亚洲大多数经济体80%以上的入境游客来自亚洲内部。因此，一方面应在中国周边国家继续增加到华留学的名额、设立中国问题研究的课题与项目，另一方面也应与周边更多国家商谈免签协定，为扩大与周边国家的人文交流营造条件。

第五，要推进制度建设，尤其是要推动成立一些有针对性的对话机制。在没有共同的准则和体系下，命运共同体的构建十分困难，尤其是在缺乏政治互信的背景下。如上所述，周边命运共同体的构建面临诸多困难，这就需要通过制度建设慢慢培养命运相连的理念。在制度建设上，中国应该更加积极地参与到已有的多边机制中，并在缺乏多边机制的次区域积极构建新的机制。与此同时，中国应该把重点放到如何推动一些有针对性的多边对话机制上。比如，目前在中国周边地区已经有中日韩文化部长对话机制和上合组织文化部长对话机制，在此基础上可以考虑推动比如"东盟+1"文化部长会议、"一带一路"沿线国家文化部长会议等。在已有文化部长对话基础上，也可以考虑推动教育部长对话机制、高校校长对话机制，以及青年领袖对话机制等。

此外，要注意话语权的塑造，特别是需要对"命运共同体"的概念进行阐释，避免被误读，其目标旨在使周边国家切实体会到"命运共同感"。我们首先要思考"命运共同体"这一理念对周边国家意味着什么。作为一个相当全面的政治和外交术语，如果想被对方接受，首先在概念上需要进一步阐释清晰。对此我们可以考虑在强调命运共同体的同时，也以经济共同体、安全共同体、文化共同体、发展共同体、价值共同体等统领相关领域的合作与建设，以这些实实在在的成果让对方感觉到中国推动构建命运共同体的诚意。

第五节　小结

本章主要探讨了"命运共同体"概念的内涵与外延，并指出了其与中国周边外交战略、"一带一路"之间的关系。在此基础上，对如何推进命运共同体建设提出了思路。这对于学界深化对命运共同体概念的理解，并在实践意义上对于如何落实推进，有一定的积极意义。总之，"命运共同体"概念是继中国提出"和平崛起"与建设"和谐世界"之后，又向世界传达出的重要信号，体现了共生理念和共利关系，有望对中国外交产生重要而深远的影响。自古以来，中国与周边国家就是紧密的命运共同体。当中国强大，周边国家往往也步入一个大繁荣大发展时期。当周边国家强大，中国也往往会实现大繁荣大发展。总体来看，尽管中国与某些周边国家在迅速发展，但是亚洲作为一个整体还有许多国家十分落后。如何实现中国与周边国家的共同繁荣与发展，绝不是中国一家的事情，也是周边国家需要共同努力的方向。

第七章　中国周边外交推进的具体政策："一带一路"

"一带一路"是"丝绸之路经济带"和"21世纪海上丝绸之路"的简称，贯穿欧亚大陆，东边连接亚太经济圈，西边进入欧洲经济圈，是习近平主席于2013年9月和10月在分别访问中亚和东南亚时先后提出的。它也是十八大以来以习近平总书记为核心的中国新一代领导集体提出的最重要的外交倡议。"一带一路"是在中国新一届领导人前所未有地重视周边战略的背景下推出的，周边国家作为"一带一路"的重要组成部分及其起点又直接攸关其推进的成败，由此可见"一带一路"和中国新时期周边战略存在紧密的相关性。本章主要考察的就是这种相关性。

第一节　"一带一路"提出的中国周边背景

从时间上看，在2013年9月和10月习近平主席提出"一带一路"后，10月底就召开了新中国成立以来的首次周边外交工作座谈会。从逻辑上看，中国周边作为"一带一路"的起点和主要辐射区域直接决定了其能否成功推进，因此在推出这一"倡议"时必然要考虑中国周边环境与周边战略。从中国周边环境和周边战略来看，首先需要考察中国新时期总体的外交战略与外交环境，因为"一带一路"和周边战略根本上均受制于中国总体外交战略，是为中国总体外交战略服务；其次，和中国其他大的政策或战略一样，"一带一路"也应是"问题导向"的，即"倒逼"出来的，这说明中国周边环境中存在的一些紧迫问题需要通过"一带一路"去破解；最后，从战略规划和实施的角度,"一带一路"必然具备一定的可操作性,也即具备实施的现实条件。

从中国总体外交战略的角度来看,已由此前的发展性战略转向崛起性战略。做出这样的判断主要由于从理论及历史经验可见,所谓"大国崛起"应满足三个条件:在二流国家中异军突起、众多指标成为世界第二,与霸权国差距迅速缩小,外交更为积极进取[1]。由此可见,虽然国内外讨论了很多年中国崛起,但中国真正开始崛起的起点应在2013年十八大后。十八大明确提出到2049年实现中华民族伟大复兴,中国崛起所设定时间为36年。由发展性战略转向崛起性战略,对中国周边外交战略提出了新的要求。从习近平主席上台以来的中国周边外交战略来看,最大的变化在于其在总体外交战略中的地位发生了变化。

长期以来,中国外交战略在"大国是关键,周边是首要,发展中国家是基础,多边是重要舞台"总体指导下,尽管明确提出"周边是首要",但事实上周边外交长期滞后于大国外交,特别是对美外交。当时中国政府经常指出大国外交,特别是对美外交是"重中之重",也就是表明相对于周边外交,对美外交更为重要。十八大以来,中国已显示出将周边外交与大国外交放到同等重要位置的迹象。这尤为体现在2013年10月24日至25日中国史无前例地高规格召开周边外交工作座谈会。在这次座谈会上,习近平强调,"无论从地理方位、自然环境还是相互关系看,周边对我国都具有极为重要的战略意义"[2]。

历史经验表明,从现在起相当长时间,中国应持之以恒重视周边战略,海外利益拓展也应首先服务于确立与巩固地区大国地位。作为同期推出的中国外交战略中最引人注目的"一带一路"显然是作为中国外交战略与周边战略的重要一环提出的。况且作为一个战略规划,周边战略必然需要一系列的具体政策进行推动。"一带一路"在这种背景下被

---

[1] 阎学通:《"和平崛起"的分歧、意义及策略》,《中国社会科学》2004年第5期。
[2] 习近平:《让命运共同体意识在周边国家落地生根》,2013年10月25日,新华网(http://news.xinhuanet.com/2013-10/25/c_117878944.htm)。

推出显然也是作为推进中国周边战略的重要一环,目的在于塑造有利于崛起的良好周边环境。

从"问题导向"的角度来看,"一带一路"提出时中国周边环境主要存在以下显著问题。第一,周边区域经济一体化步履蹒跚,迟迟难以推进,难以发挥地区整体优势。亚洲区域经济一体化建设主要以东盟为主,尽管从1997年就开始召开"10+3"会谈,但受制于中日和韩日历史与领土问题,以东盟为"马车"的东亚一体化迟迟难以推进。中亚、南亚的一体化程度则更低。中国周边地区经济一体化程度已远远落后于欧洲、北美洲等地区。通过"一带一路"及丝路基金和亚洲基础设施投资银行的安排,有望使该地区的贸易投资自由化,便利化水平迈向新台阶,利用当前中国强劲的经济引领拉动亚洲整体经济的一体化发展。如推动中国—东盟自贸区升级版,推进与斯里兰卡等国家的自贸进程,逐步形成立足周边、辐射"一带一路"、面向全球的高标准自贸区网络[1]。普京在2014年底出席APEC会议期间也指出"一带一路"将有利于推动亚太自由贸易区进程[2]。中国政府发布的"一带一路"白皮书中明确指出:共建"一带一路"旨在促进经济要素有序自由流动、资源高效配置和市场深度融合,推动沿线各国实现经济政策协调,开展更大范围、更高水平、更深层次的区域合作,共同打造开放、包容、均衡、普惠的区域经济合作架构[3]。

第二,周边还有不少国家经济发展十分落后,合作共赢面临瓶颈。截至2015年,全世界经联合国批准的最不发达国家有44个,其中亚洲就占到9国,仅次于非洲的31国,他们是阿富汗、孟加拉国、不丹、柬埔寨、老挝、东帝汶、缅甸、尼泊尔、也门,这些国家又主要集中于中国周边。如果以人均GDP低于2000美元计算,亚洲国家中有近12

---

[1] 高虎城:《深化经贸合作 共创新的辉煌——"一带一路"战略构建经贸合作新格局》,《国际商务财会》2014年第6期。

[2] 郭鹏飞:《普京高度评价中方"一带一路"路线图 提醒亚太勿分裂》,2014年11月11日,环球网(http://world.huanqiu.com/exclusive/2014-11/5198415.html exclusive/2014-11/5198415.html2014-11-11)。

[3] 授权发布:《推动共建丝绸之路经济带和21世纪海上丝绸之路的愿景与行动》,2015年3月28日,新华社(http://world.people.com.cn/n/2015/0328/c1002-26746633.html)。

个，占到亚洲国家总数的26%①。这其中"基础设施发展相对滞后已经成为制约亚洲经济增长的重要因素"②。根据亚洲开发银行的预测，今后10年亚洲建设世界水平的基础设施预计需要8万亿美元的资金。中国与周边国家最紧密的经贸关系主要集中于日本、韩国等几个发达国家（以及马来西亚）。周边多数国家经济发展滞后的现实阻碍了中国与其实现经济合作共赢。在"一带一路"统领下，中国所提议筹建的亚洲基础投资银行和丝路基金表明中国的发展可以引领亚太地区的发展，并将优先解决周边国家基础设施落后的问题。况且，从现实来看，"中国同时拥有资本优势、技术优势和人力资源优势，在世界上，同时具备这三方面优势的国家不多"③。也就是说，作为地区大国，中国在推动地区经济共同发展方面承担着义不容辞的责任，并具有地缘等独特的优势。

第三，近几年周边安全问题频发，不仅使得中国与有关国家的关系复杂化，而且这些问题在近期内又找不到出口，传统的解决手段愈显单一。这当中首当其冲的要数南海问题，该问题不仅使得中菲和中越关系受到影响，而且美日等大国也借机频频插手。一些非传统安全问题也有凸显发酵之势，如2011年10月5日，中国籍船只"华平号"和"玉兴8号"两艘商船在湄公河金三角水域遭遇袭击，造成13名中国船员遇难。周边安全问题的频发使得客观上需要另外的安排转移焦点并逐步为解决问题创造条件。"一带一路"建设有望把相关国家的焦点转移到实现共赢的思路上，而非类似在南海问题上的零和博弈。同时，通过合作共赢培养的政治互信也有利于此类问题的最终解决。通过加强互联互通、执法安全合作等，也能有效遏制跨国犯罪。正如白皮书中所提到的那样："进入21世纪，在以和平、发展、合作、共赢为主题的新时代，

---

① 其中阿富汗人均GDP为720美元（2013年）；东帝汶为约900美元（2012年）；柬埔寨为1036美元（2013年）；老挝为1534美元（2013年）；孟加拉国为1190美元（2014财年）；尼泊尔为704美元（2012/2013财年）；塔吉克斯坦共和国为951美元（2012年）；乌兹别克斯坦共和国为约1610美元；也门为1661美元（2014年）；印度为1219美元（2013/2014财年）；越南为1960美元（2014年）。见外交部网站相关统计。

② 《亚洲多国基础设施制约经济发展 加大投入促升级》，《人民日报》2012年5月28日。

③ 黄仁伟：《建设周边互联互通网络的环境分析》，《战略决策研究》2014年第5期。

面对复苏乏力的全球经济形势,纷繁复杂的国际和地区局面,传承和弘扬丝绸之路精神更显重要和珍贵。"①

第四,如上所述,奥巴马政府全面布局中国周边,中国虽然欢迎美国与中国周边国家改善关系,也无权干预美国与相关国家的双边安全军事关系,但是中国坚决反对美国发展这些关系是以遏制中国为目的。从中国周边近几年的态势以及美国政府的相关表态来看,也的确加重了中国所持的对"美国亚太再平衡是旨在围堵中国"的担忧。"奥巴马政府上台以来,力推'重返'亚洲战略,企图进一步拉近与其亚洲盟国的关系,牵制中国。"② 比如2014年4月时任美国总统奥巴马访日时明确表示钓鱼岛适用于《美日安保条约》,这是美国总统首次做出如此表态。这样一来,从中国的角度当然也有积极布局周边的紧迫性。

从周边视角审视"一带一路",其作为一个大的布局,在推出时必然具备一定的可操作性,这其中有两点尤为突出。其一,与周边国家相比,中国实力迅速上升。这里仅以中国经济总量与周边前三大经济体的对比可见,2003年中国、日本、俄罗斯、印度的经济总量分别为1.64万亿美元、4.3万亿美元、0.43万亿美元、0.62万亿美元,中国仅相当于日本的38%,相当于这三大经济体总量的30.6%;十年后的2013年四国的经济总量则分别为9.24万亿美元、4.92万亿美元、2.09万亿美元、1.88万亿美元,中国已相当于日本的1.9倍,比这三大经济体加起来的总和都要大,相当于这三大经济体总和的1.04倍③。中国军费开支、军事能力、科技投入及科技能力等随着经济实力的迅速发展也快速发展。可以说目前除了俄罗斯、日本等国在某些领域领先中国外,中国综合实力在与周边国家对比上已居于绝对优势。随着实力增强,中国客观上主动塑造周边成为可能。

其二,中国与周边国家的关系处于历史最好时期。尽管中国与周边某些国家存在这样那样的问题,甚至安全问题近几年呈联动频发态势,

---

① 授权发布:《推动共建丝绸之路经济带和21世纪海上丝绸之路的愿景与行动》,2015年3月28日,新华社(http://world.people.com.cn/n/2015/0328/c1002-26764633.html)。
② 阮宗泽:《中国需要构建怎样的周边》,《现代国际关系》2014年第2期。
③ 联合国数据库(http://data.un.org/Data.aspx?q=GDP&d=WDI&f=Indicator_Code%3aNY.GDP.MKTP.CD)。

但是周边已经没有任何一个国家公开以中国为敌，即使日本也仅仅是把中国作为最大的竞争对手，而并非将中国视为不共戴天的"敌人"。也没有任何一个国家的政策出发点在于"中国即将崩溃"或者要消灭中国。上述存在的问题可谓是新时期周边国家要适应崛起的中国的调适期，这和自鸦片战争以来中国总是需要通过调适自己适应周边环境形成截然对比。中国与周边绝大多数国家的良好互动关系也客观上使得中国具备推动"一带一路"的地区合作氛围。

第二节 "一带一路"对中国周边战略的影响

从理论上讲，与传统的政策或战略相比，作为新推出的"一带一路"在推进中国新时期周边战略上应具有更大优势，否则就不会再推出"一带一路"。这些优势体现在以下几方面。第一，中国周边会日益成为中国外交的一个独立领域，其在中国外交中的重要性也会日益提升。应该说，过去历届政府在周边外交上虽然相继提出了一系列理念，但是受制于国内外环境，总体上看就是一些宏观的原则与设想，缺乏具体的政策跟进，周边也始终没有成为中国外交的一个独立领域。而且当时"搞定大国就搞定周边"的思路也比较流行。中国实力的迅速增长[①]与新一届领导人的进取外交从根本上改变了这一现象。

习近平主席上台以来前所未有地重视周边战略，在 2013 年 10 月召开的周边外交工作座谈会上，习近平提出要让命运共同体意识在周边国家落地生根。构建命运共同体成为推进周边战略的具体抓手。为了推进命运共同体构建，中国领导人在周边外交工作座谈会召开之前陆续提出了具体的政策，这就是"丝绸之路经济带"和"建设 21 世纪海上丝绸之路"。为了服务"一带一路"建设，中国领导人还提出了筹建亚洲基础设施投资银行（Asian Infrastructure Investment Bank）的倡议。在"一带一路"统领下，可以说中国外交从来没有像今天这样在周边投入

[①] 源自中国国家实力增长，中国的周边战略改变了过去所谓"兵来将挡，水来土掩"的被动式应对战略，客观上也具备从战略高度将周边作为独立的领域进行经营的能力。林立民：《周边战略与大战略：在"想干什么"与"能干什么"之间寻求"再平衡"》，《现代国际关系》2013 年第 10 期。

如此巨大的资源，周边也自然开始成为一个独立的外交领域。中国在周边投入资源越多，周边的发展变化越是和中国的命运息息相关，这也促使中国反过来投入更多精力与资源维护在该地区的利益。

此前"搞定大国就搞定周边"的战略之所以不再行得通还需提及美国对华战略的转变。冷战时期美国的主要对手是苏联，当时对华战略是服务于对苏竞争。苏联解体冷战结束后很长时期，中美实力差距依然十分巨大，美国仅将中国视为潜在对手，美国与中国的合作超过竞争。但随着近几年中国硬实力迅速增长，美国已将中国定义为现实的竞争对手，并开始全面布局中国周边，其重要目的就是对付中国。事实上，近几年中国周边安全问题频发并非偶然，处处可以看到美国的影子，原因就在于此。由于美国对华战略的转变，"搞定美国就搞定周边"的战略从根本上不仅行不通，而且美国自身也成为中国周边部分"乱局"的根源。

与此同时，中国实力大大增强，主动塑造周边的能力大为增强。过去很多年，受制于国际环境与中国国家实力，中国的周边战略很大程度上是一种所谓"兵来将挡，水来土掩"的被动式应对战略[①]。今天中国塑造中美关系和周边环境的能力大大增强，客观上也具备从战略高度将周边作为独立的领域进行经营的能力。

第二，中国和周边国家会实现同时崛起，双方互相依赖将步入新的阶段，彼此互为战略依托的战略价值会越来越凸显，从而周边也实际上会成为中国实现崛起的重要战略资源。历史经验表明，任何大国都不可能崛起于一个贫穷的地区，任何大国的崛起也都需要一个可以依托的稳定战略地带。英国崛起时，欧洲是引领当时世界经济发展的区域，意大利、西班牙、法国都是当时世界的主要大国。美国在20世纪初崛起时，北美洲的经济发展也是引领世界经济发展的重要一极，当时的阿根廷被誉为世界的"粮仓""肉仓"，在飞机制造等重工业领域也名列世界前列。目前中国周边国家中贫穷落后的还很多，政局不稳定和安全问题频发的也很多，中国很难在这样的环境下真正实现可持续的崛起。正如习

---

① 林立民：《周边战略与大战略：在"想干什么"与"能干什么"之间寻求"再平衡"》，《现代国际关系》2013年第10期。

近平主席在2014年8月访问蒙古时公开指出的那样,"家门口太平,我们才能安心、踏实办好自己的事情"。因此"中国愿意为包括蒙古国在内的周边国家提供共同发展的机遇和空间,欢迎大家搭乘中国发展的列车,搭快车也好,搭便车也好,我们都欢迎"①。

从中国政府发布的白皮书可见,随着以"政策沟通、设施联通、贸易畅通、资金融通、民心相通"为主要内容的"一带一路"的实施,一批战略性、示范性大项目将很快会落地生根,中国不仅能进一步实现崛起,周边国家的经济发展也必将因此迈向新台阶,中国与周边国家的相互依赖必然会更为加强。中国与周边国家将实质性推动该地区的经济一体化发展,届时一个蒸蒸日上和繁荣稳定的亚洲大陆将会出现②。在这种情况下,中国可持续的成功崛起才会成为现实。中国所提倡的"亲诚惠容"以及"命运共同体"等周边外交的理念才能真正实现。

第三,"一带一路"将大大改善中国与周边国家的政治安全互信。一方面,在"一带一路"统领下,中国与周边国家领导人"走亲戚"式的频繁互访越来越多。有媒体统计,自习近平主席履职截至2014年9月12日,他与俄罗斯领导人普京已经会面9次,已经是第六次会见哈萨克斯坦总统纳扎尔巴耶夫,第四次同乌兹别克斯坦总统卡里莫夫聚首,第三次会见塔吉克斯坦总统拉赫蒙、吉尔吉斯斯坦总统阿坦巴耶夫和东道主客人土库曼斯坦总统别尔德穆哈梅多夫③,"一带一路"建设是这一系列会面讨论的关键词。2014年9月,值"一带一路"战略构想提出一周年之际,习近平主席开始踏访古代陆海丝绸之路的重要沿线国家塔吉克斯坦、马尔代夫、斯里兰卡、印度,这些也是今天共建"一带一路"的重要支点国家。随着"一带一路"下大批合作项目的推进,预计不仅中国与周边国家最高领导人的会面会更加频繁,而且大批工作层面的频繁会晤将必不可少。双方为推进项目建设也必然会推动执

---

① 《习近平蒙古国演讲:家门口太平,我们才能安心》,2014年8月22日,中新网(http://www.chinanews.com/gn/2014/08-22/6522134.shtml)。

② 截至2013年12月份,中国已签署12个自贸协定,周边国家仅仅有东盟和巴基斯坦。截至2014年年底,谈判已经结束的也只有澳大利亚和韩国。

③ 《展"一带一路"双翼 共中亚南亚腾飞》,《新华每日电讯》2014年9月20日,第1版。

法安全合作、社会文化交流等。这样一来,"不知不觉"中就能推动中国与周边国家的政治安全互信。

另外,"一带一路"还是缓和目前与中国存有领土纠纷的部分国家之间关系的一种方式和渠道。基于历史等多方面原因,中国与某些周边国家仍然存在领土等纠纷。由于这些纠纷直接攸关各国国家主权,以及日益上涨的民族主义,所以短期内解决的难度非常大。再加上其他大国在背后推波助澜,已经成为制约中国与周边相关国家关系进一步发展的重要障碍。作为互利共赢的"一带一路"建设则不仅能让各国从领土争端的"零和"思维上转移开,而且随着互信的进一步提升也必然能为相关问题的解决打下良好基础。比如,越南虽然与中国存在南海主权争端,但随着其加入"一带一路"建设,其在南海问题上与中国的矛盾开始降温,中越关系正在改善。2016年6月,菲律宾新总统杜特尔特上台后,中菲关系迅速升温,一个重要的背景是菲方希望深度参与中国提出的"一带一路"倡议。

第三节 "一带一路"政策设计与优化的视角

"一带一路"作为中国倡议发起的新兴事物,其被理解与接受必然需要一个过程,从政策设计与落实的角度来看也处于初步阶段。本书认为从周边战略视角出发,"一带一路"在政策设计与落实时需要注意以下问题。

第一,避免"中国中心论"和"地缘政治论"。"一带一路"提出后,很多国内外舆论对这一构想进行解读,其中不乏曲解与误读,比如"中国版马歇尔计划""中国版珍珠链战略""中国主导亚洲秩序"等,这其中最为流行的是"中国中心论"和"地缘政治论"[1]。中国作为亚洲地区最大的经济体,作为"一带一路"倡议国和推动国,在其推动过程中,无论是技术装备、基础设施建设、资金投入乃至政治与安全的国际合作等方面中国都发挥着比较大的作用,甚至某些时候发挥主导作

---

[1] 《"一带一路"建设面临的国际舆论环境》,2015年4月16日,人民网(http://dangjian.people.com.cn/n/2015/0416/c117092-26856073.html)。

用是客观事实。但与此同时，如果没有周边国家的理解与支持，"一带一路"再美好的愿景也只是海市蜃楼与纸上谈兵。也就是说，周边国家在"一带一路"的建设过程中具有事实上的"否决权"，"中国中心论"从根本上站不住脚。

同时，中国崛起及其硬实力的增长，感受最为明显的是周边国家。周边中小国家最为担心的就是随着中国崛起，双方关系回到历史上的"朝贡体系"，"中国中心论"则正好印证了周边国家的这种担心。所谓"中心论"也有霸权体系的色彩。因为所谓中心、边缘，也暗含通过"一带一路"建立起"一个以自我为中心、其余地区为依附于这个中心的边缘或亚边缘的等级体系"①，而这从根本上违反了中国自身的外交原则。由此可见，"中国中心论"不仅从根本上不能成立，而且也是丝毫"要不得"的大国沙文主义思维。

所谓"地缘政治论"就是认为"一带一路"是中国的地缘政治工具。应该说，如果"一带一路"能顺利落实，中国与周边国家的关系必然会上升到一个新台阶，中国地缘环境也将得到很大改善。但是所谓良性的地缘政治依托必然是双向的，"一带一路"亦是如此，它在改善中国地缘环境的同时，也必然会改善中国周边国家的地缘环境。而舆论炒作的"中国地缘政治论"则仅仅强调中国依托周边国家的单向论，甚至暗含中国阴谋论。周边某些大国的观望保守，甚至排斥心理，背后根源主要是担心"一带一路"是中国实现地缘政治目的的工具。事实上，"一带一路"构想并不是中国的地缘政治工具，而是中国要实现与周边国家共同发展与崛起的战略抓手。这正如中国外交部副部长张业遂所阐述的那样，"一带一路"是合作倡议，中国没有特别的地缘战略意图，无意谋求地区事务主导权，不经营势力范围，不会干涉别国内政②。

---

① 汪晖：《"一带一路"走出历史终结论阴影》，2015 年 4 月 10 日，中国社会科学网（http://www.cssn.cn/pl/pl_xskp/201504/t20150410_1581427.shtml）。
② 《外交部副部长张业遂在中国发展高层论坛"建设陆海丝绸之路"分组会上的演讲》，2014 年 3 月 25 日，外交部网站（http://www.fmprc.gov.cn/mfa_chn/wjbxw_602253/t1140481.shtml）。

第二，要处理好经济价值与非经济价值的平衡①。从目前的白皮书来看，"一带一路"主要以追求经济价值为主。但对于中国来说，对"一带一路"的经济收益要做客观理性的分析，特别是初期阶段的收益。比如丝绸之路经济带，无论是经由中亚、俄罗斯走向欧洲，还是经由巴基斯坦走向中东，都路途遥远，沿途许多地区地理条件恶劣，国内政治形势复杂，人口稀少。"即使某些国家人口多，但大部分国家由于受经济水平的限制，市场规模有限，至少在短期内，通过发展经济带能够产生的经济效益也不会很大。"② 这就要求在"一带一路"推进时要正确处理好其经济价值与非经济价值的平衡。中国在初期阶段很可能更多是给对方国家提供经济发展的机会，给地区共同发展提供公共产品，而自身的经济收益很可能不会太大。

但如果中国大量投入进去的资金和资源不能获利，必然会阻碍中国持续推动的积极性与动力。况且，虽然是政府主导，但是从融资到具体推动者必然是以包括中国大量民营企业在内的企业为主。但是考虑到初期阶段是下一阶段中国与其合作共赢的必经阶段，而且考虑到其非经济价值，因此在初期阶段，应该由政府进行"兜底"，让参与的企业收到实实在在的好处，鼓励其继续参与。这一方面要求政府在服务企业"走出去"上创新思路，对政府服务的质量提出更高要求，比如要更为准确地提供对方国家的投资风险以及对于投资经营过程中遇到的困难给予及时高效的解决等③；另一方面在一些风险较高的大项目上，政府融资应该占主导地位，降低民营企业的风险。

与此同时，如果仅仅是获得经济利益，那么和此前中国企业"走出去"也只是方式的不同而已。因此，我们也要注重获得"一带一路"的非经济价值，正如习近平主席在发表题为《联通引领发展伙伴聚焦合作》讲话时所叮嘱的那样，"要秉持亲、诚、惠、容的周边外交理念，近睦远交，使沿线国家对我们更认同、更亲近、更支持"。这就要

---

① 此观点得益于中国社科院亚太与全球战略研究院院长李向阳研究员的指导。
② 贾庆国：《"一带一路"亟待弄清和论证的几大问题》，2015年3月30日，人民网（http://theory.people.com.cn/n/2015/0330/c112851-26771579.html）。
③ 此观点是笔者2015年6月13—18日在浙江省乐清市调研民营企业对"一带一路"的期望与建议时得出的。

求在企业"走出去"的理念方式、社会文化交流的有效性等方面积极探索新路子,真正拉近与周边国家人民的心理距离。

第三,要处理好某些周边大国存在的抵触情绪,特别是印度、俄罗斯、日本三国。中印的主要问题在于政治安全互信较低。一方面,印度不少战略界人士视中国为竞争对手。2013年的一份民调显示,"83%的受访者把中国视为安全威胁,仅有31%的受访者把中国的崛起看作对印度有利"[1]。另一方面,两国仍存在边界领土纠纷,而且印度某些人还自视印度洋国家为其势力范围,对中国与其的正常合作妄加推测。在"21世纪海上丝绸之路"框架下,中国开始承建起印度洋沿岸国家的基础设施建设项目,比如在斯里兰卡,这引起了印度的警惕和担忧。印度某些精英明确指出,"斯里兰卡、马尔代夫等国明确响应中国的'一路一带'计划,这不得不令印度感到紧张"[2]。"尽管出于商业目的,但中国人正加强在印度洋周边地区的存在,这是一种明显趋势。我们必须密切关注趋势走向。"[3]

印度目前对"一带一路"的反应,一方面持矛盾心态,既不愿错过搭中国便车发展经济的机遇,同时又不情愿看到中国成功推行。另一方面,印度也试图通过与其他周边国家联手对付中国,提升自身的战略价值。比如在南海问题上和美国、日本、澳大利亚等国联合起来支持东南亚某些国家搅乱南海局势。印度的一位海军准将最近甚至公开指出,"要想从外交上对抗中国在斯里兰卡的影响力,需要日本的力量"[4]。中国在推进与南亚各国的合作项目时,要对印度的反应做好预案,这也包括其可能与美日等国联手进行搅局等。同时,考虑到中印作为地理位置相近的世界能源消费大国,在寻找能源方面也客观存在竞争,因此也应进一步加强两国在能源通道安全和国际能源定价权

---

[1] 雷墨:《"习莫会"开启中印互动新模式》,《南风窗》2014年9月24日。

[2] 印媒:《印不愿中国加入南盟 忧中国夺走其影响力》,《环球时报》2014年11月27日。

[3] [斯]詹姆斯·克拉布特里:《中国让斯里兰卡有更多选择》,2013年9月7日,人民网(http://politics.people.com.cn/n/2013/0907/c368733-22840867.html)。

[4] 印度军官:《需要日本的力量在斯里兰卡对抗中国》,2014年9月3日,新华网(http://news.xinhuanet.com/mil/2014-09/03/c_126947991.htm)。

第七章 中国周边外交推进的具体政策:"一带一路"

等方面的合作。

俄罗斯主要利益在中亚。自 2000 年 10 月起,俄罗斯宣布与白俄罗斯、哈萨克斯坦、吉尔吉斯斯坦和塔吉克斯坦成立欧亚经济共同体,现已发展成为覆盖 1.7 亿人口,商品、服务、资金和劳动力实现自由流动的一体化经济空间的统一大市场的欧亚经济联盟。①"俄罗斯对外政策的优先方向是进一步巩固独联体,致力于加强独联体地区一体化进程,优先任务是建立欧亚经济联盟。"②"丝绸之路经济带"在推进过程中必然会加快与中亚各国在能源、贸易等方面的交流合作,这就不可避免地会引起俄罗斯的担忧。"俄罗斯显然在处处防范着中国'经济巨人'在其传统势力范围边上的崛起。中俄在中亚的矛盾无疑会成为未来中国推动中亚经济一体化的重要障碍。而且在短期内无法改变"。③ 从总体上看,不排除某些中亚国家更重视欧亚经济联盟,而仅仅把"一带一路"作为补充的投机心理。中俄通过协商"丝绸之路经济带"和欧亚经济联盟之间存在的可行性契合点,使两者并行不悖地共同进行和发展,不仅可减小俄罗斯的担心,也会降低某些中亚国家的投机心理,促使其在"一带一路"相关项目建设上严肃对待④。白皮书也提到:"一带一路"建设是一项系统工程,要坚持共商、共建、共享原则,积极推进沿线国家发展战略的相互对接⑤。

日本对"一带一路"的反对则更多是出于争夺东亚主导权的角度考虑。日本紧跟美国亚太战略步伐,不仅对亚洲设施基础投资银行仍然抱有警惕心理,而且拉拢印度加强双方经济合作和海上联合军演⑥,试图抵消中国对周边的影响力。

---

① 韩隽:《权益之计抑或是新中亚战略——评奥巴马政府的中亚政策》,《新疆社会科学》2013 年第 1 期。
② 陈玉荣:《2013 年俄罗斯外交:大国风范,成就突出》,载《国际形势和中国外交蓝皮书》(2014),世界知识出版社 2014 年版,第 23 页。
③ 梁强:《中亚:中国周边外交新轴心》,《南风窗》2014 年第 10 期。
④ 此观点是 2015 年 6 月 26 日在新疆社科院中亚研究所调研时得出的。
⑤ 授权发布:《推动共建丝绸之路经济带和 21 世纪海上丝绸之路的愿景与行动》,2015 年 3 月 28 日,新华社(http://world.people.com.cn/n/2015/0328/c1002 - 26764633.html)。
⑥ 印度军官:《需要日本的力量在斯里兰卡对抗中国》,2014 年 9 月 3 日,新华网(http://news.xinhuanet.com/mil/2014 - 09/03/c_ 126947991.htm)。

第四，要处理好周边中小国家的政治风险和安全风险问题。周边不少中小国家面临着政局不稳，以及三股势力猖獗的风险。其中，暴力恐怖势力、宗教极端势力、民族分裂势力三股极端势力成为影响"一带一路"建设的最不稳定的因素。比如巴基斯坦在"一带一路"规划和实施中无疑发挥重要支点作用，习近平主席2015年将首次对外访问选择在巴基斯坦并在访问时签订了460亿美元基础设施投资的项目。但当前巴基斯坦的安全形势并不令人乐观。因此，除了要加强对对方国家政治风险的准确评估外，在融资上也要做到包括对方国家金融机构在内的多向性，加大对象国违约的风险，这些都需要在技术上进一步细化安排。

第五，要处理好美国因素。美国并不希望中国通过"一带一路"建设与周边国家形成命运共同体，会想方设法对其破坏。此前对于中国所推动的亚洲基础设施投资银行，美国一直试图说服其盟国不要参与。从美国来说，为了限制与管理中国的崛起，很有可能会继续加大与增强目前在中国周边的布局。如上所述，美国在中国周边的广泛布局不仅体现在加强东北亚的同盟关系、与东南亚南亚国家政治安全关系迅速提升上，而且美国借反恐名义及中亚某些国家动荡的局势加强在中亚的军事存在和影响力。近年来，美国更是相继提出"北方运输网络""新丝绸之路愿景""中亚禁毒倡议"等地区合作机制。

对待美国因素的关键是要扩大与其共同利益和增进政治共识。这也包括在"一带一路"能源合作重大项目建设方面的合作，在中亚和南亚就打击三股势力进行合作等。因为"一带一路"说到底其宗旨还是以经济合作互利共赢为主，实现和平发展与共同发展。从这一角度出发，中美存在巨大的合作空间，双方只要建立好沟通机制，在投资、能源、反恐、防扩散、维护地区稳定等领域的合作潜力都较大，而且几乎不存在双方军事对抗的风险。比如"在维护阿富汗、巴基斯坦等国稳定的问题上，美国迫切希望中国提供帮助"[①]，而这也正是中国在推动落实"一带一路"时所必须做的。

---

① 王缉思：《"西进"，中国地缘战略的再平衡》，《环球时报》2012年10月17日。

第四节　小结

"一带一路"是一个真正能实现互利共赢和促进地区共同发展的伟大战略构想，当前正处于从理论构想到政策落实的关键阶段。当务之急是要把这一战略的具体内涵与可能影响向周边国家和世界讲清楚，同时从各个方面做好规划，特别是对于在推进过程中可能遇到的问题进行客观评估并做好预案。如果这一战略在实践上得以成功推进，对中国外交理论与国际关系理论也会产生积极影响：比如合作平等共赢的国际关系理论有了政策土壤、区域合作理论有了鲜活案例、如何与众多不同的周边国家建立稳定的关系也有了新的经验。

第八章　十八大以来中国周边外交：与大国外交同样重要

十八大召开以来，以习近平总书记为核心的中国新一届政府在中国周边外交上有很多新的论述与举措，并于2013年10月专门召开了自1949年新中国成立以来的首次周边外交工作座谈会。那么如何看待新一届政府的周边外交？其在中国整体外交战略的地位和作用是什么？中国周边外交会往什么方向发展？对中国与周边国家又会产生什么样的影响？在未来构建中国周边外交战略时需要注意哪些问题？这些是本章试图要回答的问题。

第一节　十八大之前的中国周边外交战略

中国外交战略具有高度的连续性，为了深入理解十八大以来的中国周边外交和今后中国周边外交战略的走向，就有必要首先回顾与分析1949年新中国成立以来的中国周边外交战略。

一　毛泽东时期的周边外交战略

新中国刚刚成立时，经济上一穷二白，外交上面临西方国家的全面孤立与围堵。美国在亚洲建立的对华包围圈，其中很大一部分成员就是中国周边国家，例如"东南亚条约组织"和"中央条约组织"的部分成员，这使得中国在这段时期的周边外交工作面临巨大压力[1]。中国还

---

[1] 赵干城：《塑造身份认同与巩固战略基础——中国与发展中国家关系的演进》，《国际问题研究》2010年第1期。

面临美国对中国周边事务的直接武力介入,特别是对朝鲜。面对如此严峻的环境,以毛泽东为核心的第一代中国领导人对周边环境的评估是"新的世界大战的危险依然存在"和"当前世界的主要倾向是革命"。并以此设定了三个战略目标:获得国际社会承认;维护国家安全;发展经济,迅速增强国力。

为实现上述目标,毛泽东采取"一边倒"政策,在外交上完全与苏联相呼应,从工作布局、方式到具体立场都同苏联保持高度一致,开创了与旧中国全然不同的外交体制、观念和风格。这一方面可以"借力"抗衡支持蒋介石集团的美国,另一方面也是为争取苏联和其他社会主义国家承认新中国。继苏联后,到1950年1月,中国相继与朝鲜、蒙古、越南等周边社会主义国家建立了外交关系。"一边倒"政策也是旨在获得国内建设所急需的外部援助,其中包括制度、管理、技术和培训等"软"性输入。早在1949年7月,刘少奇就率中共代表团访问莫斯科,商谈"向苏联学习的内容",以及请苏联派大批专家来华指导新中国建设和创办培养管理人才的专门学校(即中国人民大学)等问题。在中国编制"一五"计划的过程中,斯大林等苏共领导人和经济专家直接提供了指导意见,对新中国在"一穷二白"的基础上初创自己的国民经济体系产生了重大影响。至于在随后的苏联及其他社会主义国家对华援建的154项(协议156项)工程中,新中国所获得的知识、经验乃至教训更是无比珍贵的。在20世纪50年代,约有1万名苏联专家来华工作,5万多名中国工程技术人员、实习生和留学生到苏联学习,苏联向中国转让了数千份工业图纸,出口了数百万册书籍,其中数千册被译成中文[1]。

20世纪50年代中期到20世纪70年代初,在与苏联关系开始恶化后,中国强调"反美帝、反苏修"的"两个拳头打人"政策,中国周边地缘环境充满了危机,"几乎在各个方向都有不少的麻烦"[2]。东南沿

---

[1] 薄一波:《若干重大决策与事件的回顾》(上卷),中共中央党校出版社1993年版,第37、285—288、296—297、299—300页;[美]威廉·科尔比:《全球背景下的"两个中国":50年代的中苏经济模式与美台关系》,载姜长斌、[美]罗伯特·罗斯主编《从对峙走向缓和——冷战时期中美关系再探讨》,世界知识出版社2000年版,第466、479页。

[2] 叶自成:《地缘政治与中国外交》,北京出版社1998年版,第8页。

海有美日从朝鲜半岛到中南半岛的封锁与战争威胁，南亚和东南亚遭受到印度、越南等国家的包围与压力，东北到西北广大的内陆则是来自苏联陈兵百万的强大攻势。恶化的周边安全环境与经历战火洗礼的第一代新中国领导人对军事手段的自信，使得这一时期中国与周边国家爆发了数次战事。"据统计，新中国成立后中国共9次卷入周边战争或边境冲突，其中绝大多数就发生在这个时期。"① 这一时期，中国周边外交工作的亮点是改善了对日关系。在中日未实现邦交正常化之前，中国采取"以民促官"的外交战略，两国社会交往非常密切。在特定的历史背景下，中日还能够互设贸易办事处，给予贸易代表外交特权的做法"在国际关系史上是一大创举"②。1972年，时任日本首相的田中角荣访华，实现了两国邦交正常化。

20世纪70年代到80年代初，苏联在中苏边界制造紧张的局势，并在国际上策划孤立中国的"亚洲集体安全体系"，甚至扬言要对中国的核设施采取先发制人的打击。"两个拳头打人"政策也使中国国家安全处于极高的风险之下。这一时期中国开始将"两个拳头打人"的政策调整为"一条线、一大片"政策，旨在构建"反霸统一战线"。在经过众所周知的复杂互动后，中美两国领导人终于走到了一起，共同开启了两大战略力量和解的进程，史称的"中美苏三角"由此形成③。中美关系的突破大大缓解了中国的周边安全压力。

1971年中国恢复联合国安理会常任理事国席位，以及1972年尼克松访华，标志着中国获得国际承认与维护国家主权的目标实现，国家安全也随之大大提升。但在经济领域，尽管中国成功建立了完善的工业体系和国民经济体系，但仍然面临巨大挑战④。1976年毛泽东、周恩来相

---

① 阎学通：《中国崛起的国际安全形势》，《国际经济评论》1998年第1—2期。
② [日]岛田政雄：《战后日中关系50年 1945—1995》，田家农译，江西教育出版社1998年版，第125—134、178、185、193、195—199页。
③ 中美在《上海公报》中称，"任何一方都不应在亚太地区谋求霸权，每一方都反对任何国家或国家集团建立这种霸权的势力"。这显然是针对当时苏联的扩张势头的。参见《中美联合公报》，《人民日报》1972年2月28日。
④ 由于世界银行能查到的GDP最早的数据是1980年，这里就采用1980年的数据。当年，中国GDP是1894亿美元，日本是10870亿美元，美国是28625亿美元。中国仅为日本的17%，美国的6.6%。

继去世，1977年邓小平复出。

二 邓小平时期的周边外交战略

在对这一时期周边环境的判断上，邓小平认为世界和平因素的增长超过了战争因素的增长，在较长时期内不发生世界大战是有可能的。从"世界大战不可避免"的判断转变为"世界大战可以避免"的认识，是邓小平时期对包括中国周边战略在内的对外战略进行重大调整的前奏。邓小平指出，"国际上有两大问题非常突出，一个是和平问题，一个是南北问题"，这两个问题"带有全球性、战略性的意义"①。这一时期中国和两个超级大国的关系比较稳定，中美已经建立了正式外交关系，美国当时的战略重心在于如何营造一个有利的环境与苏联争霸，客观上有稳定对华关系需要。苏联出于战略调整的实际需求，对华政策出现积极转变的迹象。1982年，勃列日涅夫明确表示中国是社会主义国家，对中国台湾拥有无可争议的主权，苏无意对中国进行威胁②。

邓小平对周边战略的目标设定进一步以"国家利益最大化"为基础，主要是发展经济，并为此营造一个稳定的周边环境。"建立和维护和平与友好的周边国际环境，是邓小平国际战略思想的重要组成部分。"③ 这一时期邓小平多次指出，中国的对外政策"是要寻求一个和平的环境来实现四个现代化"④。营造稳定的国际环境，首先要营造和平的周边环境，这就需要和亚洲国家发展睦邻友好关系。"中国希望世界和平、地区和平，特别希望同亚洲国家发展友好关系，成为更好的朋友，这不是权宜之计，而是长期的战略决策。"⑤

为此，第一，反对革命输出，"开始执行一种自律型的周边战略"⑥。

---

① 《邓小平文选》（第3卷），人民出版社1993年版，第96页。
② 谢益显：《当代中国外交思想史》，河南大学出版社1996年版，第39—40页。
③ 梁守德：《邓小平理论与中国国际关系学》，黑龙江教育出版社、北京大学出版社2003年版，第341页。
④ 《邓小平文选》（第2卷），人民出版社1994年版，第241页。
⑤ 梁守德：《邓小平理论与中国国际关系学》，黑龙江教育出版社、北京大学出版社2003年版，第342页。
⑥ 冯维江：《给东北亚一个"暖源"——从中国周边战略角度的审视》，《世界知识》2011年第3期。

1982年，中共第十二次代表大会报告明确指出，中国在和平共处五项原则基础上同各国发展关系，坚决反对革命输出，中国共产党按照独立自主、完全平等、互相尊重、互不干涉内部事务的原则，发展同各国共产党和其他工人阶级政党的关系。这大大缓解了中国与东南亚国家的关系。

第二，排除了意识形态因素，改变了在国际舞台上"以苏画线"和"以美画线"的做法。1982年，十二大和全国人大五届五次会议召开后，新的对外政策思想正式以党的纲领和新宪法的形式确定下来，中共对发展党际关系提出了包括"去意识形态"在内的四项原则，不再将苏联视为社会帝国主义，修改后的宪法也规定中国不同任何超级大国结盟或建立战略关系，实行独立自主的外交原则[①]。

第三，对于和周边国家的领土纠纷问题，邓小平提出一时解决不了的，应"搁置争议、共同开发"。1978年，当中国和日本就签订和平友好条约进行谈判之际，邓小平提出了将钓鱼岛主权争议搁置起来的建议，从而使双方能挪开障碍顺利达成协议。此后几年，邓小平又在"搁置争议"的基础上提出"共同开发"的想法，"有些国际上的领土争端，可以先不谈主权，先进行共同开发。这样的问题，要从尊重现实出发，找条新的路子来解决"[②]。

在上述努力下，中国第二代领导人积极改善一些因中苏关系而同中国处于交恶或冷淡状态的周边国家的关系，使中国与越南、老挝、蒙古等国的关系实现了正常化，中国同印尼签署《谅解备忘录》，朝向恢复外交关系走出了重要一步。中国改善了曾经处于敌对状态的中印、中韩关系。中苏关系也实现了正常化。到20世纪80年代末，中国在周边地区已没有一个公开的敌对国家，为社会主义现代化建设创造了一个良好的周边安全环境[③]。邓小平时期的周边战略还确立了与中国这样一个"既大又小"的国家实力相当的国际战略角色，特别是以亚太地区为基点和中心的地缘战略定位。

[①] 李小华：《中国安全观分析（1982—2007）》，上海人民出版社2008年版，第87—89页。

[②] 《邓小平文选》（第3卷），人民出版社1993年版，第49页。

[③] 颜声毅：《当代中国外交》，复旦大学出版社2004年版，第316页。

三 江泽民和胡锦涛时期的周边外交战略

江泽民和胡锦涛时期的周边战略很大程度上延续了邓小平时期的周边战略。江泽民同志于1989年出任中共中央总书记、中央军委主席。这一时期中国的国际处境如"黑云压城城欲摧"般困难。一方面,在东欧原社会主义国家先后发生政权易帜、制度变质以及苏联陷入内部危机的背景下,以美国为首的西方阵营加大干预中国内政的力度,对中国内部的"西化"活动推波助澜,最终酿成北京等地严重的政治风波;另一方面,在中国政府依法对危及稳定的社会动乱做出断然处置后,美国和其他西方大国一致采取对华政治和经济制裁,再度对中国进行孤立和打压。中国当时的经济发展也落后于周边一些中小国家,中国的落后面貌仍没有改变。在这种背景下,在战略目标上,中国一方面要确保自身政治安全,大旗不倒就是本钱;另一方面要继续推进邓小平的周边战略,促进国内经济发展。

为实现上述目标,第一,中国在周边外交中继续去意识形态化,坚持韬光养晦。苏联解体后,对于有些周边国家希望中国出来"扛大旗"的呼声,中国明确表示拒绝;同时,由于实际力量、手段和影响力仍然有限,中国在周边事务上继续保持"韬光养晦"的低姿态,比如在1992年第一次朝核危机上中国持不介入立场。

第二,中国领导人更加重视周边,提出了更为清晰的周边战略,重点构建与周边国家的睦邻互信与团结合作关系。江泽民2001年在出席中国周边安全座谈会上明确指出:"周边国家是我国重要的战略依托。"[1] 温家宝于2003年10月出席东盟峰会时明确提出了"睦邻、安邻、富邻"的周边外交政策。中国共产党第十五次全国代表大会提出"睦邻友好"的周边外交政策;十六大则指出"继续加强睦邻友好,坚持与邻为善、以邻为伴,加强区域合作,把同周边国家的交流和合作推向新水平";十七大继续提出"继续贯彻与邻为善、以邻为伴的周边外交方针,加强同周边国家的睦邻友好和务实合作,积极开展区域合作,共同营造和平稳定、平等互信、合作共赢的地区环境";十八大则将周

---

[1] 《江泽民文选》(第3卷),人民出版社2006年版,第313页。

边外交政策进一步描述为"坚持与邻为善、以邻为伴,巩固睦邻友好,深化互利合作,努力使自身发展更好惠及周边国家"①。

第三,随着中国实力增强与国际环境发生变化,中国开始强调责任意识,积极参加和构建周边多边组织,为周边国家提供公共产品。90年代后期,中国在亚洲金融危机中坚持负责任的货币政策,并积极推进亚洲区域货币与金融合作的设想,极大地促进了地区经济的稳定与恢复,也由此加深了中国与周边经济体的共生关系②。同时,为营造冷战后有利于自身发展的周边环境,中国开始积极参与和构建多边机制③。中国与俄罗斯、中亚国家成立了上海合作组织,推动上合组织成员国缔结了长期睦邻友好合作条约,上合组织进入全面务实合作阶段;中国作为首个非东盟国家加入《东南亚友好合作条约》,东盟—中国(10+1)、东盟—中日韩(10+3)合作成果显著;参与主导了朝核问题解决的"六方会谈",中国在周边安全议题上的角色部分地实现了由"追从"到"主导"的转换。

在上述努力下,中国周边外交取得了重要突破。1989年下半年,日本与美国拉开距离,率先与中国改善关系,打破了西方国家对中国的总体制裁格局。到90年代初,中国分别与韩国、新加坡、文莱建交,与印尼恢复了中断29年的外交关系。至此,中国与周边所有国家实现了关系正常化和正式建交,与周边国家的全方位外交格局形成。

---

① 中共十五大报告(http://news.xinhuanet.com/zhengfu/2004-04/29/content_1447509.htm);中共十六大报告(http://news.xinhuanet.com/ziliao/2002-11/17/content_693542.htm);中共十七大报告(http://news.xinhuanet.com/newscenter/2007-10/24/content_6938568_10.htm);中共十八大报告(http://news.xinhuanet.com/newscenter/2007-10/24/content_6938568_10.htm)。

② 黄仁伟:《中国崛起的时间和空间》,上海社会科学院出版社2002年版,第100—101页;谢益显主编:《中国当代外交史(1949—2001)》,中国青年出版社2002年版,第548页。

③ 以"上海合作组织"为例,1993年中国首次成为能源进口国,安全开发和运送西部能源成为当务之急,而从俄罗斯、哈萨克斯坦等中亚国家进口石油,需要投入巨资铺设管道。为确保石油管道和西气东输的安全,1996年中国倡议成立了以打击"分裂主义、极端主义、恐怖主义"三股势力为要旨的"上海五国",2000年中央提出发展中西部地区社会经济的"西部大开发"计划,2001年6月"上海合作组织"正式成立,打击三股势力依然是其核心宗旨。同样,从时间的序列上,完全可以找到对"六方会谈"与东北振兴战略之间关联性的合乎逻辑的解读,在与东盟组织的关系上也是出于同样考虑。

第二节 十八大以来的中国周边外交战略

一 继承性

2012年11月，十八大选举出以习近平总书记为核心的新一届领导集体。对于中国周边外交战略，习近平以继承为主。如上所述，自1949年新中国成立，到十八大召开，中国历届领导人都高度重视周边安全并坚持睦邻友好政策。即使在毛泽东时期，无论是新中国成立初期的"一边倒"政策坚决站在以苏联为首的社会主义阵营一边，还是70年代"三个世界"[①] 以南亚和东南亚新兴的独立的民族主义国家为中间地带的重要依托，都是以毛泽东为核心的第一代中国领导人重视周边并力图推行睦邻政策的最早实践。十八大召开以来，习近平总书记指出"我国周边外交的基本方针，就是坚持与邻为善、以邻为伴，坚持睦邻、安邻、富邻，突出体现亲、诚、惠、容的理念"[②]，这和睦邻友好政策一脉相承。

同时，几代领导人在周边战略上均高度务实。过去不少文章曾指出毛泽东时期包括周边战略在内的外交战略受意识形态支配，实则不然。为实现周边安全，毛泽东不仅采取过高度实用主义的"联美抗苏"，而且即使在"抗美援朝"与"援越抗美"上，决策的最主要动因仍然基于现实的国家安全利益维护。这也是为什么在朝鲜半岛上参战的底线是北纬38度线而非中朝边境，在越南问题上的底线是北纬17度线而不是中越边境的重要原因之一。邓小平的"搁置争议、共同开发"，以及江泽民和胡锦涛时期在解决边界纠纷等问题上，都体现出高度的务实性。习近平总书记上台以来，在处理与菲律宾、越南的领土争议上保持高度的克制，在与日本的领土争议上"斗而不破"也都体现了高度的务实性。

[①] 1974年2月22日，毛泽东在会见时任赞比亚总统卡翁达时，提出划分"三个世界"的理论。

[②] 习近平：《让命运共同体意识在周边国家落地生根》，2013年10月25日，新华网（http://news.xinhuanet.com/2013-10/25/c_117878944.htm）。

二 新的发展

十八大以来,在周边外交战略上也显示出一些新的发展。第一,周边外交在中国总体外交战略中的次序发生了变化。新一届政府前所未有地重视周边外交战略,将周边外交与大国外交放到同等重要的位置,由中国外交战略中的"大国外交"一个重心调整为"大国外交和周边外交"两个重心。长期以来,中国外交战略在"大国是关键,周边是首要,发展中国家是基础,多边是重要舞台"总体指导下,尽管明确提出"周边是首要",但事实上周边外交长期滞后于大国外交,特别是对美外交。当时中国领导人经常指出大国外交,特别是对美外交是"重中之重",也就是表明在相对于"重要"的周边外交,对美外交更为重要。正如时殷弘教授在反思中国外交时所指出的那样,"我们过去若干年,外交上有一个重要失误,就是我们只讲中美关系重中之重,我们忘记了中国作为一个大国,不是只有这一个重中之重,在战略领域,在外交领域还有另外一个重中之重,就是我们复杂的,但是非常重要的中国周边关系"①。

习近平总书记执政以来,已经显示出将周边外交与大国外交放到同等重要位置的迹象。2013年3月,习近平就任中国国家主席后首访的第一个国家就是中国最大的周边国家俄罗斯,释放出新一代领导人将落实"周边是首要"的外交方针的信号。同年,除了菲律宾、日本、朝鲜外,中国与所有周边国家实现了元首峰会。2013年10月24日至25日,中国史无前例地高规格召开周边外交工作座谈会。在这次座谈会上,习近平强调,"无论从地理方位、自然环境还是相互关系看,周边对我国都具有极为重要的战略意义"②。

第二,周边外交战略的目标发生了变化。新中国成立初期,毛泽东面临千疮百孔的国内环境与孤立的国际环境,周边战略的目标是解决迫在眉睫的国家生存问题。等到了邓小平时期,中国已恢复联合国安理会

---

① 时殷弘:《中国过往只强调中美关系是外交失误》,2013年4月1日,凤凰网(http://news.ifeng.com/mainland/detail_2013_04/01/23753569_0.shtml)。

② 习近平:《让命运共同体意识在周边国家落地生根》,2013年10月25日,新华网(http://news.xinhuanet.com/2013-10/25/c_117878944.htm)。

常任理事国席位，中美也正式建立了外交关系，当时最主要的困难是国内经济，因此这一时期的周边外交战略主要是为了发展国内经济而营造一个和平的周边环境。到了江泽民与胡锦涛时期，一方面，虽然中国经济实现了迅速发展，但由于底子薄、人口多，经济仍然十分落后，因此中国周边外交仍然要为推进经济发展营造和平的周边环境。另一方面，面临苏联解体和东欧剧变，中国的社会主义体制面临外部的巨大威胁，因此这一时期的中国周边外交还要维护政权安全。到了习近平时期，随着中国包括经济总量等许多指标已位居世界前两位，科技、社会、教育、国防等都实现了大发展，中华民族前所未有地接近于实现"民族复兴"。在这种背景下，中国领导人相继提出"中国梦""两个一百年"等战略思想。因此，中国周边外交战略主要服务于中华民族的伟大复兴，而不仅仅是服务于经济发展。

在这一过程中，中国周边也逐渐成为中国外交的一个独立领域。毛泽东时期，中国国家生存高度受制于美苏冷战格局，在周边外交上也高度受制于大国关系，中国没有独立经营周边的条件。邓小平时期，虽然大国关系有所改善，但外部仍然受制于冷战格局，国内经济发展仍然滞后，因此虽然明确提出了"周边外交"的概念，仍然不具备独立经营周边的条件。到了江泽民和胡锦涛时期，延续了邓小平时期的周边外交，在新的国内外环境下给予周边外交战略更重要的位置，提出了清晰的战略目标，但仍然没有使之成为独立的外交领域。从毛泽东到胡锦涛时期，受制于客观条件，中国在对待周边外交上的一个总体做法是"搞定大国就可以搞定周边"了，从这个意义上讲，周边外交一直是大国外交的补充，而不是独立的领域。而如上文所述，到了习近平时期，周边外交越来越成为中国外交的一个独立领域。

第三，习近平不仅重视周边外交战略，而且有战略谋划与具体的政策跟进，体现出战略思维。过去历届政府在周边外交上虽然相继提出了一系列理念，但是受制于国内外环境，总体上看就是一些宏观的原则与设想，缺乏具体的政策跟进。习近平上台以来，不仅提出了一些宏观的战略，也设计出具体的政策进行推动。习近平总书记在2013年召开的周边外交工作座谈会上指出，"我们要谋大势、讲战略、重运筹，把周边外交工作做得更好"。习近平总书记强调，"做好新形势下周边外交工作,要从战略高度分析和处理问题,提高驾驭全局、统筹谋划、操作实施能力,全面推进周边外交"。在这次周边工作座谈会上,习近平总书记提出要让命运共同体意识在周边国家落地生根。构建命运共同体成为推进周边战略的具体抓手。为了推进命运共同体构建,中国领导人在周边外交工作座谈会召开之前陆续提出了具体的政策,这就是"丝绸之路经济带"和"21世纪海上丝绸之路"。

此外,2013年10月2日,中国国家主席习近平在印尼访问时提出,为促进本地区互联互通建设和经济一体化进程,中方倡议筹建亚洲基础设施投资银行(Asian Infrastructure Investment Bank),愿向包括东盟国家在内的本地区发展中国家基础设施建设提供资金支持。亚洲基础设施投资银行的建立,将弥补亚洲发展中国家在基础设施投资领域存在的巨大缺口。夯实经济增长动力引擎的基础设施建设,还将提高亚洲资本的利用效率及对区域发展的贡献水平,减少亚洲区内资金外流。这体现出中国尝试发挥资本在周边外交战略构建中的作用,旨在实现与周边国家共同发展。

第四,在解决与周边国家存在的领土纠纷上,"软的更软、硬的更硬",坚持对话解决为主,同时采取一切必要手段坚决维护国家利益。习近平总书记上台以来,一方面反复呼吁以最大的诚意,采取对话手段解决与周边某些国家存在的领土争端;另一方面,采取了前所未有的坚定手段维护中国在钓鱼岛、南海的主权利益。2012年9月,日本政府决定将钓鱼岛国有化,10月16日,中国军舰首次以距钓鱼岛80公里的最近距离驶过钓鱼岛。12月12日,中国首次在钓鱼岛海空开展立体巡航。目前,中国对钓鱼岛的巡航已实现了常态化。2013年11月23日,中国宣布划设中华人民共和国东海防空识别区。针对南海争端,中国实现了以现场执法为主、外交手段为辅(以经济手段策应)、军事手段为后盾的"黄岩岛"解决模式。2012年6月21日,中国还正式设立地级三沙市,加强对西沙群岛、南沙群岛、中沙群岛的行政管理。

第五,更积极地介入周边事务,在维护国家利益上无双重标准,这典型体现在处理与朝鲜半岛关系的问题上。1993年,第一次朝核危机爆发后中国持不介入立场,仅由中国驻联合国大使发表一份声明。2003年,第二次朝核危机爆发后中国主持召开三方会谈,是在朝美向中国寻求帮助的情况下举行的。2013年朝鲜半岛战争危机爆发后①,中国主动通过自身行为给危机降温。在危机一触即发之际,王毅外长表示"不允许任何一方在中国家门口生事"②,习近平主席指出"反对任何国家为一己之私把一个地区乃至世界搞乱"③。从中国高层语言表达强烈不满,到与美国达成有限制裁朝鲜的立场,中国持续规劝美国不要威胁朝鲜,不惜中朝关系受损严格执行对朝制裁决议以引导朝鲜,不仅给危机降了温,也清晰地向国际社会表明中国真正努力实现朝鲜半岛无核化的负责任大国姿态,同时,也向某些国家传递出中国在维护国家利益上无双重标准的外交立场。

三 未来发展趋势

从未来趋势来看,第一,由于周边对于崛起国实现崛起的重要依托意义,以及对于守成国围堵和遏制崛起国的特殊地缘意义,中国周边很可能会继续成为中美较量的关键地区,未来中国周边对于中国外交战略与中华民族复兴的意义将进一步增强,因此中国会持续地重视周边外交战略。在以习近平总书记为核心的中国新一届政府已经提出了一系列重要的战略规划和具体政策设计的背景下,未来相当长一个阶段周边外交重心将是如何落实这些战略规划与政策设计。这包括"一带一路"建设、推动亚洲基础设施投资银行建设,也包括在对周边国家留学生培养、推动青年交流等方面加大力度。

第二,关于如何落实,以习近平总书记为核心的新一届政府已经体现出积极特点。一方面要有战略视野,不管周边风云如何变幻,中国要持之以恒地推进与周边国家的睦邻友好政策,认识到周边国家并非中国崛起的主要障碍,坚决避免因政策失误使其成为中国的主要敌人。目前存在的问题不仅与周边国家对中国崛起的心理还未适应有关,而且背后有深深的美国痕迹,某种程度上还要取决于中美实力转移。从根本上

---

① 关于本次半岛战争危机的详细来龙去脉,可参见王俊生《战争阴云笼罩的2013年朝鲜半岛局势》,载李向阳主编《亚太地区发展报告(2014)》,社会科学文献出版社2014年版。
② 王毅:《不允许在中国家门口生事》,《新华日报》2013年4月7日。
③ 习近平:《不能为一己之私把一个地区乃至世界搞乱》,《新华每日电讯》2013年4月8日。

讲，中美关系是全局性的，随着中国实力进一步增强，美国在其他利益攸关的地区，比如中东与欧洲等也需要中国的配合。那么作为事关中国核心利益的中国周边地区，美国逐渐更加尊重中国的合理诉求将是一个必然的趋势。

另一方面，要树立规矩，在核心利益上坚持底线原则，让周边国家明确攸关中国核心利益的底线在哪。这也是和周边国家逐步建立互信、避免误判的重要基础。由于中国和周边国家的关系处于一个重大的调整期，不排除某些周边国家出于政策误判，并在美国的纵容下踩到中国的底线。在这种情况下，中国为了树立规矩和更好地建立互信，会不惜牺牲自身的某些利益果断采取措施，这包括经济制裁。

第三，由于中国周边四个次区域情况差距很大，而且周边邻国又众多，中国不仅力量上难以"四处出击"，而且道义上也需要得到国际和周边的支持，因此中国也很有可能在周边每个次区域选择一到数个十分友好的国家作为（互为）"战略支点"，和这些"战略支点"一起共同经营周边，以真正能实现"共赢"。在这一过程中，尽管中国仍然会坚持"不结盟"战略，但是会客观上把周边国家分为"亲疏远近"，会选择更"亲"和更"近"的周边国家重点发展关系，首先实现共赢。然后带动有些"疏"和"远"的国家最终实现中国周边的整体稳定与繁荣。

第四，随着中国周边外交的持续推进以及中国实力的持续增长，某些邻国过去实际上所推行的"经济上靠中国、政治安全上靠美国"的空间会越来越小。未来十年左右，这些国家会在心理上经历一个转折期，客观的利益考虑，会使得这些周边国家在政治安全领域慢慢地向中国更多的靠近，最终和中国建立与经济和人文利益相联系的紧密的政治安全利益。这样一来，中国周边的相关热点问题会逐步得到解决，亚洲地区会迎来一个大发展、大稳定的时期。

第三节 对构建中国周边外交战略的几点思考

周边外交战略对于任何国家的总体外交战略都至关重要，对于作为正在崛起中的"发展中大国"，也将在相当长的时期内仍属于地区大国的中国来说更是如此。如果中国"开门"就吵架，还谈何走向世界？周边频繁的"有事"尽管有结构性矛盾在内，但某种程度上也反映了我们目前缺乏科学的周边战略，"战术层面的艰苦努力已无法弥补战略层面的缺陷或不足"[①]。从未来来看，构建科学的中国周边外交战略需要从以下方面入手。

一 战略目标的选择

战略目标是一段时期内国家在国际社会中为维护国家利益而要达到的全局性结果，但不一定是最终结果[②]。中国周边外交战略的目标是周边战略行动所要达到的预期结果，是制定和实施中国周边战略的出发点和归宿点。战略目标建构要根据客观的战略环境，并与国家的总体目标相适应。

就中国周边战略而言，在短期内很难使周边国家高度认同中国的价值观以及完全信服中国的和平崛起，其最低目标要努力从周边战略环境的压力中"突围"，降低包括美国在内的周边国家给中国施加的战略压力；短期内的最高目标则是在"突围"战略压力的基础上，一旦中美发生争执，周边国家保持中立；中长期目标也就是中国的总体目标，即实现中华民族的伟大复兴，也即中国的和平崛起。据此，中长期中国周边战略的最低目标，就是成为亚洲地区被周边国家从价值观等层面真正认同的地区大国，同时在国际社会中也具有包括价值观在内的广泛的号召力；最高目标则是成为被国际社会从价值观等层面真正认同的世界大国。

二 战略手段的运用

要实现战略目标，就要有相应的战略手段。所谓战略手段是指导战略全局的手段和指导具体行动的纲领[③]。中国周边外交战略建构在具体操作上可分为政治手段、经济手段、外交手段等。中国面临的战略压力

[①] 冯维江：《给东北亚一个"暖源"——从中国周边战略角度的审视》，《世界知识》2011年第3期。

[②] 周丕启：《国家大战略：目标与途径》，《现代国际关系》2006年第10期。

[③] 钮先忠：《战略研究》，广西师范大学出版社2003年版。

主要源于周边国家担心所谓的超大规模的中国越来越增长的实力、"战略不透明"以及所谓的越来越自信（甚至被某些周边国家称为"进攻性"）的外交行为。从这三点看，主观上中国的发展不会减弱或停滞，客观上内需的扩大与发展模式的升级，中国国家实力会进一步增长。网络与手机等现代通信媒体的便捷，以及政策层面推动各种"白皮书"的发布，中国的战略透明度已实现较大提高。中国所谓"进攻性"的外交行为除了部分源于中国实力的自然延伸外，很大程度上源于外界对于中国为维护国家利益开展正常外交的误解。

由此可见，如果从实现"战略压力突围"这一目标上看，中国在政治手段上一方面要进一步提高开放度和透明度，另一方面要继续保持政治上的低姿态，对于周边重大或敏感问题，特别是有争议的领土纠纷"维持现状，共同开发"，避免刺激周边国家。但要实现其他三个目标，特别是要成为亚洲地区乃至国际社会中在价值观等层面真正被认同的地区大国和世界大国，在政治手段上就不能仅仅保持低姿态。也就是说，不管中国在政治上保持多低的姿态，只要中国实力在发展，周边国家的这种恐惧以及突出防范的一面就不可能自动消失。与此同时，由于中国海外利益的扩展，相应的保障机制也理应跟上，这些也会加大周边国家的担心。为了减少周边国家的担心，中国作为该地区乃至国际社会中一个在诸多指标上领先的大国，理应承担较多的地区与国际义务。这些都需要中国奉行负责任的、积极进取的大国姿态。不仅在联合国、地区的重要的机制等场合积极为中小国家敢于直言、伸张正义、主持公道，而且也需要中国切实在重大与敏感的问题上以建设性的角色积极介入，放大在周边国家心目中的可信度。

在经济手段上，既要扩大与周边国家的共同经济利益，也要打消一些周边国家"经济上靠中国、安全上对付中国"，甚至"以安全威胁'要挟'经济收益"的幻想。经济环境是中国周边环境诸多因素中较为有利的一个因素，可以控制分歧、塑造共识。但如果使用不当，有时也成了中国周边战略手段中的一个软肋。不能不说，周边某些国家在敏感问题上敢于一再挑衅中国，与捏准了中国会为了经济发展不会轻易动武有关。从经济手段上讲，扩大与对方的利益基础是一个选项，捏住对方的战略痛处也是一个选项。欧美对付对手多采取经济制裁，即使没有使

第八章 十八大以来中国周边外交：与大国外交同样重要

制裁对象国经济崩溃，但也在某种程度上削弱了对方实力。更为关键的是，透过此举向其他国家发出了"底线"信号，这又是双方建立信任关系的必然步骤。

在外交手段上要根据客观现实情况更为多样化，双边与多边相结合。后冷战初期，中国在周边地区已经参与多边外交，但态度并不积极，主要为了表明中国是该地区重要事务解决的不可或缺的参与者之一。一方面，当时中国的社会主义现代化建设仍然处于起步、上升阶段，经济实力较差，说话分量有限，"虽然有不少产品的产量在世界位居第一，但中国和美、欧、日等发达工业国家还存在巨大差距"[1]，因此邓小平指出要"少管别人的事"[2]。另一方面，1989年"六·四风波"后，中国面临着西方普遍的经济制裁，自身的社会主义制度也受到严重挑战。当时中国担心这些多边机制受到美日操纵，并继而联合其他国家共同施压中国，因此参与多边时比较谨慎[3]。

但是今天的情况已经发生了很大变化。一方面，在地区性问题越来越突出的今天，诸如气候问题的非传统安全合作、东南亚金融危机、湄公河的海盗事件等，受到威胁的往往是该地区多个国家，多边对话越来越成为周边各国间相互协调、解决问题的舞台。这种情况下，中国传统上所偏爱和擅长的双边对话就很难产生较好效果。中国要想在这些问题上维护本国利益，非得参与到多边管理进程中不可。另一方面，也应看到，通过几十年国家实力的发展，以及外交手段的逐渐娴熟，中国在多边舞台中也逐渐变得"长袖善舞"，张弛有度。朝核问题六方会谈也证明了中国参与多边管理从一个"不得不"的选项，变成了一个有能力维护本国利益的"较优"选项。再比如，在西部，通过上海合作组织多边对话与多边管理，"三股势力"得到很大的控制；在南海问题上，通过多边对话于2002年与2011年达成的《南海各方行为宣言》与"宣言"落实，在某种程度上降低了地区紧张局势，进一步塑造了各方共识。但也必须看到，尽管中国已经几乎加入到所有重要的国际与地区

---

[1] 杨成绪：《韬光养晦 有所作为——邓小平外交思想浅议》，《光明日报》2004年8月9日。
[2] 《邓小平文选》（第3卷），人民出版社1993年版，第358页。
[3] 秦亚青：《多边主义：理论与方法》，《世界经济与政治》2001年第10期。

机制，开始广泛地参与多边对话，并取得了积极成果，但普遍来看，中国的主导能力与主动性较弱，参与质量有较大进步空间。在这方面，十八大以来，"一带一路"倡议的推出和亚洲基础设施投资银行的成立有重要的标志性意义。

在外交手段上中国也要更为旗帜鲜明地表达立场，多在周边赢得真正的朋友，扩大"朋友圈"，对于故意阻拦中国发展的国家也要发出明确的信号。以和平共处五项原则为基础的中国外交是不树敌的外交，具有强烈的道义基础，为中国赢得了很多主动性和很多朋友。但同时也要意识到，由于国家间文化、价值观等不同，特别是国家间利益不同，中国不可能得到国际社会所有国家的喜欢。因此，中国可以以"不树敌"为外交的出发点，但如果以"使所有国家都成为中国的朋友"为出发点既不现实，也容易失去真正的朋友。中国要赢得发展所需的真正朋友要靠旗帜鲜明的立场与决心，放大对方心目中的可信赖度。

三 战略能力的提升

战略能力是战略手段的保障，以国家综合国力为后盾，军事力量为核心，在发展经济和科学技术的基础上，根据战略目标和战略环境的具体要求，确定其建设的规模、发展方向和重点，并与国家的总体力量协调发展。

为了提升战略能力，要突出重点领域、加强对重点问题的集中攻关。中国要强化周边外交战略攸关中华民族前途命运的观念，在具体外交运作上应把外交重点从普遍的重视第三世界转到更加重视周边地区，把对全球事务的普遍参与转到对周边事务的重点参与。"对于一个经济上还不发达、现代外交经验相对欠缺的大国来说，经营好周边是一项务实的考虑。"[①] 这和十八大以来中国的外交方向也是一致的。

为了提升战略能力，在组织建设上，一方面，鉴于周边外交的重要性与所面临的压力，应统筹整个周边地区的外交，整合周边外交的资

---

① 钟飞腾：《"周边"概念与中国的对外战略》，《外交评论》2011年第4期；熊冲新：《从中国传统文化的视角看中国与周边国家的睦邻友好政策》，《国际政治研究》2004年第2期。

源，形成一股合力。另一方面，在外交日益科学化、专业化、技术化的背景下，应切实加强相关的智库建设。从目前国内的研究情况来看，最优秀的研究人员多集中于对美国等大国问题的研究，就连印度、越南这样有影响的国家其研究力量与这些国家对于中国外交的重要性也远不匹配，有的规模小但地缘位置重要的周边小国甚至缺乏专门的研究人员。

中国周边战略能力的提升在实力建设上需要"软""硬"结合。"硬实力的增强可以为软实力的提升提供基础，软实力的提升又会反过来帮助硬实力的扩展。"[①] 中国改革开放以来的经历就是一个很好的例证。一方面要加强软实力建设。软实力是美国学者约瑟夫·奈于1991年首先提出的概念。针对传统的硬实力，他指出"在国际政治中规定导向，建立环境，使人随我欲，即软实力"[②]。软实力的核心是文化，而且主要是文化中的核心即价值观[③]。对于中国周边外交战略，要加强政治价值观的"软实力"建设，多强调防御性的文化属性，为和周边国家塑造共识创造更好的氛围。同时，要利用儒家文化圈的影响，增强对中国价值观的认同。在国内的大众文化上也要引导理性的大众舆论。

"硬"的一面也即有形的一面，需要增强实力、扩大行动能力，多为周边国家提供公共产品等。切勿为了加强"软实力"建设，特别是为了消释周边国家对华"畏惧"的战略压力而自废武功，停止硬实力的建设。国家之间的竞争说到底仍然是国家实力的综合竞争，在无政府状态的国际社会中，军事力量始终是构成国家综合实力最核心的要素之一[④]。一个国家军事实力的水平与"软实力"的影响一起，共同构成了一个国家真正成为世界大国，甚至是超级大国的"双翼"。从长期来看，前者又是后者的前提。比如美国文化的很多因素在欧洲早就已经存在，但是之所以美国文化在当今世界的影响最大，与美国超强的军事实

[①] 俞新天：《软实力建设与中国对外战略》，《国际问题研究》2008年第2期。
[②] ［美］约瑟夫·奈：《美国定能领导世界吗》，军事译文出版社1992年版，第25页。
[③] 俞新天：《软实力建设与中国对外战略》，《国际问题研究》2008年第2期。
[④] 以中国发展航母为例，尽管很多周边国家表示担忧，美日等国也施加很多战略压力，但试想一旦中国的航母是一个可以投入实战的战斗群，尽管和美国的航母实力仍然差距巨大，但有以逸待劳地理优势的"抵消"，完全可能会以"不对称"但也"不悬殊"的实力迫使美国妥协，并从该地区撤回。

力有关。同样，苏联的很多文学与歌曲之所以当时在中国以及东欧国家深受欢迎与苏联当时的军事影响也同样密不可分。中国要想建设一流的软实力，必须建设一流的硬实力。也唯有如此才能改善战略环境、实现战略目标。

第四节　小结

中国绝非想恢复历史上的"宗藩"关系，也不会主动推动这一局面发生。互相平等、互相尊重、不干涉内政、平等互利、和平共处五项原则被中国视为外交上的巨大遗产，这也应该是中国发展与周边国家关系时要尊重的原则。中国作为该地区规模最大的国家，在推动地区共同发展上理应承担更大责任。过去中国是心有余而力不足，最近几年中国实现了大发展，国际地位迅速上升，理应给周边国家提供更多的公共产品。周边国家的稳定与繁荣最终也会让中国受益。这也是十八大以来中国前所未有地重视周边，主动提出"一带一路"倡议、亚洲基础设施投资银行建设等的主要背景。本质上讲，从中国与周边国家的关系上来看，中国既不存在与邻国争取生存空间与扩张的贪欲，也不存在种族优越感的民族主义情绪，经济发展所需的资源也都是通过市场经济全球配置的"双赢"实现的。因此，周边国家对中国更积极推动周边外交的目的完全不必要紧张。如果中国更积极地落实新的周边战略，如果周边国家也和中国一起共同推动亚洲的繁荣与发展，就可以实现中华民族复兴与周边国家共赢。

作为一个晚近的新兴民族国家，很长一段时期内，安全威胁迫在眉睫、生存问题难以保障，中国的主要精力在于化解当时亟须解决的生存问题。而在今天综合国力长足发展，生存威胁基本消失，外交对于国家命运与国内政治同等重要的背景下，中国的确到了应该谋划外交战略建构的时候了。其中，作为最重要一环的周边外交战略建构，更是迫在眉睫。从长期来看，一个国家的外交重要的不是压过某一个浪头，而是要运用战略在竞争中最关键的时刻争取领先优势，周边外交战略更是如此，否则，中国外交将疲于危机处理，处处陷入被动。

第三部分

从当代外交实践看中国角色

第九章 中国与发展中国家的关系：角色同质与异化

不仅中国周边国家中绝大多数均属于发展中国家，而且发展中国家是国际社会中国家数量、国土面积与人口总量最大的群体，在世界经济和国际局势发展上呈现出越来越重要的趋势，中国历代领导人都高度重视中国与发展中国家的关系。本章主要通过分析中国与发展中国家的关系，来分析中国角色的延续与发展。

第一节　中国高度重视与发展中国家的关系

联合国成员国中有150多个国家属于发展中国家。在二十国集团中，除了传统发达七国与韩国、澳大利亚，以及欧盟作为一个整体外，发展中国家占到了"半壁江山"（10个），分别是有国际影响力的发展中大国，也即有着"金砖国家"之称的中国、印度、巴西、俄罗斯、南非，以及有着重要地区影响力（基本成了地区代表）的发展中国家：印尼、阿根廷、墨西哥、土耳其、沙特阿拉伯。而在人口过亿的10个国家中，除了美国、日本外都是发展中国家，包括中国、印度、印尼、巴西、巴基斯坦、俄罗斯、孟加拉国、尼日利亚。在国土面积排名前十的国家中，除了加拿大、美国、澳大利亚外，也都是发展中国家，包括俄罗斯、中国、巴西、印度、阿根廷、哈萨克斯坦、苏丹。在国民生产总值上，1990年，发展中国家占全球GDP不到23%，而到了2010年，增长到了31%。同期西方主要发达国家占全球GDP的比重从1990年的63%，降低到2010年的不到53%。而发展中国家占主要发达国家GDP

的比重也由 1990 年的 36%，增长到 2010 年的 60%[①]。

　　无论是在中国的经济发展和地缘利益维护、还是实现民族复兴上，发展中国家都具有重要意义。在 1971 年第 26 届联合国大会为恢复中国在联合国安理会的合法席位而通过的 2758 号决议中，支持者主要是发展中国家。所以当时毛泽东曾说，"不要忘了，是非洲的穷朋友们把我们抬进联合国的"。21 世纪以来，发展中国家之于中国的重要性有增无减，中国在国际社会与西方斗争的主要支持者往往还是发展中国家。比如，在 2001 年联合国人权委员会第 57 届会议上，中国第 10 次挫败西方一些国家的反华议案，支持中国的 23 票中，发展中国家占到 22 票。

　　正因为此，自 1949 年以来，发展中国家在中国外交上一直占有极为重要的地位。毛泽东早在 1946 年会见美国记者斯特朗时就指出："美国和苏联中间隔着极其辽阔的中间地带……美国反动派在没有压服这些国家之前，是谈不到进攻苏联的"[②]，强调了广大发展中国家对于抵抗帝国主义的战略意义。改革开放后，邓小平指出，"中国现在属于第三世界，将来发展起来，仍然属于第三世界"[③]，明确把与发展中国家的关系定位为中国外交的基本立足点[④]。江泽民与胡锦涛时期也高度重视与发展中国家的关系，中国外长自 1990 年到 2010 年连续 20 年年初的首访地都是非洲[⑤]。2013 年，习近平就任中国新一代领导人后的首次出访也选择在俄罗斯、坦桑尼亚、南非、刚果等国家。

[①] 国际货币基金组织（IMF），World Economic Outlook Database（http://www.imf.org/external/pubs/ft/weo/2009/02/weodata/weorept.aspx?sy=1990&ey=2010&scsm=1&ssd=1&sort=country&ds=.&br=1&c=001%2C119%2C200&s=NGDPD&grp=1&a=1&pr.x=34&pr.y=6）。

[②] 《毛泽东外交文选》，中央文献出版社、世界知识出版社 1994 年版，第 59 页。

[③] 《实现四化，永不称霸》，《邓小平同志会见马达加斯加民主共和国政府经济贸易代表团时的谈话》，1957 年 5 月 7 日，南开大学网（http://www.nankai.net.cn/nkweb1/XWLM/jndxp100/news15.htm）。

[④] 刘中民：《中国对发展中国家和平外交六十年》，《中国战略观察》2009 年 12 期。

[⑤] 《中国外长连续二十年于年初首访非洲》，2010 年 1 月 5 日，中国新闻网（http://www.chinanews.com.cn/gn/news/2010/01-05/2055427.shtml）。

第二节　中国对发展中国家的战略变迁

作为总体外交战略的一部分，中国对发展中国家的战略事实上就存在并服务于中国的总体外交战略之中。自1949年至"三个世界"提出，与发展中国家的关系便居于中国外交的重中之重，主要目的在于维护新生政权的安全。一方面，作为屹立于东方、并居于地区主导地位数千年的东方大国，中国的独立性根植于国民性，新中国成立初期选择向苏联"一边倒"尽管有意识形态的同质性在内，但最重要的因素仍然在于"借力"抗衡支持蒋介石集团的美国。"联苏抗美"高度实用主义的工具性和根植于大国历史记忆的独立性，与苏联的"老子心态""大哥心态"是存在本质冲突的。因此，短暂的蜜月期后，中苏分裂就只是时间问题了。

此时，中美关系仍然处于严重对立的状态。1960年时任美国总统的艾森豪威尔甚至亲自访问中国台湾，中国遭受美苏两大集团的封锁与孤立，政权安全危机感的空前巨大是可想而知的。因此，这一时期发展中国家能成为中国外交的最重要对象，根本动因就在于要服务于维护政权安全这一中国当时最高的战略目标。为此，中国即便是因"文化大革命"陷于内乱和经济建设陷入危机，也仍然不惜代价与发展中国家维持友好关系，比如坚持向一些非洲国家提供相当规模的援助，包括建设坦赞铁路，派出农业、轻工业和医疗专家等援助阿尔巴尼亚，等等。在外交指导方针上，毛泽东相继提出"一条线、一大片""三个世界"等。这些战略布局为中国外交开辟了前所未有的空间，涉足了亚非会议等新兴国际多边场合和机制，得到了一大批亚非拉发展中国家的承认。

另一方面，中国当时的外交战略布局确实也有实现的条件。面对西方强权和二战后已经成型的国际体系，中国与大部分发展中国家面临的挑战是类似的，希望改变弱势地位的要求也是类似的[1]。在参加亚非会议期间，周恩来在补充讲话中特别提出："亚非绝大多数国家和人民自

---

[1] 赵干城：《从老朋友到新伙伴：中国与发展中国家关系评析》，载俞新天主编《国际体系中的中国角色》，中国大百科全书出版社2008年版。

近代以来都曾经受过、并且现在仍然受着殖民主义所造成的灾难和痛苦……从解除殖民主义痛苦和灾难中找共同基础，我们就很容易相互了解和尊重、互相同情和支持。"① 基于此，中国在身份定位上明确将自己归于发展中国家（第三世界）立刻得到广大亚非拉国家的响应。1971年10月，联合国大会以压倒性多数通过以阿尔巴尼亚等23国为首的提案，恢复中国的席位，这可以说是第一代领导人成功利用与发展中国家的外交，实现总体外交战略的经典案例。所以，毛泽东当时说"不要忘了，是非洲的穷朋友们把我们抬进联合国的"确实生动反映了中国与发展中国家在这一时期的战略互动。至此，以1971年尼克松访华为标志，维护新生政权安全的战略目标基本实现。而随着中美关系的改善，中国与某些发展中国家的友谊——比如与阿尔巴尼亚——渐渐变冷，既有双方意识形态上的分歧，也与中国当时战略环境的改变以及随之而来的首要战略目标的悄悄调整不无关系。

诚然，在这一时期，中国对发展中国家的外交有时也有悖于整体外交战略。特别是在1964年后的几年里，中苏对立和中美在越南战争中的对垒使中国陷于"两面开弓"的极端不利的国际环境。这时，中国并没有在战略上巩固并依托与发展中国家的关系。频繁的"外部刺激"加剧了中国领导人的危机感，从而做出了全面挑战国际秩序的"过度反应"。在此期间，中国不仅卷入同美苏的军事冲突，而且提出"支持各国民主运动，打倒各国反动派"等具有强烈意识形态的外交主张而遭到部分亚非国家的反对和疏远，在国际上陷于孤立的境地。"珍宝岛事件"后，毛泽东曾无奈地说："我们现在孤立了，没人理我们了。"② 可喜的是，中国领导人迅速调整政策，改善对美关系，并大力调整与发展中国家的关系，很快扭转了这一局面。

到了邓小平时代，虽然因为经济发展需要，中国提升了与发达国家

---

① 《周恩来外交文选》，中央文献出版社1990年版，第120—121页。
② 谢益显主编：《中国当代外交史（1949—2001）》，中国青年出版社2002年版，第251—261页；章百家：《通向缓和的崎岖之路——变动的国际环境与中国对美政策（1954—1971）》，参见姜长斌、罗伯特·罗斯主编《从对峙走向缓和——冷战时期中美关系再探讨》，世界知识出版社2000年版，第442页；王永钦：《1966—1976年中美苏关系纪事》，《当代中国史研究》1997年第4期。

的关系,但是邓小平并没有冷落与发展中国家的关系,而是明确将其视为中国外交的基本立足点[①]。20世纪80年代中期,邓小平在会见外宾时指出:"国际上有两大问题非常突出,一个是和平问题,一个是南北问题。"[②] 中国迫切需要"全力以赴地进行经济建设"。中国的对外政策"是要寻求一个和平的环境来实现四个现代化"[③]。为此,就需要下大力气与当时国际体系中居主导地位的发达国家改善关系[④]。再者,中国经济建设所需的资金、技术、管理经验乃至外贸的主要市场,主要来自于西方发达国家。不得不承认,随着国家战略重心的调整,中国在这一时期与一些发达国家关系在某些层面上的确超出了与发展中国家关系的重要性。为服务于经济发展,在与发展中国家关系上,也逐渐改变了过去为政治利益而牺牲经济利益的原则,比如"从1983年开始,中国对发展中国家的无偿援助开始减少"[⑤]。

与此同时,邓小平指出:"中国的对外政策,到80年代,实际上到90年代,甚至到21世纪,主要是两句话,一句话是反对霸权主义,维护世界和平。另一句话是中国永远属于第三世界。中国现在属于第三世界,将来发展起来,仍然属于第三世界。"这两者是相互关联的。反霸主要服务于"维护经济发展所需的和平环境",而发展中国家作为国际体系中重要的组成部分,事实上构成了中国反霸的主要诉求者与重要依托。对于发展中国家来说,其一,中国作为"块头"最大的发展中国家,在与美国关系改善以及实力增强的情况下,仍然坚定支持提升发展中国家在国际体系中的地位,对于处于体系底层的广大发展中国家来说,是具有强大的感召力的。这也是80年代许多发展中国家希望中国当头的主要原因,也是今天在某些重大国际事务上中国有时"被"作为发展中国家代表的历史积淀。

[①] 刘中民:《中国对发展中国家和平外交六十年》,《中国战略观察》2009年12期。
[②] 《邓小平文选》(第3卷),人民出版社1993年版,第96页。
[③] 《邓小平文选》(第2卷),人民出版社1994年版,第241页。
[④] 随着与美国关系的改善,与发达大国斗争的一面也有所弱化。再者,发展中国家在世界上的总体地位也呈下降趋势。赵干城:《改革开放与中国对发展中国家关系的调整》,《国际问题研究》2008年第6期。
[⑤] 刘中民:《中国对发展中国家和平外交六十年》,《中国战略观察》2009年12期。

其二，中国加大对发展中国家支持的同时，表示"决不当头"，虽然在表面上看并没有满足一些发展中国希望中国"出头"的期待，但是从长远来看增强了发展中国家对中国的信任感，并为彼此关系的发展提供了弹性空间。同时，在处理与发达国家的关系上，留下的弹性空间同样是充足与良性的。因此，这一时期尽管中国因改革开放在意识形态上与一些发展中国家出现了明显的游离，而与发达国家出现了靠近，但是与发展中国家的"相互信任"与"相互支持"并没有改变乃至震荡，两者的身份认同与利益同构事实上出现了加强的态势。比如，在反映发展中国家利益的联合国大会投票中，中国与发展中国家一致率从1971至1976年的58.5%上升到1984至1987年的84.5%[1]。这不能不说是中国领导人这一外交布局上成功的最好体现。

进入江泽民与胡锦涛时期，在与发展中国家关系上，一方面坚持邓小平时期的政策，主要为国家安全与经济发展服务。比如中国倡议设立"上海合作组织"和积极推动召开"六方会谈"除了维护国家安全和拓展中国外交的目的外，实际上也与中国的西部大开发战略和东北振兴战略密切关联，可以说，这两项外交布局实质上就是服务于国家的两大发展战略，或者说，是国家发展战略这一最高内政在外交领域的延续。1993年中国首次成为能源进口国，安全开发和运送西部能源成为当务之急，而从俄罗斯、哈萨克斯坦等中亚国家进口石油，需要投入巨资铺设管道。为确保石油管道和西气东输的安全，1996年中国倡议成立了以打击"分裂主义、极端主义、恐怖主义"三股势力为要旨的"上海五国"，2000年中央提出发展中西部地区社会经济的"西部大开发"计划，2001年6月"上海合作组织"正式成立，打击三股势力依然是其核心宗旨。同样，从时间的序列上，我们完全可以找到对"六方会谈"与东北振兴战略之间关联性的合乎逻辑的解读[2]。在这一时期，出于同样考虑，中国与发展中国家区域组织的关系也得到迅速而全面的发展。除了上述的上海合作组织外，中国作为首个非东盟国家加入《东

---

[1] K S. Boulder, *China and the World New Directions in the Chinese Foreign Relations*, Westview Press, 1989, pp. 153 – 154.

[2] 肖佳灵：《当代中国外交研究"中国化"：问题与思考》，《国际观察》2008年第2期。

南亚友好合作条约》，积极参加"东盟—中国"（10+1）和"东盟—中日韩"（10+3）对话、成立中非合作论坛和中阿合作论坛，等等。

另一方面，在与发达国家的关系、特别是对美关系定位为中国外交重中之重的同时，与发展中国家的关系有明显提升之势，旨在实现中华民族的复兴目标。承继邓小平的改革开放政策，中国与西方国际体系的关系进一步深化，相互依赖进一步加强。同时，基于实力原则与现实主义理论，这一时期，最有能力和意愿影响中国核心利益的要数西方发达国家，特别是美国。因此，中国明确将"对美关系"视为中国外交的重中之重，确实合理回应了中国战略环境的根本需求。与此同时，自1990年至2010年，中国外长每年都把新年的第一次出访选在非洲。2006年和2008年中国政府分别首次发布了《中国对非洲政策文件》和《中国对拉丁美洲和加勒比政策文件》，从战略上重视和规划与发展中国家的关系。2010年中国把驻巴西大使的级别从局级调整为副部级[1]。这些都可以看到在新时期中国对提升与发展中国家关系的战略规划。由此可见，如果说在毛泽东时代，中国外交更加重视发展中国家，邓小平时代中国外交有所偏向发达国家的话，那么到了江泽民与胡锦涛时期中国真正开始考虑同等重视发达国家与发展中国家。

十八大以来，以习近平总书记为核心的中国新一届领导集体更加重视与发展中国家的关系。习近平主席不仅屡屡出访发展中国家，而且针对与发展中国家的关系也有很多真知灼见。2015年9月26日，习近平主席在纽约联合国总部出席并主持由中国和联合国共同举办的南南合作圆桌会议时，同广大发展中国家领导人和国际组织负责人总结南南合作经验、共商合作发展大计。习近平在讲话中指出，1974年邓小平先生在联大会议发言中指出，中国是一个发展中国家，中国属于第三世界。40多年过去了，中国虽然取得了巨大发展成就，但仍然是发展中国家，对南南合作仍然重视如初。习近平宣布，为帮助发展中国家发展经济、改善民生，未来5年中国将向发展中国家提供"6个100"项目支持，包括100个减贫项目，100个农业合作项目，100个促贸援助项目，100

---

[1] 此前只有驻美国、日本、俄罗斯、朝鲜为数极少的几个最发达国家或者传统盟友国家使馆的大使是副部级。

个生态保护和应对气候变化项目，100所医院和诊所，100所学校和职业培训中心。未来5年，中国将向发展中国家提供12万个来华培训和15万个奖学金名额，为发展中国家培养50万名职业技术人员。中国将设立南南合作与发展学院，并向世界卫生组织提供200万美元的现汇援助[1]。

第三节　中国角色的挑战与选择

1949年后中国领导人根据国家发展的战略目标以及外交战略的总体布局，始终采取高度务实的精神，将与发展中国家的关系视为中国外交的重要组成部分。相对于毛泽东时期偏重于与发展中国家的关系，邓小平时期偏重于与发达国家的关系；如果说在江泽民和胡锦涛时期开始初步显现出同等重视与发展中国家关系和与发达国家关系的话，那么以习近平为核心的中国新一代领导人切切实实把两者放到了同等重要的位置上，这从"一带一路"倡议、亚洲基础设施投资银行建设、前所未有地重视中国周边外交等，都可以看出来。

当然，不可否认，由于历史因素、发展阶段以及地缘环境等因素，中国与发展中国家关系上也仍然存在诸多问题。但是鉴于中国的首要国家利益是要稳妥的实现可持续和经久的民族复兴，而发展中国家迫切需要在"和平与发展"的时代背景下抓住机遇通过经济发展提升国际地位和掌握更多话语权，因此，跳出具体的细枝末节，从战略高度去审视，所谓"和则两利，斗则两伤"的古老智慧在指导当前中国与发展中国家关系时就具有特别重要的意义了。而且，通过中国与发展中国家的密切合作而实现双赢在"八国集团"与"五国集团"的对话以及G20集团对话等也都能初步体现出来。

综上，尽管毛泽东时代曾积极谋求"塑造国际体系"，邓小平也提出了"建立国际经济政治新秩序"的目标，但对比半个多世纪中国领导人的战略目标，毛泽东与邓小平主要在于应对来自外部对主权安全的威胁以适应国际体系，到了江泽民与胡锦涛时期，特别是十八大以来，

---

[1]《习近平出席联合国发展峰会并发表重要讲话》，《人民日报》2015年9月27日。

中国才真正开始积极塑造国际体系。从应对外界的挑战到主动塑造有利于民族复兴的环境，中国的战略目标事实上提升了，角色面临的挑战也相应增大，这其中最大的挑战在于周边发展中国家主动引入美国以"围堵中国崛起"为目标结成的联盟。

从历史上看，在平衡与应对周边"超级"大国的大块头上，很少有国家仅仅把赌注压在武装自己身上，或压在获得遥远伙伴的支持上，往往是将两者结合起来，因此，中国对周边某些发展中国家的做法应给予合理性的理解，并寻找切实的办法进行消释。随着中国以 GDP 和军费开支为代表的指标的节节攀升，以及以奥运会与大型国际会议（G20峰会）成功举办等为代表的大国符号的成功释放，无论中国在战略手段和举措上多么显示善意，根植于维护国家利益的自然反应，中国周边的这些发展中国家很可能会不同程度地继续增强与美国的关系。针对美国与中国周边国家的以"遏制"中国崛起为明显目的的各种联合，如果中国视而不见，有可能刺激这些国家得寸进尺，误判中国维护国家利益的决心与意志；而如果强硬应对与迎头相撞，又有可能会恶化中国的发展环境，并大量消耗刚刚积累起来的资源，迟滞中国实现民族复兴的步伐。由此可见，如何处理与周边发展中国家的关系，特别是应对其与美国以"围堵中国崛起"为目的的联合，已经构成了中国实现民族复兴进程中的结构性矛盾，也是中国领导人接下来关键的数十年内面对的最为困难的外交命题之一[1]。

这一挑战也证明了中国的可持续发展与民族复兴在很大程度上要依赖于特定的环境，需要在战略手段上对外交进行复杂的管理方可实现。大体上讲，由于中国实力之不及，忽视周边发展中国家和美国的联合，进行强制性崛起并不可能。由于政治制度与文化等巨大差异，跟着美国走也注定行不通。由于失去了美苏两极的冷战环境，实行均势的平衡政策也不可取。同时，由于改革开放政策，加上全球化的深化，中国与包括周边发展中国家在内的外部世界的利益关联也达到了历史上从未有过

---

[1] 中国政府 2002 年在十六大上根据美国"9·11"后的中心转向反恐曾提出 20 年战略机遇期。但目前来看，不仅战略机遇期的时间起点由于外部因素引起，而且所能持续的时间段也由外界因素给限定。从美国与周边国家在围堵中国这一议题上的合流开始，预示着中国的战略机遇期已经变成了中国的战略突围期。

的高度，采取孤立主义政策显然也不可取。

总体上，中国应该认识到当前角色面临的挑战属于大国崛起过程中正常的情况，况且历史上强大的中国与周边许多国家的关系也是变化不定的，我们仍然需要怀有善意并持之以恒地坚持与贯彻冷战后确立的战略手段：与其他国家、特别是大国与邻国广泛建立各种形式的伙伴关系，避免当前已初露端倪的美国与中国邻国的联合变成制度性的安排，同时竭力避免中国与其开始出现的矛盾形成结构性的"死结"。

第四节　小结

从本章分析可见，新时期发展中国家对于中国实现两个百年目标的重要性不是减小了，而是增大了。一方面，实力增长带来的外交能力增强，主动塑造与发展中国家关系的能力也在增强；另一方面，中国角色由过去贫穷落后发展到日益富强，其他发展中国家观察中国的态度也发生了一些变化。总体上看，会更加敏感、期待更高。

与此同时，中国与发达国家的关系也出现了变化。利益的更加互相交融，使得中国更难以以发展中国家"带头人"来与其分庭抗礼。在某些方面，中国与发达国家利益关系的紧密程度甚至超过中国与发展中国家，在这种情况下，如何处理三者之间的关系，对于新时期中国的国际角色而言无疑仍然是一个巨大挑战。

第十章 "金砖国家"机制化与中国角色：带倾向性的多边合作

冷战结束后，国际格局发生了重大变化，其中最大的变化之一就是同属新兴经济体的一批发展中国家同时迅速崛起，这其中被称为"金砖国家"的中俄印巴南非最具有代表性。"2004—2014 年，金砖国家对全球经济增长的贡献高达 50%，占全球贸易 17%。"[①] 五国的崛起与合作也整体提高了发展中国家的地位，西方发达国家也从开始的忽视到今天不得不在一些事关全球问题、特别是发展中国家利益的重大问题上做出调整与让步。五国的崛起与合作对国际格局、乃至整个冷战后的国际关系的影响仍在持续当中。那么，促使五国走向合作的根本动因是什么，这些动因未来是否会减弱甚至消失，进一步合作需要注意哪些问题，这些都需要给予客观回答。有鉴于此，本章就以"金砖国家"的机制化与其中的中国角色为切入点进行考察，并尝试以"带倾向性的多边合作"这一基本概念对其加以总结概括。下面将结合具体案例对这一概念加以详细阐述。

第一节 中心议题与分析背景

为了更好地理解"金砖国家"机制化的前景以及其中的中国角色，梳理和总结五国合作的特点是很有必要的。作为差异明显而且又是国际社会中近年来蓬勃发展的五个新兴发展中大国走向更紧密

[①] 张忠祥：《21 世纪以来的金砖国家与非洲——兼论中国的战略选择》，《人民论坛·学术前沿》2014 年第 15 期。

的多边合作，背后的动因也较为庞杂。如果我们只是简单地罗列这些动因，就无法抓住本质。因此，本章提出"带倾向性"的课题。所谓带倾向性，指的是五国在走向合作时的主要动力，反映的是外交优先选项。

而要分析五国的合作，就不能不考虑所处的时代背景。冷战后的国际格局发生了巨大变化。首先，苏联的解体使得美国的超级大国地位进一步相对上升，比如，美国及其北约盟友绕开联合国相继进行了科索沃战争、伊拉克战争、阿富汗战争等。这些事件发生后，美国的蛮横无理不仅得不到应有的国际制约，反而事态的后续发展也往往在其主导下推进。

其次，全球化的深入发展，以相互依赖为特点的地球村在人类历史上首次形成。同时，超越一国国境的地区和全球性问题凸显，人类命运更为休戚相关。"共同管理"世界成了人类不得不面对的选择。在诸如应对全球环境恶化、防止核武器扩散、减轻贫困等问题上，即便是美国也不得不与其他中小国家共同管理。

最后，冷战结束顺应了人类的普遍利益，除少数国家的地位出现下降外，绝大多数国家在国际社会中的自主性增强，地位上升。因此，尽管现有国际体系对于发展中国家来说仍然存在诸多不合理之处，但各国也都看到了以经济发展提升国际地位、透过渐进改革逐渐实现国际体系更为公平正义的前景。因而在与美国关系的处理上，普遍采取避免正面对抗、在相关议题上进行不同程度合作的态度。

正是在上述背景下，作为发展势头最好的新兴发展中大国"金砖国家"走向了更为紧密的合作。截至2014年，"金砖国家"占世界总领土面积30%、全球人口的43%、世界GDP总值的21%、国际外汇储备的40%[1]。正因为这种"大块头"，甚至在"金砖国家"机制化刚启动的"金砖四国"阶段（2008—2009年），就令国际社会侧目。当时，世界前20名的能源公司中有35%来自"金砖四国"，全球20大矿产企业中"金砖四国"占到了20%。在全球外汇存款中，"金砖四国"持

---

[1] 卢静：《金砖国家对西方意味着什么——变革与猜测中不可避免的"他者"》，《人民论坛·学术前沿》2014年18期。

有3万多亿美元,超过世界的40%①。尽管五国中每个国家的经济规模与影响力在国际社会中都举足轻重,但每个国家却仍然不拥有单独与西方国家进行博弈取胜的实力。那么,作为后冷战时代国家间最为醒目的联合之一,"金砖国家"能否机制化,不仅对于五国争取权益至关重要,而且对于国际格局的演变也意义深远。

第二节 "金砖国家"的机制化回顾

冷战后,"金砖国家"的机制化是一个逐渐发展的过程。所谓机制化,就是预设某种对话模式,以及商定一系列规范,规定,标准等。换句话说,就是处理或管理问题模式化。对于需要日常管理的问题,正是依托这种机制,使得各方定期会晤,在讨论、辩论、谈判的过程中促进了各方对其他参与国的信念、意图和信息的更多了解,实现了观念和偏好的逐渐趋拢,这就为实质性合作带来了可能。

"金砖国家"的联合,建构了国际社会对其作为一个整体的认同,而外界的认知又反过来强化了五国的集体身份。金砖国家机制化进程分为"金砖四国"阶段与"金砖国家"阶段。在前一阶段,2008—2009年至关重要,这期间中俄印巴四国举行系列会谈和建立峰会机制,将"金砖四国"概念拓展为国际政治实体。2005年,西方七大工业国(G7)财长伦敦会议首度邀请"金砖四国"列席。2006年,在俄罗斯总统普京建议下,四国外长在联合国大会外举行会晤。在2007年四国外长于纽约再次会晤后,为了加强实质性接触,四国在副部长级层面上进行了定期工作会晤(consultative process)。2008年,四国外长在俄罗斯叶卡捷琳堡市举行联合国框架外的首次会晤,并决定将这种会晤定期化。同期,四国财长也举行了会晤。2008年,在日本北海道的八国集团高峰会后,四国元首进行了单独会晤并发表了联合声明,标志着"金砖四国"合作受到了四国最高领导人的关注与肯定。2009年3月在二十国集团(G20)伦敦峰会上,四国首次单独发表了联合公报。四国

---

① 王艳:《金融危机下金砖四国能否冲击世界经济格局?》,《经营管理者》2009年第16期。

最高领导人专门举办首脑峰会的机会渐渐成熟。

2009年6月16日,"金砖四国"首脑在俄罗斯叶卡捷琳堡举行首次正式(formal)峰会,四国讨论的议程相当广泛,并发表了《联合声明》①。由于峰会的召开正值当时美元地位备受质疑、发展中国家集体要求扩大话语权的背景下,格外引人瞩目。透过本次首脑峰会人们切实地看到了四国合作管理国际挑战的前景。这其中有两点尤其值得关注。其一,四国首脑首次峰会就发表《联合声明》,表明四国对于联手合作具有政治上的"共同倾向性"。其二,联合声明中确定了下一次峰会将于巴西召开,朝着峰会机制化的方向发展。按照既定安排,"金砖四国"第二次元首峰会于2010年4月15日在巴西首都巴西利亚举行,并再次共同发表了联合声明②。从声明内容上看,第二次声明虽然没有新的东西,但的确可以看到四国合作更触及实质问题,合作领域进一步深化与细化,合作根基在逐渐夯实③。

2011年在中国三亚如期召开第三次首脑峰会。这次峰会吸收南非作为正式成员加入"金砖四国"合作机制,机制化进程开始进入"金砖国家"(BRICS)阶段。本次峰会发布的共同宣言宣布将制定行动计划作为加强合作的重要基础,并首度提出了贸易本币结算问题。2012年在印度德里召开了第四次金砖国家首脑峰会,探讨了建立金砖国家开发银行的可能性。2013年在南非德班召开第五届金砖国家首脑峰会。这次峰会不仅强调经济也强调政治领域而且指出建立日常机制的重要性。这次峰会还同意建立金砖国家开发银行和金砖国家应急储备安排。2014年,金砖国家领导人第六次会晤在巴西福塔莱萨举行。本次峰会虽然仍然聚焦于经济合作,但首次涉及政治安全议题,讨论了伊拉克、伊朗核问题等,并开始涉及全球秩序。这次峰会成立了金砖国家开发银

---

① 《"金砖四国"领导人俄罗斯叶卡捷琳堡会晤联合声》,中华人民共和国外交部网站(http://www.fmprc.gov.cn/chn/pds/ziliao/1179/t568224.htm)。

② 《"金砖四国"领导人第二次正式会晤联合声明》,中华人民共和国外交部网站(http://www.fmprc.gov.cn/chn/pds/ziliao/1179/t688360.htm)。

③ 这种实质性和务实性还表现在,在叶卡捷琳堡峰会前,国际社会对于四国将要挑战现有国际金融秩序的预期相当强烈,有关四国合作挑战美元、设立超主权货币的猜想也比较活跃。相比之下,巴西利亚峰会前国际社会在此方面的预期与猜想显然弱了许多。国际社会的反应也是国际社会对四国务实态度的反应。

行并签署了建立应急储备安排协议等,在往实体国际组织发展上迈向了新的里程碑。

2015年在俄罗斯乌法召开第七届金砖国家首脑峰会。包括习近平主席在内的五国领导人围绕"金砖国家伙伴关系——全球发展的强有力因素"主题,就全球政治经济领域重大问题以及金砖国家合作深入交换了意见,会晤发表了《乌法宣言》及其行动计划,通过了《金砖国家经济伙伴战略》。2016年在印度果阿召开第八届金砖国家首脑峰会。会议通过了《果阿宣言》,金砖五国还签署了农业研究、海关合作等方面的谅解备忘录和文件。在果阿会晤上,金砖五国决定加强务实合作。五国同意进一步推动保险和再保险市场合作、税收体系改革、海关部门互动等,并探讨设立一个金砖国家评级机构的可能性。

综上可见,从中俄印巴四国被G7集体邀请到四国首脑主动举行单独专门的峰会,再到吸收南非作为正式成员加入,每一步前进不仅推动了金砖国家合作的实质化,而且合作的机制化也得到加强。至此,如果说2009年在俄罗斯叶卡捷琳堡首次峰会召开前,当时的"金砖四国"更多是"被四国"(arranged marriage)的话,那么叶卡捷琳堡峰会则首次将国际舆论所创造出的"金砖"概念形象化;到了2010年的巴西利亚峰会,这种形象化的概念开始固化,金砖国家合作的机制化进一步发展。随着2011年南非的加入,以及截至2016年为止连续八次首脑峰会以及一系列工作层面的频繁交流与务实合作,金砖国家机制已经较为成熟。"已经形成了以金砖国家领导人峰会为引领,由外长会议、财长会议、常驻多边组织使节会议、安全事务高级代表会议等构成的政府间部长级会谈,以及工商理事会和智库理事会两个民间对话会议,还有金砖国家领导人与地区国家领导人的对话会议等组成的一个多层次、宽领域的合作架构体系。"[①] 对于五国走向多边合作与机制化的动力,也即背后的"倾向性",正如罗伯特·基欧汉和亨利·基辛格所强调的那样:这些国家必须存在利益的交集,各方通过共同努

---

① 卢静:《金砖国家对西方意味着什么——变革与猜测中不可回避的"他者"》,《人民论坛·学术前沿》2014年18期。

力都能预期从中受益①。肯尼思·沃尔兹和约翰·米尔斯海默也都曾强调，国家间合作若缺乏强烈的动力去维持，那么这些国家间的利益分歧与竞争因素很可能最终致使其合作中断。

第三节 带倾向性的多边合作

要分析五国走向多边合作的倾向性，就必须考察五国外交的优先议程。对巴西来说，20世纪90年代以来，经济快速发展，与阿根廷等拉美邻国的关系得到了改善，对美国的经济依存度也在下降。因此，在继续稳定与美国和欧洲国家传统关系的基础上，巴西推行更加多元化的外交路线，以体现和发挥一个地区大国的政治作用和影响力为目标。冷战结束后的首任总统卡多佐认为，"在这个多极的世界里，巴西应当是其中的一极""巴西是世界大国之一，希望今后能实行一种更有进取性的外交政策。……不应该在作重大国际决策时被排除在外。"卢拉政府延伸和发展了这种外交战略，不过更加强调与发展中国家建立和发展关系，甚至建立具有集团性质的关系②。总的来说，巴西推行"大国外交"战略有两个重点：第一，强调发展同南美国家的"睦邻友好关系"；第二，重点发展同世界上其他发展中大国的"新兴大国关系"。前者是巴西"大国外交"的基础和出发点，巴西在这一领域所要发挥的是"领导者"作用；后者是巴西"大国外交"所要依靠的政治力量③。

对于印度，大国意识根深蒂固，由来已久。做"有声有色"的大国，是印度开国元首尼赫鲁提出来的，它忠实地表达了印度政治精英的政治思想和政治抱负。这个奋斗目标，没有因为政党的轮换而改变，也没有因为政府的更迭而中断，成为"印度的国家意识"④。近年来，随

---

① Robert Keohane, *International Institutions and State Power*, Boulder, Colo.: West view Press, 1989, p. 138, and Henry Kissinger, *Does America Need a Foreign Policy?* New York: Touchstone, 2001, pp. 152–153.
② 吴志华：《巴西的"大国外交"战略》，《拉丁美洲研究》2005年第4期。
③ 同上。
④ 孙士海：《印度外交将更为稳健》，《环球时报》2004年5月17日。

着经济的快速发展，印度越来越相信自己是构建未来国际新秩序的一支重要力量，对成为世界大国的憧憬日益清晰[1]。总的来说，第一，印度外交更加讲求平衡与均势，积极地周旋于世界各国之间，营造有利于国内经济发展的外部环境[2]。第二，更加重视务实外交来获取利益，不仅重视利用南亚区域合作联盟拉拢和稳定南亚诸国，而且注意融入发展中国家中去，以此增强信任，获取资源，赢得支持。第三，越来越强调发挥大国的作用，树立起自信和独立的国际形象，有意识地扩大国际影响力。

近现代以来，俄罗斯一直是世界舞台上的主要角色，二战后的半个多世纪里作为俄罗斯前身的苏联甚至和美国一道成为超级大国。苏联解体后，正如普京所言，"俄罗斯正处于最困难的一个时期。可以说，最近200—300年以来，俄罗斯第一次面临处于第二、三流国家的实际危险"[3]。因此，普京在继承叶利钦后期所提出的多极化构想的同时，在外交战略上更加强调追求大国地位，反对美国的单极霸权[4]。为恢复大国地位，第一，俄罗斯强调外交政策优先发展同邻国的关系，独联体是最优先方向。第二，坚持独特的以实用主义为核心的全方位、多极平衡外交构想。第三，国内目标无条件高于外部目标[5]。

自1994年种族隔离制度取消、曼德拉就任南非总统以来，南非越来越显示出发展中大国的角色定位。姆贝基执政时期，南非日益注重独立自主的全方位外交政策，努力实现新兴大国的抱负[6]。曼德拉和姆贝基在对外关系上均特别注重与其他发展中大国的关系。2001年，南非政府曾提议建立"南方八国首脑会议"机制，由中

---

[1] 马加力：《印度的外交战略》，《和平与发展》2006年第2期。
[2] 曾祥裕：《略论印度外交成熟与不成熟的两重性》，《南亚研究季刊》2005年第2期。
[3] 毕洪业：《后冷战时期俄罗斯的外交构想及评价》，《东北亚论坛》2009年第7期。
[4] 屈昭：《博采众长 独辟蹊径——读"重振俄罗斯——普京的对外战略与外交政策"》，《俄罗斯中亚东欧研究》2009年第1期。
[5] 相关分析可以参见王伟：《梅德韦杰夫的外交选择》，《当代世界》2008年第6期；毕洪业：《后冷战时期俄罗斯的外交构想及评价》，《东北亚论坛》2009年第7期；刘桂玲等：《俄大选后外交走向及中俄关系》，《国际资料信息》2008年第2期。
[6] 张忠祥：《新兴大国南非外交战略评析》，《西亚非洲》2009年第6期。

国、南非、印度、巴西等发展中大国组成,形成发展中国家的共同声音①。南非 2025 年的远景设想是使南非成为一个成功的且在国际社会中有影响力的国家,走上可持续发展道路,成为具有全球竞争力的经济体②。就是在这种背景下,2010 年刚就任南非新总统的祖马就遍访中国、印度、巴西、俄罗斯四国,并最终带领南非正式加入金砖国家集团。

中国自古以来就是一个大国,只是到了工业革命后由于没有赶上世界步伐而衰落了一个多世纪。如上所述,改革开放以来,中国各项指标迅速提升,比如 GDP,1990 美国和日本分别相当于中国的 15 倍和 8 倍。而到 2014 年,中国 GDP 已接近于美国的 61%,是日本的 2.35 倍。从世界贸易、吸收外国直接投资情况等方面,都可以看到中国相关指标的迅速上升。在国民心态、国际认知等层面也都可以看到这种上升的态势。因此,实现中华民族的伟大复兴,成为一个世界大国,成为中华儿女正在脚踏实地努力达到的目标。2012 年 11 月底,习近平同志率领新一届中央政治局常委参观《复兴之路》时强调,"我坚信,到新中国成立 100 年时,中华民族伟大复兴的梦想一定能实现"③,吹响了新时期中国崛起的征程。为此,中国在外交优先议程上重点在两个方面着力。第一,为国内经济发展创造良好的国际环境,也即利用与主动建构战略机遇期以便实现国内持续发展;第二,随着实力提升与地位上升,在国际社会中树立更为负责任的大国形象,比如在朝核问题六方会谈以及伊朗核问题解决上。

由此可见,五国外交的优先目标都是为了加强或巩固地区和世界大国地位,在国际事务中争取更多话语权与更多主导权。为此,在外交上有两个共同"倾向性"。其一,在目前单个国家力量稍显欠缺的情况下,五国都倾向于通过联手合作,以便发出超过每个国家单独发挥的影

---

① 徐国庆:《南非加入金砖国家合作机制的背景、影响与前景》,《亚非纵横》2012 年第 3 期。
② Building a Better World: The Diplomacy of Ubuntu, *WHITE PAPER ON SOUTH AFRICA'S FOREIGN POLICY*, Final Draft – 13 May 2011, p. 12.
③ 《习近平总书记深情阐述"中国梦"》,2012 年 11 月 30 日,新华网(http://news.xinhuanet.com/politics/2012-11/30/c_124026690.htm)。

第十章 "金砖国家"机制化与中国角色:带倾向性的多边合作

响力,共同推进国际政治经济环境向着有利于发挥大国影响的方向发展①。比如,在金砖国家首次首脑会晤的 2008 年恰逢金融危机爆发,巴西时任总统卢拉 2008 年对此表示,巴西应该与俄罗斯、印度和中国等新兴国家联合起来,成立统一战线,以便施加更大影响力②。这无疑也反映了其他三方的声音。其二,五国都倾向于通过联手合作优化内部经济发展的环境,为在国际舞台上扮演大国角色奠定经济基础。南非总统祖马 2010 年在访问中国时谈及加入金砖国家的动力就直言不讳指出:"我们确实想参与四个'金砖'国家的重要经济活动。加入'金砖'国家,能促进南非和非洲大陆经济的发展,帮助我们摆脱贫困。"③

正是这些共同的"倾向性"促使五国走向了更为紧密的合作,乃至让人看到了进一步机制化的前景。而五国的这种"倾向性"透过联手合作确实也具备实现的客观条件。一方面,五国在许多国际与地区问题上的看法接近。比如,在对现行国际经济和金融秩序进行改革,以及减少美元带来的不稳定性等层面。另一方面,五个国家都坚持自己的民族传统和国家特性,自主选择发展模式,没有简单地接受"华盛顿共识"或者其他什么"共识"。

正因为此,五国内部不仅双边更为紧密的合作早已进行,而且中俄印三国之间也早已经开始了联手合作。2006 年中俄印三国领导人在俄罗斯圣彼得堡参加 G8 峰会期间,另外举行了首脑会晤。而早在 2003 年,印度、巴西、南非就成立了三国对话论坛(IBSA Dialogue Forum)。这些都为"金砖国家"的合作打下基础。

我们也必须看到,"金砖国家"被舆论炒了 10 多年后,中俄印巴四国外长峰会、特别是首脑峰会能在 2009 年登场,以及南非之所以在 2010 年加入金砖国家集团,也源于应对金融危机的时机需要。这正如俄罗斯学者所言,"金砖国家峰会是伴随着金融危机导致他们在国际金

---

① 相关理论分析参见 John Mearsheimer, *The Tragedy of Great Power Politics*, New York: W. W. Norton, 2001, p.41. Wohlforth, "The Stability of a Unipolar World." See also Amitav Acharya, "The Emerging Regional Architecture of World Politics," *World Politics* 59, July 2007, pp.629 - 652.
② 王云鹏:《金融危机下"金砖四国"何去何从》,《科技创新导报》2009 年 11 期。
③ 舒运国:《南非:非洲的新兴大国》,《上海师范大学学报》2011 年第 11 期。

融领域越来越缺乏安全感而召开的"①。那么，在目前全球经济趋向好转并逐步走出衰退、新兴经济体发展动力不足的情况下，五国进一步机制化的这些"倾向性"是否会消失，机制化的前景如何呢？

第四节　进一步机制化的前景与路径

源于这种"倾向性"的五国多边合作既可以看作是五国务实外交与国际环境碰撞的结果，又可被用来分析进一步机制化的前景与路径。从经验上看，国际合作平台的机制化主要有两种模式：欧盟模式和APEC模式。欧盟模式通过各种条约约束成员国的行为，有常设机构，最终目标是对内一体化，对外一个声音。而APEC模式没有约束性条约，也没有常设性机构，内部一体化与外部同一个声音都谈不上。它主要采取自主自愿、协商一致的原则，以共同承诺或共同声明，促使成员国在经济或道义上担负起相应责任，同时，通过对话不断拓展合作的新领域②。前者包括东盟等区域一体化机制，后者还包括八国集团与中日韩对话机制等。欧盟模式比较务实，APEC模式比较务虚。但是前者需要成员国拥有一致的政治愿景、强大的动力因素以及较高的同质性（历史与文化因素等），而且成员国往往同属一个地域。

而反观"金砖国家"，除了上述提到的两大共同"倾向性"外，同质性却很低：各自在国情、历史、政治经济制度和文化理念等方面差异也很大。况且，从经验上看，"欧盟模式"机制的形成也需要成员国对朋友和敌人有着大致相近的认知，以及成员国之间存在着良好的双边关系。对此，五国也不尽如人意。俄罗斯在战略上视美国为对手，但印度却视美国为一个潜在的盟友；中国尽管与巴西和俄罗斯的战略关系相交日深，但和印度的关系总是不太和谐③。南非国内对于金砖国家与南非

---

① Lyubov Pronina and Alex Nicholson, BRICs May Buy Each Other's Bonds in Shift From Dollar, http：//www.bloomberg.com/apps/news? pid = 20601086&sid = aSdhVkf.e1RY.

② 《金砖四国峰会闪电落幕 首脑明年在中国再聚》，《广州日报》2010年4月17日。

③ Jing-dong Yuan, "The Dragon and the Elephant: Chinese-Indian Relations in the 21st Century," *Washington Quarterly* 30, Summer 2007, pp. 131 – 144; and John W. Garver, "China's Influence in Central and South Asia: Is It Increasing?" in *Power Shift: China and Asia's New Dynamics*, David Shambaugh, ed., Berkeley: University of California Press, 2005, pp. 205 – 227.

及非洲的合作仍存在不少误解,甚至批评其他几国、特别是中国在推行"新殖民主义"①。五国之间的分歧即使在对待美元的态度上也相当明显。中国是美国最大的债主,仍认可美元的主导地位。而俄罗斯和巴西由于其国家外汇储备中美元仅占30%,最积极地推动削弱美元的主导位置。

　　同时,由于"金砖国家"机制代表了新兴发展中国家要求更多话语权的事实,本质是在挑战西方发达国家在国际事务中的主导地位,那么五国合作的这种"倾向性"是否超过了其与西方大国间的相互依赖?答案是否定的。中国自从改革开放全面融入以美国为主导的西方国际体系后,中美之间形成了高度相互依存的关系,比如美元稳定性、朝鲜半岛问题等。印美蜜月期刚开始,"美国在印度大国外交中的地位属于重中之重"②,形成高度机制化的联盟而可能破坏与美国的互信,未必合新德里的脾胃。考虑到拉美地区与美国紧密的经贸与地缘政治联系,巴西也不会甘冒与美国关系恶化的危险、而与地理上相距遥远的中俄印南非四国形成联盟。"尽管巴西非常重视金砖国家合作,但也在竭力避免把金砖国家合作作为外交政策的主轴"③,背后主要考虑的就是要维护与西方国家、特别是美国的良好关系。对于俄罗斯目前的对美政策,其国内普遍认为脆弱的俄罗斯不可能通过反对美国实现自己迫切而重要的利益,这些利益只有得到美国的积极支持才能更有效地实现④。特朗普2016年11月9日当选美国第45任总统后,俄罗斯总统普京在12月15日向特朗普发送圣诞节和新年贺信,表示期待特朗普上任后,俄美两国能以建设性、务实的方式,采取切实步骤重塑各个领域的双边合作,并将两国在国际舞台上的合作提升到新的水平。给美国总统当选人亲自写信,这不仅在俄罗斯对外历史上是第一次,对于世界各国外交而言也是极为罕见,这表明了俄罗斯期待改善与美国关系的强烈愿望。南非历来与美国保持着密切的外交关系,并与美

---

①　张忠祥:《21世纪以来的金砖国家与非洲——兼论中国的战略选择》,《人民论坛·学术前沿》2014年第15期。
②　吴永年:《论21世纪初印度外交战略的调整》,《南亚研究》2004年第2期。
③　牛海彬:《巴西的金砖战略评估》,《当代世界》2014年第8期。
④　王伟:《梅德韦杰夫的外交选择》,《当代世界》2008年第6期。

国签有互助防御条约和军事合作协定，可谓是美国在非洲大陆最亲密的盟友。由此可见，五国合作还具备另外一个共同倾向性——倾向于避免与美国对抗。

事实上，美国也有能力对五国合作的进一步机制化设置有效障碍。目前五国 GDP 总量加起来还没有美国的多（仍相差 1 万多亿美元），五国人均 GDP 水平以及军费开支等关键指标和美国的差距则更大。五国对此也十分清楚，比如在首脑峰会的联合声明中，多次强调五国合作要在二十国集团框架下进行，由于二十国集团仍以欧美国家为主导，五国对可能挑战西方领导地位举措的小心翼翼可见一斑[1]。由此可见，五国合作的这种倾向性还不足以形成欧盟式的机制。

也正是由于以上障碍因素，认为"金砖国家"机制最终将走向分崩离析的悲观论点一直存在，"五国除了都具备规模巨大与发展迅速外，其他极少有共同之处"[2]。"为什么不是土耳其、印尼，而是这几个国家？是因为要组建一个词语 BRIC"，"让'金砖国家'联系起来的只是每个国家的首个字母而已，除此以外，没有任何意义"，五国合作毫无前景[3]。笔者认为，对此还必须从五国走向合作的"倾向性"上进行分析。对于美国因素，五个国家尽管都把发展与美国的关系视为重要方向，但"他们也深深担心美国的超级霸权会影响到各国的根本利益"[4]，都倾向于通过发展与深化和其他大国的合作而减少对美国的过度依赖，以便保持行动的更大自由与拥有外交上的更多选择[5]。至于应对金融危机的一时之需，也必须看到在当前世界逐渐走出危机的情况下，欧美国

---

[1] 对于五国与美国关系的进一步分析可参见 Roya Wolverson, Building a BRIC Foundation, April 15, 2010, http：//www.cfr.org/publication/21910/building_a_bric_foundation.html; Harsh V. Pant, "Feasibility of the Russia-China-India 'Strategic Triangle：' Assessment of Theoretical and Empirical Issues," *International Studies* 43（2006），pp. 51 - 72.

[2] Raymond Colitt, ANALYSIS-BRICs divided on global agenda, look to mutual trade, 14 Apr 2010, http：//www.alertnet.org/thenews/newsdesk/N14156241.htm.

[3] Brics: acronym or coherent strategy? http：//www.ftchinese.com/story/001014611/en FT.com / FTfm-Emerging Markets：Brics sceptics have their backs to the wall.

[4] Hurrell, "Hegemony, Liberalism and Global Order: What Space for Would-be Great Powers," *International Affairs* 82（January 2006），p. 18.

[5] Evan S. Medeiros, "China's International Behavior: Activism, Opportunism, and Diversification," *Joint Forces Quarterly* 47（4th quarter 2007），p. 33.

家由于需要发展中大国协助的动力会进一步减弱,因此可能对其施加更大的压力,发展中大国联合自强的必要性反而更为紧迫。

退一步讲,由于五国合作在目前"没有任何国家要牺牲任何东西,但却存在潜在的巨大收益"①,因此,"他们仍然会继续向前推动这一机制","目前仅仅是刚刚开始齐心协力(Pull together)而已"②。"金砖国家"概念的发明者奥尼尔更为乐观,"直到西方发达国家真正平等对待'金砖国家'之前,他们领导人的会晤将成为未来国际社会的一道风景线,这完全有可能对全球金融市场和世界媒体都有利"③。由此可见,五国联手合作的总体方向会继续下去,问题在于合作的模式。如果采取 APEC 模式,很可能仅仅是一个十分松散、甚至无所作为,且随时都会走向解体的对话平台而已。多边机制的重要作用之一在于规范成员国行为,用多边力量对违规的成员国进行惩罚,在此过程中对机制本身进行制度建构。而 APEC 模式除了定期的对话外,本身就无"规"可言。因此,从长远来看,根据五国合作的倾向性特点,可以考虑一种介于欧盟模式和 APEC 模式两者之间的机制化模式。

第一,继续从"优化五国内部经济发展的国际环境"这一倾向性入手,中短期内应以构建一个多赢的经济利益共同体为首要目标。机制化的起步阶段也是机制的身份建构阶段,清晰的目标至关重要④。正如习近平主席在 2014 年 7 月 15 日巴西福塔莱萨峰会上表示的那样,"金砖国家要做世界经济稳定之锚"⑤。在这次峰会上习近平主席指出金砖国家需要从四个方面做出努力,其中三个方面都是有关经济

---

① 也有学者认为这是五国合作能否进一步机制化的根本障碍,The trillion-dollar club, Apr 15th 2010 From The Economist print edition,http://www.economist.com/world/international/displaystory.cfm?story_id=15912964.

② Cynthia Roberts, Challengers or Stakeholders? BRICs and the Liberal World Order, *Polity* (2010) 42, pp.1 - 13. http://www.palgrave-journals.com/polity/journal/v42/n1/full/pol200920a.html; Roya Wolverson, Building a BRIC Foundation, April 15, 2010, http://www.cfr.org/publication/21910/building_a_bric_foundation.htm.

③ Jim O'Neill, We need Brics to build the world economy, *The Times*, June 23, 2009.

④ 当前五国机制化建设就面临这样一个问题,Andrew S. Weiss,"Bric-a-Brac," *Foreign Policy* (on-line), June 2009.

⑤ 《习近平:金砖国家要做世界经济稳定之锚、国际和平之盾》,2014 年 7 月 16 日,新华网(http://news.xinhuanet.com/world/2014 - 07/16/c_1111639909.htm)。

发展的①。机制化起步阶段的目标应当是保守型的和有限的，避免议题过多而超过机制的承载量，同时避免议题过多而无法兑现减弱各方的信心。对于"金砖国家"，此举也能避免引起美国过早的防范。

如上所述，应对金融危机的经济考虑因素本身就是金砖国家首脑峰会召开的重要背景，在全球仍未彻底走出金融危机的今天乃至接下来的"后危机"时代，如何逐渐改革不合理的国际金融体系，乃至应对欧美国家"以邻为壑"的贸易政策，仍是五国必须关注的课题。以贸易保护主义为例，假如美国对华实施大范围贸易制裁、限制出口，不仅会使中国出口下降，也必将导致世界贸易大幅下滑，危及其他四国的利益。而且，"对发达国家虚体经济的多重依赖是'金砖'国家金融危机过敏症的主要因素"②。五国通过建立区域经济合作组织，也有利于五个实体经济增强内部经济交流。更何况，五国经济交流还有许多处女地可以开垦。比如，巴西与俄罗斯几乎没有贸易往来，与印度的贸易也少得可怜，中国仅是俄罗斯的第七大贸易伙伴，俄罗斯与南非的贸易规模较小还有很大提升空间，等等。

五国间的互补性也很强。巴西盛产大豆和铁矿石，被称为"世界原料基地"。俄罗斯拥有极为丰富且丰沛的石油和天然气资源，石油蕴藏量居全球第七，天然气蕴藏量和生产量均居世界首位，被称为"世界加油站"。印度和中国则分别被称为"世界办公室"和"世界工厂"。因此，巴西和俄罗斯可以为中国和印度提供发展所需的原材料，而后者可以为前者提供加工制作与信息服务。南非能源结构较为单一，电力供应紧张，而中国的太阳能产品在南非市场颇受欢迎。金砖国家还可以在新能源领域增加合作。巴西在发展生物能源方面积累了丰富经验，印度和俄罗斯在新能源科技研发领域的成果值得借鉴，南非的煤制油技术全球领先。此外，南非还是金砖国家贸易和投资进入南部非洲的门户。借

---

① 第四点是"坚定不移提高金砖国家道义感召力"。习近平：《金砖国家要做世界经济稳定之锚、国际和平之盾》，2014年7月16日，新华网（http://news.xinhuanet.com/world/2014-07/16/c_1111639909.htm）。
② 林跃勤：《外部冲击与新兴经济稳定持续发展——基于"金砖四国"的分析》，《经济与管理研究》2009年第7期；Martin Wolf, "The West No Longer Holds all the Cards," *Financial Times*, 23 September 2009.

助南非企业在南部非洲的销售与生产网络,金砖国家的产品和服务可以及时、便利地进入南部非洲发展共同体15个国家和地区。合乎逻辑的预测表明,"金砖国家"之间具备广泛开展合作、形成固定经济体的条件。

第二,机制化的处理与美国的关系。如上所述,五国合作机制化要想取得实质性进展,就外部关系而言,最重要的莫过于要处理好美国因素。尽管目前美国的态度仍以观望为主,但如果五国在迈向机制化的道路上继续前进、特别是取得突破性进展,美国必然会以某种方式介入。五国怎么办?首先,应利用后冷战时代的国际环境,通过对话与合作诱导、耐心地推动美国加深理解五国合作之于全球治理的积极意义,减弱防范心理,积极塑造和推进美国与五国的共同利益和国际共识;其次,分层次进行机制化,从建立区域经济体入手,而在危机管理、全球治理等事务中,可尝试在如"大国共同管理"这样的国际合作方式下充分引入美国因素,使五国合作中的重大事务(特别是外交与安全)也能体现美国的利益和意愿;最后,也必须为美国的参与设定限制,审慎对待美国因素,避免过于制度化的、专断的美国参与,防止因美国因素过度参与对五国合作机制化的破坏性影响。

第三,为了使五国合作的倾向性转化为实质性行动,应构建日常化合作得以进行的必要载体。正如罗伯特·基欧汉和克莱斯纳(Stephen Krasner)所论述的那样,必须建立有效的机制和制度作为载体,从而在国家间进行日常共同管理,这也是机制化建设必不可少的关键一环[1]。对于"金砖国家",尽管短期内不太可能在某一个成员国内设置常设机构,但五国可以建立一些工作组,并将其工作夯实,给予其类似常设机构的功效。比如,俄罗斯可牵头领导"五国能源合作小组",印度可牵头领导"五国IT合作小组","以农立国""以农富国"的巴西可牵头领导"农产品合作领导小组",而拥有最大外汇储备的中国,可牵头领导"国际货币改革领导小组"。由于南非以非洲代言人自居,消

---

[1] Robert Keohane, *After Hegemony*, Princeton, N. J.: Princeton University Press, 1984, p. 244, and Stephen Krasner, *Problematic Sovereignty*, New York: Columbia University Press, 2001, p. 182.

除贫困可谓是南非与非洲最大的历史使命,南非可领导"消除贫困小组"。针对每一小组,应有定期会晤,各国有固定会谈代表和领导机构。其会谈成果应在五国首脑峰会上达成有约束力的协议,特别要注意实施问题,为此应设立监督机构。事实上,只有实质性政策协调的密度和频率上去了,并有后续具体行动配套,机制化建设才能取得质的成效。从这个意义上讲,金砖国家开发银行的组建可谓是五国机制化进程中具有里程碑的一步。

第四,进一步扩大五国合作的共同倾向性,以便增强合作动力。为了更好推动机制化,北京、莫斯科、巴西利亚、新德里、茨瓦内需要通过多层面接触以维持和扩大五国合作的动力。这就要求不仅在官方层面举行会议,而且也需要在公众间进行交流。从长远来看,这对夯实金砖国家间合作基础、增进彼此互信与理解将发挥积极影响。事实上,公众外交非常必要。扩大后的合作倾向性应超越纯粹的战略与政治议题,比如目前的"借力"推进大国影响和为国内经济发展创造环境,更应超越纯粹的"危机应对",比如应对金融危机。只有合作的倾向性具有了民间信任与理解的基础,才能为较高与可持续的机制化打下基础,这方面欧盟的经验值得借鉴。有许多途径可以加强彼此信任与理解,公众教育和推动青年人的交流就是很好的办法。前者可以在五国智库中分别建立国家级的"金砖国家"研究中心为政府提供对策服务并进行大众教育,后者可以开展诸如互派留学等更多的交流活动。

第五,从联合借力的倾向性入手,可进一步扩大"金砖国家"代表性,条件成熟时逐渐吸收墨西哥、沙特等更多具有地区影响力的新兴国家加入[1]。墨西哥、印尼、土耳其已表示了要加入的兴趣。通过扩员,一方面,在进一步增强该机制影响力同时,也会进一步提升机制本

---

[1] 关于如何扩员,学者也有不同意见。CHAPTER ELEVEN, THE N-11: MORE THAN AN ACRONYM, March 2007, http://www2.goldmansachs.com/ideas/brics/book/BRICs-Chapter11.pdf; Michael Schuman, Should BRICs Become BRIICs?, March 3, 2010, http://curious-capitalist.blogs.time.com/2010/03/03/should-brics-become-briics/; William Pesek Jr., South Korea, Another 'BRIC' in Global Wall: William Pesek Jr., December 8, 2005, http://www.bloomberg.com/apps/news?pid=newsarchive&sid=aoJ4WG5LSf1s&refer=market_insight-redirectoldpage.

身合法化；另一方面，体现了国际社会中的共同管理。在诸如气候变化与全球治理等问题上，由于发展中国家在这些问题上拥有共同利益，共同关注也具有正当性与必要性。

第五节　中国的角色选择

经过后冷战时期相当长时间酝酿与思辨，中国各界精英对待国际多边合作与国际机制的态度基本上达成了共识，这就是上述中国走向"金砖国家"合作的倾向性：通过积极参与为国内发展建构有利国际环境，"借力"提高国际地位。分析中国在"金砖国家"进一步机制化进程中的角色，还必须从这种倾向性入手。

事实上，关于中国在"金砖国家"中的角色，国际社会一直给予很高期待。中国GDP比其他成员国加起来的还大，中国的出口总量与外汇储备比另外几国加起来的两倍还要多，中国有最大的潜在市场，"中国是这个组织的肌肉所在"[①]，因此，"只要中国认为有必要，并能在'金砖国家'机制化过程中继续进行外交努力，那么这个不同寻常但终将成功的合作机制将继续下去"[②]。尽管这些判断值得推敲，但作为五国中的重要一员，中国的角色选择与角色表现对于金砖国家机制化的进一步建设显然举足轻重。而反过来，五国的进一步机制化对于中国也意义深远。

第一，五国合作可稀释美国的防范，从而减轻美国的遏制与打压，有利于优化国际环境。进入21世纪以来，特别是随着近几年发生的几件标志性事件——GDP位居世界第二，倡导推进"一带一路"和"亚投行"建设等，国内外学者对中国国际角色的讨论突然热烈，对中国

[①] David Rothkopf, The BRICs and what the BRICs would be without China. Monday, June 15, 2009, http://rothkopf.foreignpolicy.com/posts/2009/06/15/the_brics_and_what_the_brics_would_be_without_china; Bobo Lo, *Axis of Convenience: Moscow, Beijing and the New Geopolitics*, Washington, D.C.: Brookings Institution Press, 2008, p. 43, 46, 177.

[②] Cynthia Roberts, Challengers or Stakeholders? BRICs and the Liberal World Order, Polity (2010) 42, 1–13, http://www.palgrave-journals.com/polity/journal/v42/n1/full/pol200920a.html; Raymond Colitt, ANALYSIS-BRICs divided on global agenda, look to mutual trade, 14 Apr 2010, http://www.alertnet.org/thenews/newsdesk/N14156241.htm.

的世界大国地位有了更为普遍的认知。从现实主义理论与历史经验上看，一旦某个新兴大国被广泛视为世界大国，往往也会被既有霸权国视为现实的挑战者，由于国际资源的有限性，前者必将遭到后者的围堵与遏制。从冷战后的中美关系来看，尽管中国被视为一个世界大国，但那是"潜在"的，并非现在，这也是中国提"20年战略机遇期"的根本依据所在。但通过近几年的态势来看，中美权力转移在加速，美国也越来越把中国视为现实的对手。中美权力转移很可能会继续下去，美国也会加大对中国的围堵与遏制，中国该怎么办？从历史上看，所有崛起大国对既有霸权的正面挑战要么被后者击败、要么和后者两败俱伤，无一成功，更何况对于中美两个核大国而言爆发战争将是全人类的灾难。那么，中国的选择就在对外战略运作上。五国的联合发声，避免了中国单独出头而成为"众矢之的"。美国可以遏制中国，但如果让它同时遏制中、俄、印、巴、南非，就不得不考虑成本问题[①]。

事实上，2007年金融危机爆发后，俄罗斯与巴西对美国的批评远较中国更为直接，改革金融秩序的呼声也高于中国[②]。在整个冷战后的许多重大国际问题上，尤其在巴尔干半岛、科索沃、伊拉克战争、伊朗核项目等问题上，俄罗斯对美国的批评都远较中国尖锐。尽管没有俄罗斯尖锐，但印度与巴西在多轮WTO谈判中就自由贸易等问题也多次直接挑战西方国家，最为著名的如在2003年的坎昆会议上[③]。南非在某些国际事务上与美国的分歧也较大。比如对于2011年3月美国发动利比亚战争，南非公开反对武力解决，祖马总统则多次到访利比亚进行斡旋，尽管最终没能阻止战争爆发，但发出了正义声音。因此，尽管其他四个国家在诸如人民币升值、甚至人权等问题上有可能联手向中国施压，也尽管四国对美国的直接批评也有可能"牵连"到中国，但作为

---

① 2009年哥本哈根气候峰会可以说就是一个例子。当美国总统原本想找中国总理温家宝谈判时，却发现屋子里还有南非、俄罗斯、巴西三个国家的首脑。这样一来，美国发现原本想和中国的谈判却成了美国与发展中国家的谈判。中国不仅借此规避了单独承担风险的可能性，也增加了其软实力。

② "BRIC Nations Say No IMF Cash without Representation," *Reuters*, March 13, 2009.

③ Andrew Hurrell and Amrita Narlikar, "A New Politics of Confrontation? Brazil and India in Multilateral Trade Negotiations," *Global Society* 20 (2006), pp. 415 – 433.

目前最受西方瞩目的发展中大国的中国,通过五国合作对于"稀释"西方国家的负面关注仍具有现实意义。

第二,中国可通过"借力"为共同管理国际事务扮演积极角色。如果中国无法在崛起的过程中尝试通过向其他国家提供"良好的公共产品",又如何能够真正确立大国地位?冷战后国际关系的一个突出特点就是全球问题凸显,人类命运空前互相依赖,解决的办法也超出了某个国家的能力,于是"共同管理"应运而生。在中国越来越被视为国际社会中的主要角色时,中国在共同管理人类共同事务上也越来越被赋予更大的国际责任。中国不可能在全世界关注中选择沉默、甚至逃避。通过积极参与并主导多边机制建设,在此基础上对国际事务进行共同管理,维护多数国家(特别是发展中国家)共同利益,放大其他国家和人民眼中中国的可靠性与信任度,就是中国改善国际形象、树立更为负责任大国的重要切入点。但与此同时,由于欧美国家仍主导当今国际体系,中国对相关国际事务的管理要想积极有效,和其他大国联合从而"借力"增加自己的话语权也是一个很好的选择。

第三,除了在战略上的收益外,五国建立更紧密机制化,对中国经济发展也有着现实意义。"我国是世界第二大石油消费国、第八大石油进口国,石油生产量约占世界4.3%,消费量却占世界8.8%。从2003年起,巴西每年都向中国出口原油,年均增长率为89.5%。"[①] 俄罗斯2015年在中国市场所占份额达到15%。同时,我国还是全球最大铁矿石进口国,自2003年国外进口比例就超过了50%,铁矿石消耗量已占世界47%。从进口来源看,巴西进口的铁矿石已占进口总量的25%,而从印度进口铁矿石占中印贸易合作的65%[②]。中国在南非也投资了大量的矿产资源项目。如果五国间能逐渐形成较高机制化的自由贸易体,对于中国能源供给与稳定也大有助益。

此外,由于中国与其他四国在双边关系上,特别是与印度,还存在不和谐声音,更为紧密的机制化也可为中国解决相关双边问题提供机制

---

① 张抗:《从金砖四国在世界石油中的地位看其合作发展方向》,《当代石油石化》2009年第8期。

② 邓雄:《"金砖四国"的经济形势分析》,《金融教学与研究》2008年第5期。

化平台。中国通过与俄罗斯和印度更为紧密的合作，可以向其显示出追求合作共赢的意图，此举也可在某种程度上减弱甚至避免印度或俄罗斯加入美国可能领导的"'反华'或'围华'联盟"。同时，中国和这四个发展中大国结为更为紧密的合作关系，也为中国学习与借鉴其他国家的经验提供了非常难得的机会，比如2015年3月在三亚召开的金砖国家大法官论坛起到了这方面的作用。此外，由于近年来迅速发展的中国被越来越多地视为发达国家，通过与其他发展中大国的紧密合作乃至进一步让其他中小发展中国家加入，在塑造"金砖国家"发展中国家俱乐部集体身份的同时，也有利于塑造中国的发展中国家身份[1]。

综上，中国在"金砖国家"机制化进程中的角色选择就相当清晰了，不应当"老大"，但要积极而为，起到主导角色。第一，中国对于任何担当"老大"角色的尝试应当慎之又慎。一方面，"作为金砖国家中最强大的中国最容易被美国认为想领导一个'政治组织'挑战和破坏美国和西方的自由秩序"[2]。从中长期来看，避免被美国视为要挑头组建反美联盟仍是中国应竭力避免的事情。另一方面，客观上讲，中国的国家实力还不足以支撑其在"金砖国家"机制化建设中担当"老大"角色，担当"老大"对于中国角色而言是"力不足"[3]。第二，尽管不应担当"老大"角色，但如果我们在"金砖国家"机制化建设进程中，

---

[1] Gregory T. Chin, "China's Evolving G8 Engagement: Complex Interests and Multiple identity in Global Governance Reform," in *Emerging Powers in Global Governance: Lessons from the Heiligendamm Process*, eds., Andrew F. Cooper and Agata Antkiewicz, Waterloo, Ontario: Wilfrid Laurier University Press, 2008, pp. 83 – 114.

[2] Michael A. Glosny, China and the BRICs: A Real (but Limited) Partnership in a Unipolar World, p. 11, http: //web. mit. edu/polisci/research/gradresearch/Glosny-China% 20and% 20the% 20BRICs-Clean% 20Sept% 2011% 20version% 20ISA% 20paper. doc.

[3] 对于"金砖国家"机制化最积极的国家要数俄罗斯。俄虽然是G8成员，但乌克兰危机后，进一步被边缘化。G20起主导作用的仍然是欧美，新兴发展中国家要数中国。从俄罗斯的角度看，确实想在"金砖国家"中扮演主要角色。尽管俄罗斯GDP仅相当于中国1/4，而且俄罗斯受金融危机打击最大，但俄罗斯人均GDP超过一万美元，相当于中国的三倍。根据高盛公司估计，到2050年，俄罗斯也是唯一一个人均GDP能赶上欧盟的国家。俄罗斯2/3的年青人有机会接受大学教育，而中国仅是1/5。在引领世界发展的前50项技术中，俄罗斯占了12到17项。在军事能力方面，俄罗斯也是最接近美国的国家。同时，俄罗斯也是世界上唯一资源能自给自足的大国。*Anders Aslund, Does Russia belong in the Brics? Financial times*, January 20, 2010.

在目标规划、谈判议题设置、制度架构建设等方面不能取得较大话语权，就不能很好地维护中国国家利益，因此应创造条件起到积极主导作用。

第六节　小结

事实上，任何国际合作平台与多边机制都有一定倾向性，这也是此类平台与机制形成的根本性动力所在，因此这个倾向性也就成了考察类似问题的重要切入点。而本章之所以以"倾向性"来考察"金砖国家"的机制化以及其中的中国角色，还必须提及另外两点。其一，"金砖国家"是第一个由经济学家创造的词语走向了首脑峰会、乃至逐步机制化，关于其动因、现状、前景，存在诸多争议，"如何深化他们之间的联系也是一个具有争议性的问题"[①]。而以各国走向合作的"倾向性"作为切入点进行考察可以很好地回答这些争议。其二，冷战后的国际格局一直处于调整当中，这个过程中中国角色的持续上升始终是国际社会最为关注的课题。中国外交也确实处于相应的调整当中，从过去拒绝多边到逐步走向多边是其中最重要的调整之一。中国不仅融入了许多多边国际体系，而且也创设了相应的多边对话平台与机制，十八大后还推出了"一带一路"倡议、建设亚洲基础设施投资银行等。那么，作为"金砖国家"中最受关注的一方，中国在五国合作与进一步机制化中的"倾向性"是什么，如何实现这种"倾向性"，作为中国学者应该当仁不让地进行考察。

本质上讲，五国的这种倾向性代表了冷战后一批新兴国家正在努力利用变化了的国际环境与世界格局实现崛起的现实。我们必须看到，这种超越发展是个持之以恒的艰苦过程。在全球化相互依赖的情况下，国内政治与国际政治界限逐渐模糊，外交运作也成了其能否成功实现崛起的至关重要的一环。"金砖国家"就是五个新兴国家为实现共同崛起而

---

① Roya Wolverson, Building a BRIC Foundation, April 15, 2010, http://www.cfr.org/publication/21910/building_a_bric_foundation.html; Andrew Hurrell, "Hegemony, Liberalism and Global Order: What Space for Would-be Great Powers," *International Affairs* 82, January 2006, pp. 1–19.

在外交上的最新联合。透过本章分析可见，这五个国家的联合确实有利于五国战略目标的实现。因此，我们应根据五国走向合作的"倾向性"因素，因势利导，从先经济后政治，先难后易入手，积极推动机制化建设。在这一过程中，我们要横向上巩固与扩大倾向性，在纵向上利用其他发展中国家的倾向性，通过吸收新成员扩大影响并增强合法性，同时要处理好美国因素。这样一来，"金砖国家"不仅能成为多极世界中的主要的非西方中心利益协调的核心，而且五国的联合发声也有助于西方主导的国际机制采取更为公平的方式来处理与发展中国家的关系。

在这重要的历史时期，中国也应顺应形势，积极而为，但同时应注意自身的角色定位，冷静客观，牢记自身的发展中国家身份，既注意向其他发展中大国"借力"，也要顾及发达国家的利益。同时，不要轻易偏离这种"倾向性"。如果从"金砖国家"机制上进一步延伸，中国角色这种倾向性的指导意义仍然适用。一方面，为实现这种"倾向性"，应当积极主动创设各种多边协调机制、合作机制，维护和拓展国家利益。从这个意义上讲，"一带一路"与亚洲基础设施投资银行的推出对于中国崛起而言具有重要里程碑意义。另一方面，以渐进而非变革的手段对待既有国际体系，减弱西方发达国家对中国的防范。这样一来，不仅有利于实现中国的这种"倾向性"，而且也有利于和平发展与"合作共赢"的世界大局。就此可见，金砖国家机制化建设的战略意义不仅仅体现在处理五国关系上，而且也可服务于全球和平和发展的总体目标。

第十一章　中国与大国关系：社会化学习与外交转型*

回溯新中国对外关系的发展历程，人们不难发现其中变动最大、影响最深，当然也得到研究者关注最多的是中国与世界各大国之间的关系。然而，既有的对中国与大国关系研究仍多见于对某一组或若干组（如中美苏、中美日、中美欧等）关系的考察与分析，把中国与所有大国的关系作为一个整体研究的偏少；历史描述性质的研究居多，学理性的分析偏少；对某一较短时段内中外大国关系回顾的较多，而以新中国成立以来为时间节点进行系统论证者则未见。

第一节　大国的定义和本章研究假设

毋庸置疑，大国是国际社会中最主要的行为体。大国的作用，特别是大国之间的关系通常决定着国际政治的基本结构，对其他国家和国际行为体的行动产生明显的辐射效应。同时，大国也置身于这一结构之中并深受影响。约翰·米尔斯海默指出，"大国的行为主要受其外部环境而不是内部属性的影响，所有国家必须面对的国际体系结构会在很大程度上塑造其外交政策。现实主义一般不对国家的'好'或'坏'进行明确划分，因为任何大国无论它的文化或政治体系如何，也不管它由谁来掌控政府，都会按照相同的逻辑行事"[①]。

---

* 本章的写作得到了中国社科院拉美所所长吴白乙教授的精心指导。在此特别感谢。
① ［美］约翰·米尔斯海默：《大国政治的悲剧》，王义桅、唐小松译，上海人民出版社2003年版，第16—17页。

那么，什么是"大国"呢？常识性的解释主要依据于一国的资源禀赋条件，涉及人口、自然资源、经济技术和地缘政治等几大方面的因素，其中由于经济技术是扩散的与易转移的，因此大国通常是指那些在上述方面具有突出的"规模条件"者，"其在国际上或世界上的地位和影响力"由之而成①。随着人们研究与认识的不断深化，如今学术界更推崇以政治影响、军事实力、文化吸引力等标准来界定大国。一些人认为，"能够以自己的制度典范和文化典范辐射到全世界的那些国家"才可称得上真正的大国，因为强弱的区别在于一国的治理水平，而"有没有一个自我更新能力很强的制度，这是最根本的"②。当然，大国也是一个动态的概念和范畴。比如在冷战时期，尽管在东西方两大对垒阵营的缝隙间有了欧洲共同体这样代表欧洲联合的力量，但那时的"欧洲"无论在理论还是实践上都够不上一支强大的整体力量。在冷战结束后，经过数次的整合与扩充，欧洲联盟才成为国际政治、经济、文化和外交事务中具有重要影响的行为体。尽管它仍然不是，甚或以后也不可能成为传统意义上的大国（powerful state），但其综合力量已远远超越了词语的局限。

随着世界主要战略力量构成的演变，60多年来大国关系的性质、动因和形态等也都发生了显著的变迁。今天，大国之间的对抗性已大大下降，其内部的从属关系也极大地弱化，秩序、发展、合作逐渐成为大国关系中的主要驱动力，大国在竞争中互补与妥协已渐呈常态。大国关系的基本稳定也直接带来国际体系的整体稳定并惠及国际社会多数成员，而这一点又反过来有助于大国信心与地位的巩固和利益的实现，对大国的不稳定行为也起到制约或平衡的作用。60多年来中国与世界其他大国关系的发展与这一体系环境变化密切相关，同时中国大国外交的演进也为这一变化做出了重要贡献。而中国在这一进程中持续获得的体系收益也成就了其今天的国际地位、能力乃至最终实现

---

① 时殷弘：《现代国际体系史的一大理解范式和根本主题》，《史学月刊》2006年第3期；刘景华：《世界历史上的大国及大国衰落问题》，《湘潭大学学报（哲学社会科学版）》2008年5月。

② 许纪霖：《大国的标准是什么?》，《南方人物周刊》2005年6月9日。

民族复兴的信心。因此，本章提出"中国大国外交是社会化学习背景下的持续转型"这一假设，通过归纳这一转型过程的复杂变动及其因果关系来加以证明。

第二节 结盟、"中间地带"到经略"大三角"

社会化学习是国际关系理论界在冷战后提出的研究假设，它挑战传统现实主义理论所给定的前提，认为国际社会的无政府状态可以经过规范、认同和文化间的相互作用得到改善。在其他国际社会成员的压力下，一国会主动或被迫进行学习、调整和重新确定对外利益，以满足国家—社会复合体的再造要求。因此，国家对"生存、独立、经济财富和集体自尊"的认知是变动的，其利益边界变动也自然带来行为的改变[1]。这一假设偏重于关注利益的国内和国际的观念根源，强调影响、劝说、模仿等社会趋同的过程因素，但可贵的是它承认国际社会及其某一具体代表以"教化"形式施加的压力，这又在一定程度上肯定了建构主义理论对现实主义理论的条件依赖[2]。

一 结盟（1949—1955）：拜师

新中国外交始于冷战之初，其起点深受当时国际体系结构的制约和影响。尽管当时的中国领导人一再宣示"愿意与任何平等待我之国家建立外交关系"，但由于西方国家，特别是主要的资本主义大国所采取的敌对和不承认政策，新中国重返国际社会的外交努力一再受挫。在特定的时代条件下，新中国只能采取加入以苏联为首的社会主义国家阵营的战略，开启有限的"社会化"过程：通过获得外部的承认和部分的

---

[1] [美]亚历山大·温特：《国际政治的社会理论》，秦亚青译，上海世纪出版集团 2000 年版，第 293—294 页；Peter J. Katzenstein ed, *The Culture of National Security: Norms and Identity in World Politics*, New York: Columbia University Press, 1996, pp. 25-26.

[2] Alexzander Gheciu, *NATO in New Europe, the Politics of International Socialization after the Cold War*, Stanford: Stanford University Press 2005, p. 10.

体系输入，学习、适应和反作用于外部世界①。

这一时期的中国外交一方面完全与苏联相呼应，从工作布局、方式到具体立场都同苏联保持高度一致，开创了与旧中国全然不同的外交体制、观念和风格；另一方面，全方位的"一边倒"和照搬苏联模式也为日后中苏关系不和睦直至分裂埋下了火种。毕竟中苏两国国情不同，中国在对苏关系中处于被保护和被教导的地位，难以感受到真正的平等互让。习惯于做老师的莫斯科不能容许北京的疑问与批评，而前者也不愿意为继续学习而承受苏联的沙文主义行径。1956年9月，米高扬在中共八大开幕式上发表的贺词中称，中国共产党的每一次进步、每一项成就都是根据苏联经验得来的。这招致毛泽东的严重不满，事后他说，"我们对米高扬不满意。他摆老资格，把我们看作儿子，他摆架子，可神气了"。邓小平也指出："真正的实质问题是不平等，中国人感到受屈辱。"② 至此，新中国初次大国外交的蜜月告终。

二　"中间地带"（1956—1969）：孤立与突破

在今天看来，新中国外交第二阶段（1956—1969年）具有多重层次结构，因而也充满了多重矛盾特征，但冷静、务实地打开向大国学习和交往之门仍不失为主要亮点。值得注意的是，虽然与西方国家的对抗格局并未有大的改观，但中国已开始利用朝鲜战争、印度支那战争之后的多边国际谈判进程（以1954年和1961年两次日内瓦会议为标志）与美、英、法等主要西方大国进行有限的、时断时续的交往，并开始规划对西方外交的基本思路。毛泽东明确地提出要"与英国改善关系，争

---

① 除力图重返联合国之外，20世纪50年代中国还分别向世界卫生组织、世界气象组织、国际民用航空组织、国际劳工组织、国际货币基金组织、国际复兴开发银行及万国邮政联盟等全球性组织提出加入申请，但由于以美国为首的西方阵营阻挠未果。与此同时，中国参加了以苏联为首的社会主义阵营建立的一些国际组织和机构，如世界民主联盟、国际学生联合会、国际妇女同盟，并以观察员的身份参加了华沙条约组织。参见王逸舟主编《磨合中的建构——中国与国际组织关系的多视角透视》，中国发展出版社2003年版，第23页。

② 裴坚章主编：《中华人民共和国外交史（第一卷）1949—1956》，世界知识出版社1994年版，第35—43页；李凤林：《中苏关系的历史与中俄关系的未来——写在〈中苏关系史纲〉出版前的几句话》，沈志华主编《中苏关系史纲》，新华出版社2007年版，第2页；蒲国良：《走向冰点：中苏大论战与1956—1965年的中苏关系》，国际文化出版公司2000年版，第53页；《邓小平文选》（第3卷），人民出版社1993年版，第295页。

取建立正式外交关系；争取与法国改善关系，建立邦交；争取与美国政府改善某些关系——孤立与分化"①。这一时期，欧美矛盾有所上升，欧洲独立倾向有所增强，英、法、意等国对华政治、经济、技术、文化和教育交流有所发展。1957 年，中国首次派遣留学生到英国学习，1962 年，中英有关机构达成中国科技进修生赴英学习的协议，此后两年中国先后赴英考察和访问的科技、贸易代表团达 32 个，160 余人。1961 年，英国政府批准向中国出售 6 架子爵号客机，首开资本主义国家对华出口大型飞机的先例。1965 年以后，中英年度贸易额超过 2 亿美元，1969 年达 4 亿美元以上②。

20 世纪 60 年代初，在中国领导人提出反对美苏勾结主宰世界的战略、并将西欧视为介于美苏和社会主义国家之间的"第二中间地带和间接同盟军"后，中国与西欧主要资本主义国家的政治关系有了进一步突破。1964 年 1 月，中法建交，被西方舆论喻为"一次突发的外交核爆炸"。毛泽东在接见建交后首个来华访问的法国议员代表团时鲜明地指出，"我们（中法）之间有两个共同点，一是不许有哪一个大国在我们头上拉屎拉尿，不管资本主义大国也好，社会主义大国也好，谁要控制我们，反对我们，我们是不允许的；二是两国在经济上和文化上加强往来"。建交当年，中法贸易额首次突破 1 亿美元；次年，中国赴法经贸和考察的代表团多达 45 批，293 人，法国政府在对华技术产品禁运政策上也出现松动，变相向中国提供一部分"巴黎统筹委员会"禁止的技术和设备，中法贸易额较上年增加 20%。此后，两国贸易额逐年上升。经过一年多的谈判，中法于 1966 年 6 月签订协议，同年 9 月正式通航③。

对于近邻日本，中国领导人也多次公开倡议与之就中日关系正常化问题开展商谈。"由于日本当时历届政府都没有勇气改变追随美国的政策"，中国对日外交的重点只能是"寄希望于日本人民"，但"以民促

---

① 逄先知、金冲及主编：《毛泽东传（1949—1976）》，中央文献出版社 2003 年版，第 562 页。

② 裴坚章主编：《中华人民共和国外交史（第二卷）1957—1969》，世界知识出版社 1994 年版，第 391—392 页。

③ 同上书，第 374—378 页。

官"的外交战略始终成绩斐然,不断掀起高潮并对日本政府形成巨大压力。1957年4月,周恩来在会见日本社会党访华亲善使节团时对这一战略及其成效做了精辟的总结。他指出,"我们的想法是,先从中日两国人民进行国民外交,再从国民外交发展到半官方外交,这样来突破美国对日本的控制"。"如文化、贸易、渔业、经济、青年和工会等协定,实际上都超过了国民外交的范围,已经属于半官方的性质。"[①]

在这一时期,中美关系仍处于严重的敌对状态,甚至在1969年中苏边境冲突发生后,中共九大政治报告仍将美国称作为"全世界人民最危险的敌人",呼吁要警惕美苏勾结共同反华[②]。不过,中国并未完全将对美交往的大门关死,而是经过一再努力保持必要的外交接触。1956年8月到1957年底,中美在日内瓦举行遣返战俘、平民和恢复贸易等事务的大使级会谈70余次;经过中方的争取,次年9月会谈移师华沙,其后断续举行了136次,直到1971年基辛格秘密访华后双方启动巴黎联系渠道,会谈才寿终正寝。在此期间,仅数量十分有限的美国记者、青年和进步人士经美国政府同意后来华访问,中美贸易也无从谈起[③]。

总体上看,这一时期的中国外交转型成败参半。如果粗略地在时间上划分,1956年后的七八年中,中国外交为建立广泛的反美统一战线而将重点转向"两个中间地带",开辟了前所未有的空间,其中最突出的成就是涉足于亚非会议等新兴国际多边场合和机制,得到了一批亚非拉发展中国家的承认。同时,中国与西欧大国关系也有所突破。作为一个"闯入者",中国用独特的身份、思维和行为方式在当时的国际体系中获得了某种影响力,甚至开始对外输出自己的规范(如"和平共处五项原则")和援助模式[④]。虽然这样的做法有欠成熟、代价过高,却

[①] 逄先知、金冲及主编:《毛泽东传(1949—1976)》,中央文献出版社2003年版,第598页;中华人民共和国外交部、中共中央文献研究室编:《周恩来外交文选》,中央文献出版社1990年版,第225—229页。

[②] 林彪:《中共中央九大政治报告》,《人民日报》1969年4月28日。

[③] 陶文钊主编:《中美关系史(1949—1972)》,上海人民出版社1999年版,第319、323—324、349—350页。

[④] 谢益显主编:《中国当代外交史(1949—2001)》,中国青年出版社2002年版,第149—169、273—275页。

是在当时的体系环境下必须付出的社会化成本——中国毕竟在实践中学习和积累起一整套与不同意识形态和国体国情的对象打交道的经验。与此同时，60年代初，中印、中苏关系先后破裂，中国在不结盟运动和社会主义国家阵营中的地位也受到损害。

三　经略"大三角"（1970—1982）：大国关系的转折

缓慢变化的冷战历史直到20世纪60年代末才出现拐点。一方面，美国深陷于越南战争困局，在国内外失道寡助，急于转变其亚洲战略，客观上需要与当时"援越抗美"的中国和解。而苏联对华政策则更加咄咄逼人，不仅在两国边界制造紧张局势，并且在国际上策划孤立中国的"亚洲集体安全体系"，甚至还扬言要对中国的核设施采取先发制人式打击。美国决策层清醒地认识到，苏联进攻中国不符合美国利益，于是"中苏对抗为缓和中美关系提供了条件"[①]。另一方面，前述中国外交局面出现严重倒退，"两个拳头打人"的政策使国家安全处于极高的风险之下，毛泽东等领导人意识到了这一点，并做出"两霸，我们总要争取一霸。不能两面作战"的决断[②]。在经过众所周知的复杂互动后，中美两国领导人终于走到了一起，共同开启了两大战略力量和解的进程，史称"中美苏三角"由此形成[③]。

中美关系的突破，极大地改变了全球力量格局，同时也大大缓解了中国的安全困境。中国从此开始了重返国际社会、全方位经略大国关系的新时期。1971年10月，第26届联合国大会以压倒性多数的表决结果通过了以阿尔巴尼亚、阿尔及利亚等23国为首的提案，恢复了中华人民共和国的席位。中美关系的改善也为中国与包括日本在内的其他西方大国建立外交关系扫清了障碍，这一密集建交过程于

[①] 陶文钊主编：《中美关系史（1949—1972）》，上海人民出版社1999年版，第508—509页；[美] A. D. 洛乌：《龙与熊：中苏争端始末》，兵器工业出版社1989年版，第44页；基辛格：《白宫岁月——基辛格回忆录》，世界知识出版社1980年版，第233页。

[②] 王永钦：《1969——中美关系的转折点》，《党的文献》1995年第6期。

[③] 中美在《上海公报》中称："任何一方都不应在亚太地区谋求霸权，每一方都反对任何国家或国家集团建立这种霸权的势力。"这显然是针对当时苏联的扩张势头的。参见《中美联合公报》，《人民日报》1972年2月28日。

1972 年 9 月结束①。在尼克松访华 7 年后，中美最终于 1979 年 1 月 1 日建交。

回顾 1969—1982 年中国外交，其突出的特点包括以下几点。

（1）根据"战争危险主要来自苏联"的判断，中国明确提出了"一条线"的新国际战略②，在原则上反对一切霸权主义的同时，重点构筑外交统一战线，与美国和第二、第三世界各国携手，共同遏制苏联在全球的扩张。

（2）实现了意识形态上的重大突破，与美国事实上结盟反苏的战略也为世界政治创造了新的发展格局，为后来的中国对外开放乃至冷战的结束奠定了基础③。

（3）这一时期中国外交转型源自国际体系的消极反馈和变动压力。在接受一系列的严重受挫后，决策者能够审时度势，认清主要矛盾与威胁，做出重大战略调整，从而"一步走对，全盘皆活。"值得肯定的是，这 13 年中中国决策层完成了代际更迭，但在外交政策上保持了连续性。

（4）在这 13 年中，中国对于国际条约、机制和规范的学习基本停留于被动获知和有批判、有选择地做出反应两个阶段，但在后期有了积极参与的转变。从 1972 年到 1978 年，中国陆续加入了联合国组织内若干机构，逐步与欧共体、亚洲运动联合会、拉美无核区组织、国际大坝委员会、国际奥委会、国际标准化组织等恢复和发展了合作关系，但偏重于一般的政治参与，经贸联系较弱。实行改革开放政策后，中国参与国际组织的数量、质量和主动意识都有了飞跃发展，并更多地涉及国际经济、贸易、金融、科技、海洋资源、文化领域。最有意义的变化是中国积极加入了联合国裁军与军控问题的系列进程，对美苏之间的裁军谈

---

① 谢益显主编：《中国当代外交史（1949—2001）》，中国青年出版社 2002 年版，第 307—317 页。

② 此语最初来自毛泽东的定义，他在 1973 年会见基辛格时提出，"我说要搞一条横线，就是纬度，美国、日本、中国、巴基斯坦、伊朗、土耳其、欧洲"。毛泽东会见基辛格时的谈话，1973 年 2 月 17 日。参见宫力《从中美缓和到实行"一条线"的战略》，《中共中央党校学报》2002 年第 2 期。

③ 《邓小平文选》（第 2 卷），人民出版社 1983 年版，第 158 页。

判也一改过去的怀疑态度而给予肯定①。

（5）当70年代末中国与美国和其他西方大国关系步入短暂的"蜜月"后，美国将中国列为"非同盟的友好国家"，实际给予中国以准同盟国的特殊待遇，中国出于反苏的大战略需要反对美国霸权的立场也有所软化，中西之间的深层矛盾和分歧被掩盖起来。在开放和学习的最初冲动下，中国国内也出现了资产阶级自由化的思潮。这些偏差为其后双方的一系列严重冲突留下了伏笔②。

第三节　不结盟：多向外交与平衡

中国开始转向不结盟政策，走向多向外交与平衡，主要集中于1982—1992年。无论是正式结盟还是非正式结盟，都会使一国外交失去必要的灵活性和自主性，区别仅在于程度不同。中国"联美抗苏"及尔后的"一条线"战略对于在全球范围内遏制苏联扩展势头、减轻其对中国安全的威胁无疑具有重要意义，但中国领导人很快就意识到"我们和大国结盟有两个弊端：第一，中国主张在和平共处五项原则的基础上同世界各国交往，而同大国结盟可能妨碍，或者至少影响我们广交朋友；第二，它会妨碍我们抑制对方可能有的越轨行动，甚至还有可能给对方利用去反对另一些友好的国家"③。

这一时期的国际关系仍深受两个超级大国在全球竞争的影响，然而美苏之间的力量对比格局已再度转换。苏联在阿富汗、东南亚、非洲等地区的连续扩张遭到失败，以里根政府推行"星球大战计划"为标志，美国恢复对苏战略攻势，同时其对华政策也趋于保守与强硬④。1981—

---

① 王逸舟主编：《磨合中的建构——中国与国际组织关系的多视角透视》，中国发展出版社2003年版，第23—24页；谢益显主编：《中国当代外交史（1949—2001）》，中国青年出版社2002年版，第387—390页。
② 《邓小平文选》（第3卷），人民出版社1993年版，第311—312页；《邓小平文选》（第3卷），人民出版社1993年版，第326—327页。
③ 胡耀邦：《中国独立自主对外政策的实质——胡耀邦同志在欢迎南共联盟中央主席团主席马尔科维奇为首的南共联盟代表团宴会上的讲话》，《人民日报》1984年5月19日。
④ 谌取荣等主编：《国际关系史（第十一卷）》，世界知识出版社2004年版，第1—20页；苏格：《美国对华政策与台湾问题》，世界知识出版社1998年版，第531—534页。

1982年中美在美违反建交公报原则、对台出售敏感武器问题上发生了激烈较量，双方关系一度滑向破裂的边缘。同一时期，美方还在涉华政治、技术和经济等问题上一再进行挑衅和刁难，"使两国之间在建交后刚刚出现的友好气氛大大消退①"。与此同时，苏联出于战略调整的实际需要，对华政策出现积极转变的迹象。1982年，勃列日涅夫明确表示中国是社会主义国家，对中国台湾拥有无可争议的主权，苏无意对中国进行威胁②。在此情况下，中美苏之间的亲疏离合再度发生微妙的变化。1983年，邓小平在会见加拿大总理时解释了中国调整"大三角"关系的原因。他谈到，"70年代，我们认为战争的危险主要来自苏联，当时我们同西方，包括美国、欧洲采取了更接近的政策，这是按照当时的实际情况决定的。近几年有点变化，苏联还是咄咄逼人，但美国最近的几手表明，对美国也不能忽略"。另一方面，他认识到美苏在国际事务中既争夺又对话，中国作为世界战略格局中一支重要力量，"加到任何一方，都会发生质的变化"，影响力量的平衡，不利于世界的和平与稳定③。1982年9月和12月，中共十二大和全国人大五届五次会议相继召开，新的对外政策思想正式以党的纲领和新宪法的形式确定下来，中共对发展党际关系提出了包括"去意识形态"在内的四项原则，不再将苏联视为社会帝国主义，修改后的宪法也规定中国不同任何超级大国结盟或建立战略关系，实行独立自主外交的原则，这些变化标志着中国外交思想、特别是实行全方位大国外交的新起点④。

今天看来，邓小平在大国关系上，既继承又超越了毛泽东的反霸思想。他所代表的中国决策层敏锐地抓住了"和平与发展"的时代主题，将反对霸权主义视为维护中国国家利益的一个手段，而不是最高利益所在。"不结盟"的独立自主战略，使中国在大国关系上摆脱了过去那种

---

① 谢益显主编：《中国当代外交史（1949—2001）》，中国青年出版社2002年版，第364—365页；苏格：《美国对华政策与台湾问题》，世界知识出版社1998年版，第313页；贾庆国、汤炜：《棘手的合作——中美关系的现状与前瞻》，文化艺术出版社1998年版，第23页。

② 谢益显：《当代中国外交思想史》，河南大学出版社1996年版，第39—40页。

③ 中共中央文献研究室：《邓小平思想年谱》，中央文献出版社1998年版，第302页。

④ 李小华：《中国安全观分析（1982—2007）》，上海人民出版社2008年版，第87—89页。

联合一方去反对另一方的被动局面，在维持对美友好关系的同时也主动改善对苏关系，从而获得了最大的战略主动权，为实现"有利于国内经济建设的国际环境"这一真正的重大利益奠定了基础[1]。1989年，时任苏联领导人戈尔巴乔夫访华，中苏实现了两党和两国关系的正常化。邓小平亲自安排"只握手，不拥抱"的接待礼仪，再度为中苏关系做了形象的定位：两国做好朋友，但不再结盟[2]。

中国最为重要的大国外交转折发生于冷战体系解体过程的末期。一方面，在东欧原社会主义国家先后发生政权易帜、制度变质以及苏联陷入内部危机的背景下，以美国为首的西方阵营加大干预中国内政的力度，对中国内部的"西化"活动推波助澜，最终酿成1989年北京等地的严重政治风波；另一方面，在中国政府依法对危及稳定的社会动乱做出断然处置后，美国和其他西方大国一致采取对华政治和经济制裁，再度对中国进行孤立和打压。一时间，中国的国际处境如"黑云压城城欲摧"般的困难。然而，这再次促使中国加快外交转型。此次转型后的中国大国外交折冲樽俎的决心更大，同时也更具柔韧性，最终获得了极大的成功。1995年以后，西方发达国家对华政治和经济制裁宣告解体[3]。

重新审视这一段不同寻常的历史，可以将其概括为新中国外交，特别是大国外交真正走向成熟的重要时期。其主要经验和特点可以归结为以下几点。

（1）最高决策层较早地觉察到国际体系发展酝酿中将出现重大变化，遂做出"和平与发展"是世界主要矛盾的时代判断，始终把握全方位对外开放，利用国际市场和国外资源解决自身发展这一根本目标，从容应对和稳妥解决大国关系中的矛盾与冲突，不出头、不冒进、不失原则、不搞权宜之计。

（2）新中国长期积累的抗御封锁和制裁的经验为稳定这一时期的中国对外关系起到了至关重要的作用。邓小平总结说，"中国的特点是建国四十多年来大部分时间是在国际制裁之下发展起来的，我们别的本

---

[1] 《邓小平文选》（第3卷），人民出版社1993年版，第168页。
[2] 钱其琛：《外交十记》，世界知识出版社2003年版，第36页。
[3] 谢益显主编：《中国当代外交史（1949—2001）》，中国青年出版社2002年版，第448—449页；吴白乙：《后冷战国际体系变动与中欧关系》，《欧洲研究》2005年第5期。

事没有，但抵抗制裁是够格的。所以我们并不着急，也不悲观，泰然处之。尽管东欧、苏联出了问题，尽管西方七国制裁我们，我们坚持一个方针：同苏联继续打交道，搞好关系，同美国继续打交道，搞好关系，同日本、欧洲国家也继续打交道，搞好关系。这一方针，一天都没有动摇过。中国度量是够大的，这点小风浪吹不倒我们"。①

（3）中国最高决策层在这10年中再次完成了代际更迭，并在外交政策上保持了连续性。中国外交的非意识形态特征经过国际体系转换的严峻考验后得到固化，观念和行为方式也发生了转变，外交风格日趋务实灵活，对外反应更显成熟和稳定，这些特征尤其体现在处理与美国的重大矛盾或对美国全球政策的反应上。1981年9月，中方在与美国就出售中国台湾武器一事激烈交锋的同时，还出台了更具和解色彩和优惠条件的"叶九条"配合对美谈判，破解对方将"大陆对台弃武"的要求与美国对台军售挂钩的无理立场②；在1989年中美关系出现严重倒退的关头，中方依然保留了高层领导间的沟通渠道，利用领导人之间的秘密交往（或曰"静悄悄外交"）控制危机进而使之缓解③。

此外，在处理海湾战争、联合国对"洛克比空难"的制裁决议等复杂的多边问题时，中国均采取了巧妙超脱的做法，既没有与美国等西方大国搅在一起，也没有简单地因循"反对大国欺负小国"的传统思维。事实表明，冷静地对待冷战后美国等西方大国与其他小国之间的矛盾，"划清同美国做法的界限，采取超脱态度是适宜的"④，这也是中国处理大国关系的一条宝贵经验。

（4）尽管这一时期中国的发展已取得举世瞩目的成就，但全面融入国际社会的进程似乎才刚刚开始。由于实际力量、手段和影响力仍然有限，中国只能继续保持"韬光养晦"的低姿态，在变动中的国际体系中加快学习并做出适应性调整。在这一阶段，中国的国际化步伐从未因大国关系起伏的影响而放缓，加入国际条约和相关组织机构的数量和

---

① 《邓小平文选》（第3卷），人民出版社1993年版，第359页。
② 苏格：《美国对华政策与台湾问题》，世界知识出版社1998年版，第514—515页。
③ 钱其琛：《外交十记》，世界知识出版社2003年版，第170—181页。
④ 谢益显主编：《中国当代外交史（1949—2001）》，中国青年出版社2002年版，第453—455页。

质量都有相当程度地增加,其中最为突出的是参加了关贸总协定(GATT)的谈判进程。尽管中国的学习和调整主要是基于国内建设和发展的需要,但到了后期由于国际环境条件的变化,中国更多的是在国际体系的压力下加速适应和学习的[1]。

(5)在此期间,中国还先后完成了香港和澳门由外国治下回归祖国的重大谈判。邓小平提出"一个国家,两种社会制度"的政治构想,不仅指导对英、葡等国谈判最终取得成功,而且开创了主要大国间和平协商,解决政治分歧并妥善处理历史遗留难题的先例,极大地丰富了当代国际关系理论,其深远的意义无论怎样评估都不为过[2]。

第四节 多重合作、积极有所作为到构建新型大国关系

一 多重的合作(1993—2002):大国外交新局

历史地看,这是中国外交、特别是大国外交转型最明显、社会化学习成效最突出的10年。必须承认,这一转变的背后存在很强的国际压力与国内反应间的逻辑联系。苏联解体、冷战结束后,世界进入了一个政治再分化和经济高度竞争的新时期,这使得中国一方面需要继续在新的国际形势下确保自身的政治安全,大旗不倒就是本钱;另一方面也需要在全球经济竞争中获得发展的新机遇。退休后的邓小平提醒当时的中国领导层,"人们都在说'亚洲太平洋世纪',我们站的是什么位置?过去我们比上不足、比下有余,现在比下也有问题了。东南亚一些国家兴致很高,有可能走到我们前面……我们面临着这么一个压力,算做友好的压力吧。我们不抓住机会使经济上一个台阶,别人就会跳得比我们快的多,我们就落在后面了"[3]。正是在这一背景下,中国于1992年底正式确定实行社会主义市场经济的制度体系,并为此加快与国际体系接

---

[1] 王逸舟主编:《磨合中的建构——中国与国际组织关系的多视角透视》,中国发展出版社2003年版,第180—183页。

[2] 国际战略研究基金会编:《环球同此凉热——一代领袖们的国际战略思想》,中央文献出版社1993年版,第347—348页。

[3] 《邓小平文选》(第3卷),人民出版社1993年版,第369页。

轨的步伐。

这一时期中国的大国外交空前活跃，其定位和方式具有以下特点。

（1）采取了"不排他，不针对第三方"的明智方针，经过持续的努力构建了多元和平衡的大国关系格局。从1994年起，中国与所有大国（包括具有超国家特性的欧盟和新兴大国巴西、印度等）建立了内涵广泛的战略伙伴关系，与美国也就建立面向21世纪的建设性伙伴关系达成共识。到上个世纪末，这种复合型的伙伴关系架构基本完成，不仅使中国获得了与其他大国加深合作、处置分歧和摩擦的通约性保障，而且也有效地增强了自主、主动和对冲矛盾的大国外交功能。

（2）利用国际制度与体系功能与其他大国构成共同利益，提高中国的国际地位，改善处理大国关系的历史条件。随着国内发展和国际竞争的不断升级，中国的综合国力与国际竞争力开始向全球排名的前列跃升。其结果是，一方面中国与国际体系实现了"渐进的、量变的、和平的、以经济力量为先导的"融合与互动。至1999年，中国加入的国际公约已达220个，其中绝大多数是在此期间加入的，特别是经过15年曲折、漫长的谈判，中国于2001年正式成为世界贸易组织成员，成为中国"参与国际体系的历史性转折点"。在此期间，为了适应中国加入世界贸易组织的需要，全国人大着手修改140多件、废止570多件与世界贸易组织规则相违背或违反中国承诺的法律法规[1]。另一方面，通过不断增进与"维持现状的大国"和国际社会其他成员的共同利益来改善自己在国际体系中的地位，中国最终"进入国际体系中最敏感的核心部分"（如于1992年加入的《不扩散核武器条约》；1999年正式签署的《全面禁止核试验条约》；1997年和1998年签署的《经济、社会、文化权利国际条约》和《公民权利与政治权利国际条约》）[2]。

（3）与此相关，中国的国际责任意识和行为能力发生了重大变化。为营造冷战后有利于自身发展的国际环境，同时为适应和实现转型后的国际地位、身份和承诺，中国开始在日益凸显的全球安全和发展事务中

---

[1] 田燕苗：《加入WTO与中国法律的修改》，2003年4月15日，人民网（http://www.people.com.cn/GB/paper39/8952/834871.html）。

[2] 黄仁伟：《中国崛起的时间和空间》，上海社会科学院出版社2002年版，第105页。

奉行积极的多边主义原则①。在军控和防扩散领域，中国不仅根据国际规范进一步改进了自身的技术与产品出口管制政策，而且参与并主持了朝核问题的多边谈判进程；在应对反恐、维护国际经济稳定、解决非传统安全及地区冲突等方面，中国也一改被动和消极的态度，开始发挥重要作用。尽管中国参与联合国维和行动起步较晚，但在此阶段中国已成为安理会常任理事国里提供维和兵员最多的国家之一。

此外，在 APEC、亚欧会议、上海合作组织、"东盟—中国"和"东盟+中日韩"对话等多边舞台上，中国也逐渐显露头角，发挥重要的建设性作用。特别值得一提的是，20 世纪 90 年代后期，中国在亚洲金融危机中坚持负责任的货币政策，并积极推进亚洲区域货币与金融合作的设想，极大地促进了地区经济稳定与恢复，也由此加深了中国与周边经济体的共生关系②。总的来说，这一时期中国基本走完了"由 70 年代前的'体制外'国家和 80 年代的'游离性'国家，转变成'体制内的负责任大国'"的路程。对此，中国人的自我评价是"历史上最开放、最繁荣的时期，"而国外学者也认为"中国（在这一时期的国际活动中）遵守规则的情况最好，成员品德表现得也最好"③。

（4）中国处理与大国直接冲突的经验和手法趋于成熟。面对中国快速崛起现象，这一时期国际政治力学反应尤为强烈，并直接体现在中国与美国、北约在 1995—1996 年台湾海峡军事对峙，1999 年中国驻南斯拉夫联盟大使馆被炸和 2001 年中美军机在海南岛上空相撞引起的 3 次外交危机上。经过这 3 次危机的严重考验，中国对危机的认识与处理更加理性、稳健。首先，始终冷静、清醒地将美国和西方的霸权行径作

---

① 中国最初对多边安全机制是持怀疑态度的，担心它们成为制约中国崛起的工具，也可能变成西方国家干涉中国内政的手段之一。随着实践的深化，中国逐渐获得了多边外交的经验与信心。1998 年以后，"积极参加多边外交活动"成为官方立场。参见李小华《中国安全观分析（1982—2007）》，上海人民出版社 2008 年版，第 269—271 页。

② 黄仁伟：《中国崛起的时间和空间》，上海社会科学院出版社 2002 年版，第 100—101 页；谢益显主编：《中国当代外交史（1949—2001）》，中国青年出版社 2002 年版，第 548 页。

③ 秦亚青：《国家身份、战略文化和安全利益》，《世界经济与政治》2003 年第 1 期；江泽民：《为建立公正合理的国际新秩序而共同奋斗》，《人民日报》1997 年 4 月 24 日；[美] 埃兹拉·沃格尔主编：《与中国共处：21 世纪的美中关系》，新华出版社 1998 年版，第 104—105 页。

为个案看待,而不是将美国和西方重新视为霸权主义的整体来加以反对;其次,在坚持有力的外交斗争的同时,避免全面对抗而导致危机失控,特别是在强烈的国内压力背景下实现了危机管理"有理、有利、有节"等诸多原则间的平衡;最后,在危机过后能够加快学习和改进,一方面主动与有关大国建立预防性外交机制(如与美、日、韩及东盟国家等建立定期的专业对话机制,探索共同的行为规范),另一方面也在国内机制上做出相应安排[①]。

(5)作为世界大国中唯一例外,中国曾长期受困于诸多历史遗留的主权和陆地领土的国际争议,这些问题在这一时期都基本得到解决。在曲折反复的谈判协商之后,中英就中国恢复对香港行使主权之前过渡时期的各种制度安排达成进一步协议,并终于在1997年7月1日完成了历史性交接。随后,澳门于1999年12月31日回归中国管辖。中国与俄罗斯及中亚邻国哈萨克斯坦、吉尔吉斯斯坦、塔吉克斯坦也本着"平等协商、互谅互让"的原则,经过几年的不懈努力,"顺利地解决了历史遗留的、属于当今世界国与国之间最难解决的复杂边界问题。"自1993年起,中国与印度先后签订了《关于保持中印边境实际控制线地区和平与安宁的协定》《关于在中印边境实际控制线地区军事领域建立信任措施的协定》,并建立了专家小组定期会商制度,这些进展为最终协商解决双方边界争议,实现两国之间的和平边界创造了积极的条件[②]。

二 积极地有所作为(2003—2012):构建和谐与合作的大国关系

当人们透过历史的长镜头回眸刚刚过去的这段历史时,也许不难发现中国外交进步的步幅之快之大的确有些超乎预料。

这是世界政坛风云际会,大国领导人频繁更替的时期;这是经济全球化进程加快,国际政治和经济秩序变动加剧的岁月;这更是中国客观

[①] 谢益显主编:《中国当代外交史(1949—2001)》,中国青年出版社2002年版,第459、520、549—550页;杨洁勉:《后冷战时期的中美关系:外交政策比较研究》,上海人民出版社2000年版,第306—308页。

[②] 谢益显主编:《中国当代外交史(1949—2001)》,中国青年出版社2002年版,第490、558—560页。

国力已跃居世界前3强①，中外利益密集交汇，相互依存度不断加深的崭新阶段。与之相关，人口、粮食、能源和资源、环境和气候变化、疾病、战乱等非传统安全挑战持续升级，进入全球稳定和治理议程的前列。中国开始面对世界、特别是其他大国要求其分担更多国际责任的形势，与此同时中国国际化程度的提高，海外利益的迅速扩展也令中国更加关注全球发展与安全困境。中国已无法继续超然于世外、一心一意地"向内看"了。

如果可以跳出熟悉的事件细节，尝试去把握这段历史纵横交错的大脉络的话，我们也许会惊讶于它们的跨度和力度，感叹中国对外部世界的持续适应能力。

（1）中国正从"世界工厂"转向"世界股东"，大国关系的重心出现变化。近10年间，一方面是由于国际经济分工的变化和财富转移效应的作用，另一方面是中国国内产业结构调整和对外比较优势的转换，中国利用国外市场和资源，鼓励企业"走出去"战略成效凸显。以经济合作为先导，中国外交进一步向全球各处拓展，也直接牵动了其他大国的神经，美、欧、日等先后调整政策，力图在合作的基调下规范中国并展开竞争②。以近年来中美战略经济对话为例，其主要内容已由原来的双边经济关系向全球性议题转移。

2008年美国金融危机爆发，世界经济全面衰退，中国经济安全风险加剧。旧的体系分工带来的高额外汇储备压力迫使中国在两条战线展开外交"维稳"的努力，一是积极参与20国领导人金融峰会、G8与主要发展中国家对话以及与日、韩和东盟建立亚洲区域外汇储备库③，还增持了美国国债，为稳定现存的国际储备货币发挥了重要作用；二是为降低美元可能贬值而造成的财富缩水的风险，加大海外并购和投资力度，经济外交的重点已不仅是资源富饶的非洲、拉美地区，而且开始延

---

① 中国科学院中国现代化研究中心：《中国现代化报告2008——国际现代化研究》，2008年1月28日。
② [德] 白小川：《欧盟对中国非洲政策的回应——合作谋求可持续发展与共赢》，《世界经济与政治》2009年第4期。
③ 胡星：《国际纵横：东盟与中日韩共建亚洲区域外汇储备库》，2009年5月4日，国际在线专稿（http://gb.cri.cn/27824/2009/05/04/3785s2500572.htm）。

伸到美、欧、俄、澳等发达经济体。同时，为促进国际体系朝着更加公平、稳定和开放的方向改革，中国积极倡议增加发展中国家在国际货币基金组织等机构中的权利，团结和联合所有的改革力量推进全球秩序的长期稳定。虽然这一过程还没有结束，但中国外交，特别是与其他大国的合作必将趋于频繁而深刻的互动。

（2）中国在国际安全议题上的角色部分地实现了由"追从"到"主导"的转换。从主持管理第二次朝核危机的"六方会谈"到与联合国及非洲联盟高度协调对达尔富尔人道主义危机采取行动，从执行联合国决议、开展包括向亚丁湾派出海军护航编队，打击索马里海盗等在内的维和行动，到为上海合作组织成员国提供发展信贷和人员培训，以实现地区发展、消除贫困和遏制国际恐怖、民族分裂和宗教极端势力的目标，中国外交的变化为世人所瞩目。

（3）随着国际化程度的加深和大国力量对比的变化，中国日益成为"世界的中国"。在一定意义上，中国的国内议程对国际社会的影响已由间接变得直接，由局部性变得更带有全局性。尽管如此变化超乎人们的预料，这一阶段，国内分析人士也一直曾怀疑外界高估中国影响可能另有企图，但中国的一举一动越来越受到全球关注已是不争的事实。无论是中国为应对当时的国际金融危机所出台的国内经济刺激方案，还是海峡两岸关系趋向和解的新气象，中国决断和姿态的外部效应更加显著，中国的内需也在相当程度上成为全球多个资源、期货和债券市场的"晴雨表"[①]。另一方面，中国在经济高速增长和社会转型过程中所遇到的内部矛盾，特别是当它们挟裹着复杂的历史、宗教和民族因素而加剧时，外部的关注和压力也制约着中国对这些矛盾的处置和管理。在涉

[①] 2005年4月，中国国民党主席连战应邀访问大陆，与中共中央主席胡锦涛会晤并共同提出发展台湾海峡两岸关系的"五点愿景"，这不仅是中国内部和解的历史开端，而且对中国外交，特别是对美关系具有重大而深远的影响。2008年3月，国民党在中国台湾领导人选举获胜后，两岸关系不断取得突破性进展，长期困扰双方经贸、人员往来的直航、"三通"等实质问题逐一解决。在此背景下，中国台湾问题对中美、中日关系的干扰频率和程度都大大下降，中国外交的全局也趋向宽松。参见傅立民《对中美关系变化的展望》，《美国研究》2009年第1期；林碧炤：《两岸外交休兵新思维》，林碧炤主编：《两岸外交休兵新思维》，远景基金会2008年版；李明：《新政府两岸外交休兵政策之理念与作为》，林碧炤主编：《两岸外交休兵新思维》，远景基金会2008年版。

藏、涉疆的社会维稳问题上，中国领导人的决策显然深受境外反应的牵制，也说明中国与外部世界关系的维度更趋复杂和直接。中国必须更加主动地学习和掌握现代国家治理的制度手段，善于采取国际规范，转变思维定式和行为习惯，才可能利用与国际社会的最大公约数转化内外政策之间的矛盾，有效地实现国内治理与对外形象的双重目标①。

（4）中国的"软实力"建设发生了跨越式发展。一国的软实力主要是来自对别国具有吸引力的文化、政治价值观和具有现实合理性及道德权威性的对外政策②。经过30多年的改革与开放，中国经济持续高速增长，中国文化事业也出现了大繁荣、大发展，在客观上促进了对外交流与合作。尽管对外文化交流不等于外交，但它所产生的附加值可以对外交起到积极的补充作用。2002年以后，中国明确表示构建和谐世界的外交理念，与此同时也在国内启动了建设社会主义文化"软实力"的系列工程，通过出台相关政策进一步改善了文化产业发展的宏观环境。例如，商务部等部委制订了《2007—2008年度国家文化出口重点企业目录》和《2007—2008年度国家文化出口重点项目目录》，财政部还专门设立了30亿元人民币的专项资金支持动漫产业的创作生产、素材库建设、人才培养、公共技术服务体系。

从2004年到2007年，中国动漫产业以每年40%以上的增速跨越式发展，初步形成东北、华北、长三角、西南和中部5大动画产业发展带和20个动画产业发展基地。与此同时，中国影视节目、图书、网络游戏产品也实现了规模性的"走出去"。2006年，中国图书出口数量同比增长42.1%，达到736万册，输出版权2050种；2007年，中国影视节目出口额突破21亿元，其中中央电视台全年销售各类节目8200部集、7000多个小时。另外，中国在33个国家及港澳台地区举办了68次中国电影展，展出国产影片605部（次），有29部国产影片在19个国际电影节上获得49个奖项，有78部影片销售到47个国家和地区。2008年，中国原创网络游戏产业在实体产业出口普遍紧缩的形势下逆势而

---

① 江西元：《中国的世界还是世界的中国：中国外交文化本原与国际体系变化趋势》，时事出版社2009年版，第11、191、206页。

② [美]约瑟夫·奈、王缉思：《中国软实力的兴起及其对美国的影响》，《世界经济与政治》2009年第6期。

上，共有15家中国网游企业自主研发的33款网络游戏进军海外市场，覆盖北美、欧洲、亚洲等地的40多个国家和地区，实现销售收入7074万美元，比2007年增长了28.6%[①]。

更可喜的是，从1998年到2007年，中国学者在国际顶级学术期刊上发表的科技论文数量翻了三番。中国还在全球实施了大规模的语言文化教学计划，截止到2008年已在81个国家建立了256所孔子学院和58所孔子课堂，并有40多个国家150多个学校和机构正在申请待建。2008年，各孔子学院和孔子课堂共开设各类汉语课程6000多班次，注册学员13万人，举办各种文化交流活动2000多场次，参加人达140多万人[②]。此外，中国政府还设立各类鼓励外国留学生来华学习、进修的奖学金，组织中外学者翻译中国古代文化经典，向世界介绍关于自然界和人类的传统哲学思想。中国还通过成功举办第29届夏季奥林匹克运动会，彰显了"和谐、进步、合作"的对外理念，"奥运外交"所展示的中国繁荣、开放、安定的形象极大地增加了国家的对外吸引力。中国"软实力"上升的现象也对西方大国产生压力，奥巴马政府被迫调整了对外政策，转而采取"巧实力"的外交战略[③]。

（5）中国与发展中大国和地区的外交实现了机制化、常态化。中国与发展中世界有着广泛和持续的联系。分布在亚、非、拉地区的众多发展中国家一直与中国相互学习和借鉴，并在国际场合相互支持和配合，是中国外交，包括大国外交的基石之一。随着国际形势的变化，中国与发展中国家的共同利益进一步增加，在共同发展的过程中相互需求更加强劲。新世纪以来，中国在与西方大国外交中一方面更加顾及和维

---

① 张笑、魏婷：《中国动漫产业国际竞争力分析》，《国际经贸探索》2009年第3期。
② 《国际顶级学术期刊上中国科研论文数量9年翻3倍》，《文汇报》2009年6月25日；《教育部国家汉办有关负责人接受专题采访：国家汉办主任、孔子学院总部总干事许琳》，2009年3月12日，人民网（http://lianghui2009.people.com.cn/GB/145766/146770/148783/148785/8951210.html）。
③ 2007年英国广播公司在22个国家进行有关"国际形象"的公众调查，结果对中国持积极评价的人远高于对美国的评价。2008年芝加哥全球事务委员会和韩国东亚研究院以"软实力"为主题进行的一项多国民意调查表明，多数受众承认中国影响力上升，并认为它是"积极的"。[美]约瑟夫·奈、王缉思：《中国软实力的兴起及其对美国的影响》，《世界经济与政治》2009年第6期；袁鹏：《奥巴马政府对华政策走向与中美关系前景》，《外交评论》2009年第1期。

护发展中国家的整体利益与诉求①，另一方面还积极开拓与发展中大国和地区力量的合作。2006年中非合作论坛在北京召开峰会，48个非洲国家首脑、政府领导人和代表团团长到会，内容涉及政治、经贸和社会发展等多个领域。在此次会议上所建立的中非新型战略伙伴关系框架下，中国提出对非援助的8项措施，其中包括提供总额为50亿美元的中非发展基金，3年内为非洲培养15000名各类人才，减免非洲国家债务100亿美元。这一当代外交史上的空前盛会是中国构建和谐世界理念的一次成功实践，在全世界，特别是西方大国中引发强烈震动。西方媒体认为，中国"以人为本，注重试验、循序渐进、政治稳定、目标合理、不断学习"的发展模式较之援助和贸易对非洲更具吸引力②。

三　积极构建新型大国关系（2013年— ）

构建以合作共赢为核心的新型国际关系，是国家主席习近平总揽世界大势提出的重要外交理念之一。而在新型国际关系中，主要大国之间的新型关系又是最关键的，在中国外交中占据优先重要地位。十八大报告关于中国外交政策的建议明确指出："我们将改善和发展同发达国家关系，拓宽合作领域，妥善处理分歧，推动建立长期稳定健康发展的新型大国关系"。新型大国关系由此成为中国外交战略的重要内容。

新型大国关系的构建首先体现在中美关系构建上。2012年2月，时任国家副主席习近平访美。访问前夕，习近平接受美国《华盛顿邮报》书面采访时指出，要携手走出一条大国之间和谐相处、良性竞争、合作

---

① 即使是在全球金融危机爆发，各国急需增加内部金融流动以刺激经济复苏的情况下，中国领导人仍利用重大场合一再呼吁各国重视发展中国家的特殊处境，继续合力推进联合国千年发展目标进程，并明确承诺将在南南合作框架内，继续向发展中国家提供力所能及的援助，包括无偿援助、债务减免、贸促援助。《胡锦涛在金融市场和世界经济峰会上讲话（全文）》，2008年11月16日，新华网（http：//news.sina.com.cn/c/2008-11-16/030416662235.shtml）；《胡锦涛在二十国集团领导人第二次金融峰会上的讲话（全文）》，2009年4月3日，新华网（http：//news.xinhuanet.com/newscenter/2009-04/03/content_11122834.htm）。

② 《中国将在非洲建经贸合作区，培养人才派遣专家》，2006年11月4日，新华网（http：//news.sina.com.cn/c/2006-11-04/111111424515.shtml）；《中国将设总额50亿美元中非基金，进一步开发市场》，2006年11月4日，新华网（http：//news.sina.com.cn/c/2006-11-04/111511424536.shtml）；《中国政府免除非洲国家高达100亿美元的债务》，2006年11月4日，新华网（http：//news.sina.com.cn/c/2006-11-04/105311424472.shtml）。

共赢的新型道路。2013年6月，习近平主席在与奥巴马总统举行的庄园会晤上明确提出中美应构建新型大国关系，两国元首达成了"不冲突、不对抗""相互尊重""合作共赢"的共识。随后在"瀛台夜话""白宫秋叙""中美战略与经济对话机制""中美陆军首次进行机制性对话"等多个场合，习近平主席就如何构建中美新型大国关系进行了阐述。

关于特朗普2016年11月赢得美国大选后的中美关系，2016年11月19日，习近平主席在参加秘鲁举行的APCE期间与美国总统会晤时提到，"我愿意同特朗普先生一道努力，拓展两国在双边、地区、全球层面各领域合作，以建设性方式管控分歧，实现不冲突不对抗、相互尊重、合作共赢，推动中美关系在新的起点上取得更大进展"①。尽管习近平主席没有提到"新型大国关系"，但是他提到的发展未来中美关系的这几个原则显示出"推进中美新型大国关系"仍然是中国发展中美关系的重要目标。

中美新型大国关系的构建也为中国发展与其他大国关系以及其他大国之间发展关系提供了思路。构建新型大国关系，是中国领导人基于对国际政治格局和各国人民根本利益的反复考量和决断，体现的是一代政治家的勇气、担当和创新。

第五节　社会化学习与大国外交转型的因果关系

经过上述分析，中国的大国外交清晰地展现如下历史变动曲线及其国际化特征。首先，在1949—1979年的前30年间，中国的大国外交空间十分有限。在相对孤立的历史条件下，中国不具备完整的社会化学习环境，造成交流、借鉴和模仿的偏颇或缺失，也使中国的国际化过程呈现缓慢且波动频繁的轨迹。图11-1选取新中国成立后8次重大对外军事斗争为一组指标，对应有限的重要外交进展，意在表明中国在这一时期国际化过程的基本态势。相对于此，从1979年后，中国的大国外交格局已然形成，与国际体系加速接轨。尽管它在根本上是自主性质的，

---

① 《奥巴马任内与习近平的最后一次会谈都说了什么？》，2016年11月21日，中国网（http://military.china.com/important/11132797/20161121/30045111_all.html）。

第十一章　中国与大国关系：社会化学习与外交转型　207

也是从工具性的考虑出发有选择地接受现存规则的有用部分，但却反映出中国外交观念和心理已转向了认同和学习①。因此，积极、和平与合

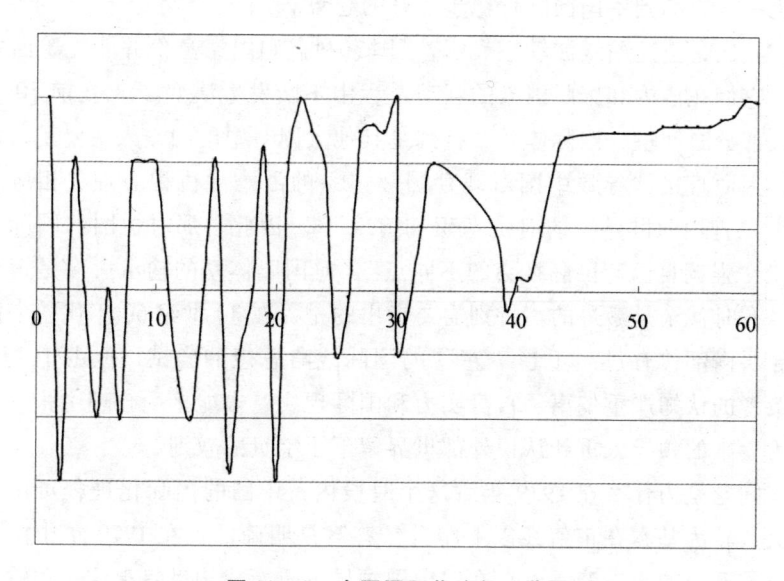

图 11-1　中国国际化途径一览图

说明：1. 横线中的 0—60 指中国大国关系的时间，其中 0 为起点，即指 1949 年，而 10 则指 1959 年，以此类推，60 则指 2009 年。

2. 竖线以 0 为界限，0 以上指积极（与大国建交和加入重要国际组织等）性质的指标，0 以下指消极（冲突或战争）指标。按其国际影响程度赋值并做出比估。本图选取的标志性事件依赋值次序为：3 级——1949 年与苏联建交、1971 年中国重返联合国、1979 年中美建交、2008 年中国成功举办奥运会；2.5 级——1972 年连续与德、英、日等国建交，并成为世界卫生组织成员；2 级——1954 年日内瓦会议、1955 万隆会议、1964 年与法国建交、2001 年成为世贸组织成员、2006 年中国香港官员任世界卫生组织总干事、2006 年中非论坛召开、2008 年中国学者出任世界银行副行长兼首席经济学家。1 级——1974 年与巴西建交、1980 年成为国际货币基金组织成员、1984 年成为国际原子能机构成员、1991 年成为 APEC 会员；0.4 级——1989 年"八九"政治风波，及应对西方国家的制裁。

负 0.4 级——1988 年中越海上冲突；负 1 级——1962 年中印边境战争、1974 年中越（南越）西沙之战、1979 年对越自卫反击战；负 2 级——1954 年对台军事斗争、1954 年抗法援越、1958 年炮击金门；负 3 级——1950 年抗美援朝、1965 年抗美援越、1969 年中苏边境冲突。

---

① 郑永年：《中国与全球资本主义：冲突、合作与和平发展》，《国际政治研究》2007 年第 1 期。

作成为中国国际行为的主流趋向。在此期间，尽管出现过个别对外用武的例外以及数次外交危机，但均在较短的时间内对其进行了有效控制和解决，未影响到中国国际化稳步上升的趋势。

其次，上述曲线波动还表明，"国家利益和国家身份并非先验给定的，它们在国内和国际因素的互动过程中不断发生演变。"① 在前30年的大部分时间里，国际体系、特别是其他大国对中国的输入主要是负面的，因而直接"导致中国对现存国际体系的敌意和仇视心理，相应地带来'打烂旧世界'的对抗意识和追求"②。因此，那时中国的国际观重在"强调自己与国际社会的不同点"，对国际体系的输出大多是消极的，有时甚至是激进的。特别需要指出的是，在20世纪60年代初中国领导层内部曾有过纠正趋"左"的国际战略思想的尝试，但由于主要决策者的认知严重偏离了自身实力和国际现实，未能接受合理主张，这也为后来的领导人重新认识外部世界留下了宝贵的教训③。

问题是为什么在1979年后这个时段内，中国的国际化进程可由大起大伏转为基本在正值线以上爬升？答案是明确的。在1979年中国实行对外开放的政策背后，存在着中国领导人重新建构世界观这一关键事实，其动因既来自历史的教训和现实的内外压力，也源于建构者的认知能力和学习态度④。如表11-1所示，中国的大国外交内涵在此期间出

---

① [美] 玛莎·费丽莫著：《国际社会中的国家利益》，袁正清译，浙江人民出版社2001年版。

② 朱立群：《观念转变、领导能力与中国外交的变化》，《国际政治研究》2007年第1期。

③ 毛泽东认为王稼祥的和平共处思想，实际上是主张"对帝国主义要和，对修正主义要和，对印度和各国反动派要和，对支持民族解放运动要少，这是'三和一少'"。随着对王稼祥的批判，以毛泽东为代表的党内主流意见变为"三斗一多"，即"对帝国主义要斗，对修正主义要斗，对各国反动派要斗，要多援助民族解放运动"。参见张沱生《艰苦的探索，可贵的努力——试论王稼祥对党的国际战略思想的贡献》，国际战略研究基金会编：《环球同此凉热——一代领袖们的国际战略思想》，中央文献出版社1993年版，第171—182页。

④ 1979年1月2日，邓小平在会见美国众议员代表团时承认，"就拿我个人来说，看法经常改变。毛主席、周总理也是这样。因为世界事务、实践在变化，事物在发展变化，问题的性质也都在不断变化。既然事物总是在变化，人民的思想总得要适应这个变化"。在随后访美期间，邓小平还专门陪同出行的外交政策顾问解释中国对外，并且主要向美欧开放的理由。他简明地说，"跟着美国的那些国家都富强了"。冷溶、汪作玲主编：《邓小平年谱（1975—1997）》，中央文献出版社2004年版，第463页；袁明主编：《美国文化与社会十五讲》，北京大学出版社2003年版，第1—2页。

现明显的转化，具体地体现在国际利益构成和排序的改变上。意识形态不再是国家安全的直接派生物，而是为国家安全概念完全覆盖（见表11-1）。

表 11-1　　　　　　1979 年前后中国大国外交内涵对比表

时间	外交基础	外交目标	外交途径	外交结果
1949—1979	独立自主	国家独立、获得国际社会承认	意识形态+力量制衡（有时以结盟或国际统一战线的形式）	国内基本稳定、外交波动大
1979—	独立自主	民族复兴、成为负责任大国	经济合作+和平共处（与各大国结成各类伙伴关系形式）	国内稳定、国际地位实质性改善、全方位外交基本实现

即使在改革开放前，中国也曾多次以国际体系的另类角色进行社会化学习，并通过经略国际体系的边缘地带（即广大发展中国家）获得对外影响力，甚至成功地导演了中美和解并构建了"战略大三角"。但是，上述实践仍未超越传统的地缘政治思维，从而使中国与其他大国的关系局限于政治分野。当中国主动承认西方主导国际体系的客观存在，并在摩擦中接受和适应体系压力之后，日益增多的经济实力和国际承认等"体系回报"进一步激励中国外交的学习和转型，大国关系趋于成熟，与国际体系的互动终于进入良性循环。

再次，如果进一步解释 60 多年来中国大国外交的波动，还必须承认中国在主动建构大国关系时所受到的自身文化传统影响和局限。5000 年的儒家文明、特有的政治体制始终使中国的大国身份存在与西方文化"异质"的特性，致使这一身份难以获得充分承认。尽管随着中国的主动输入，西方国家主导的国际体系的对华排斥力或有减缓，但不会轻易消失。2008 年北京奥运会前夕，一些西方国家曾试图联手抵制，对华的"曲解和质疑"达到高潮，也再次激发了中国民众的强烈不满[①]。这也从一个侧面表明，中国在与西方大国建构新型关系的过程中，还需要

---

① 邱震海：《2008 年中外关系的激荡与心理磨合》，2008 年 12 月 28 日，新浪网（http://www.caogen.com/blog/infor_detail.aspx?id=90&articleId=12164）。

直面格外复杂的文化因素。尤其是当中外关系的冲突面突显时，民族主义情绪易被唤醒，中国公众和决策者的危机感加重。这也是贯穿60多年中国大国外交的一条不容忽视的重要线索。不同的是在1979年后，中国外交主要遵从了"斗而不破"的策略思想，并由于已身处国际体系之内，博弈能力有所增强，因而其危机管理目标基本得以实现。

当世界历史挟带着经济全球化的巨大推力进入21世纪以后，中国的特质文化被进一步置于既需保存个性又要兼顾国内外关系的矛盾之中。新的国际政治经济学背景下的全球语境、合作压力乃至自身义务将迫使中国加速新一轮的学习与适应行动，并在承认、确立公平的国际规范的同时，利用好外部压力促进内部产业和技术的升级换代，从而更好地在国际社会中为各国，特别是为广大发展中国家垂范。只有把自己发展的事情办好了，中国在上述领域里与发达国家的政治博弈才会更加有力。

最后，图11-1所示的历史波动或许还揭示了中国大国外交的某些深层次矛盾。一是在策略上，中国时常受困于外交上"韬光养晦"与"有所作为"之间的失衡。作为学习和追赶先进国家的落后者，中国在国际化的曲折进程中曾数度急于"出师"，大国外交也不时出现重颜面而轻实利的倾向。比如，无论是在20世纪50年代的对苏关系上，还是后来在处理中日、中美关系的过程中都出现过不少过激或过缓的瑕疵[1]。究其原因，儒家建构和管理社会关系的价值观念与现代外交实践之间的冲突始终存在，一方面造成中国外交因过于强调理想性、道义性和整体性而在个案上显得教条、空泛[2]；另一方面，"君子怀德，小人怀惠"的文化大国心结又使中国外交因感性成分较多而屡受"伤害"，

---

[1] 1989年5月，邓小平对来访的时任苏共中央总书记戈尔巴乔夫坦承，"经过二十多年的实践，回过头来看，双方都讲了许多空话……现在我们也不认为自己当时说的都是对的"。《邓小平文选》（第3卷），人民出版社1993年版，第291、294页；[美]罗伯特·劳伦斯·库恩：《他改变了中国：江泽民传》，谈峥、于海江等译，世纪出版集团、上海译文出版社2005年版，第303—305页；张沱生、[美]史文主编：《对抗·博弈·合作——中美安全危机管理案例分析》，世界知识出版社2007年版，第66页。

[2] Alastair Iain Johnston, *Cultural Realism: Strategic Culture and Grand Strategy in Chinese History*, Princeton, NJ: Princeton University Press 1995, p. 10.

容易对外界做出过激反应①。

二是在外交思维上,"守拙""后发制人""言必信,行必果"等习惯既体现了东方人特有的含蓄与智慧,也在某些情况下限制了中国与外界——特别是与西方强国——打交道时主动预防、积极影响乃至事后变通的意识。辩证地看,作为国际规则和经验的学习者,中国在大国外交中保持低调姿态无疑是有利的,但过于内敛和谦虚也会造成对外反应的滞后,甚至在国际话语上的劣势。中国在反恐、朝核、伊核等许多涉及美国、欧洲重要利益的问题上一再践行自己的合作承诺,却不善于以西方人习惯的方式为自身安全"讨价还价"。从根本上说,中国在学习国际规则乃至政治话语的同时,还缺乏有效的内化和创新,因此遇有重大事件而需要对外表达时,中国"的确显得'支支吾吾'"②。从另一角度说,在必要的原则上中国外交适度地"示硬",才能充分收到"屈人之兵"的"软"实效。比如,2008年中国因法国在西藏问题上的挑衅而主动推迟中欧领导人峰会,这一做法不仅未对中欧关系造成实质性损害,相反却起到了有效遏阻、维护大局的作用③。

三是在外交人员上,提高外交人员素养是确保大国外交走向成功的关键。由于长期处于与外界隔绝的状态,新中国外交队伍的构成在前30年以国内培养的干部为主,不可避免地形成某些知识和经验的局限。在其后中国打开国门,特别是开始进入大量的国际组织机制时,结构性的人才短缺也无疑影响到中国国际化的速度和质量。近年来,中国与西方主要大国关系的发展显然超出人们预期,提前进入了新的调整阶段。尽管外交人员队伍的状况已经有了相当可喜的改善,但与未来的巨大需求相比仍可能出现严重不足。尤其是在面对经济全球化、安全非传统化时代日益增多的外交挑战时,包括大国外交在内的中国外交还需要一大

---

① 20世纪后半叶中越关系不仅深受大国地缘政治影响,更因中国决策者的情绪因素而发生波动——在对"老朋友"施以巨大的道义和物质支持之后,一厢情愿的期待未能遂愿,沮丧、错愕甚至愤怒便在所难免。1979年中国决定"惩罚"越南,其背景除联美反苏的战略意图外,也含有对"不义者"泄愤的因素。杜平:《中国外交的理性与感性》,《联合早报》2009年1月16日。

② 李希光:《话语权比国际形象重要》,《环球时报》2009年7月29日。

③ 尹继武:《中国外交不能只当道德圣人》,《环球时报》2009年8月6日。

批国际经验丰富、知己知彼、善于以对方的逻辑和技巧与之博弈的高质量专才。正如习近平主席 2016 年 9 月 27 日在主持中共中央政治局第三十五次集体学习时指出的那样,"参与全球治理需要一大批熟悉党和国家方针政策、了解我国国情、具有全球视野、熟练运用外语、通晓国际规则、精通国际谈判的专业人才"。习近平最后特别强调,"要加强全球治理人才队伍建设,突破人才瓶颈,做好人才储备,为我国参与全球治理提供有力人才支撑"①。

第六节　小结

黑格尔说:"一个国家的正统性,或更确切些说,由于国家是对外的,所以也是主权的正统性,一方面是一种完全内部的关系(一个国家不应干涉其他国家的内政),另一方面,同样是本质的,它必须通过别国的承认才成为完善的"②。60 多年来新中国外交历经曲折,围绕争取外部承认这一核心目标一直在努力。就与世界大国关系而言,中国外交的起伏实质上也代表着建构自己独特身份的复杂尝试与探索。从学理上总结,中国外交的转型经验有以下启示。

第一,身份建构是国际关系、特别是大国关系中相对较弱的一方应该采取的有效战略。新兴国家只有通过积极和持续的社会化学习,在借鉴、交流和改革中发展对外部世界的客观认知与适应能力,才能及时地转变自身的地位和境遇,并最终形成独特的国际影响力③。

第二,社会化学习必须以一国相应程度的国际化为前提条件,而新兴大国在既存的国际体系强大压力下,常处于诱惑与风险的两难境地。因此,尽管一国通过身份重新建构可以获得力量,但成功的建构却离不开有利的国际条件和一定的自身实力,这又回到了本章开头所说的建构主义理论对现实主义理论的条件依赖。

---

① 《习近平谈全球治理,这一类人未来会吃香》,2016 年 9 月 29 日,中国新闻网(http://www.chinanews.com/gn/2016/09-29/8019005.shtml)。
② [德] 黑格尔:《法哲学原理》,商务印书馆 1982 年版,第 346 页。
③ 章百家:《改变自己,影响世界——20 世纪中国外交基本线索刍议》,《中国社会科学》2002 年第 1 期。

第三，成功的社会化学习还须同时具备其他一些前提，如国内政治稳定、决策的权威性、社会的开放度、文化的包容性等①。这些要素并非是先验给定的，而是一国在国际化过程中逐步磨合而成的，期间总是充满了学习者的"试验与纠错"和国际社会的"反馈与调整"。然而，当一国初步完成由简单到复杂、由较低层次到较高层次的身份建构后，其社会化学习的深层矛盾将更加突出。就新兴大国而言，还必须与时俱进，做好在国际经济、安全、文化等各个制度领域内创新公共产品的准备。为此，担负如此使命的国家仍须持续学习。这无疑将是一个漫长的历史过程。无论其阶段性成果如何，学习者都不可骄妄，更不可轻废。

第四，在60多年的大部分时间里，中国通过积极（尽管有时是有限）的社会化学习确立和完善国际意识，适时调整对外战略，改进外交观念和规范，初步完成了从贫弱到新兴大国、由"光荣的孤立"到"全方位自主和平外交"的转型，这也说明只有经过高度的国际化进程，中国才能改变自己的外部境遇并最终获得国际社会对自己的承认。

---

① 朱立群：《观念转变、领导能力与中国外交的变化》，《国际政治研究》2007年第1期。

结语　从历史经验看中国崛起的角色优化

中国的国际角色的调整，其中最重要的目标就是服务于中华民族复兴和国家崛起。2012年11月底，习近平同志率领新一届政治局常委参观《复兴之路》时强调，"我坚信，到新中国成立100年时，中华民族伟大复兴的梦想一定能实现"[①]。全面开启了中国崛起的征程。尽管每个大国崛起时因国家特性和国际环境差异等因素，崛起之路无法复制，但每个大国在这一过程中又普遍经历一些共性，比如面对霸权国猜疑、防范，乃至遏制。要实现中华民族伟大复兴，不仅要在中国悠久历史中寻找基本逻辑，也要研究其他大国崛起的历史经验与教训，特别是那些普遍性、规律性特点。目前国内相当多文献主要从国内政治经济等角度研究大国崛起，系统、全面、深入地从对外战略的角度分析中国大国崛起之路的学术成果并不多[②]，更缺乏宏观历史的研究视角。因此结语部分试图通过对近代以来相关大国崛起时对外战略上的案例研究，旨在发现其中的经验教训，以期服务于中国崛起的对外战略优化。

---

① 《习近平总书记深情阐述"中国梦"》，2012年11月30日，新华网（http://news.xinhuanet.com/politics/2012-11/30/c_124026690.htm）；关于"中华民族的伟大复兴"的含义与需要注意的方面，时殷弘教授曾做了非常深刻的阐述。他特别提出"要复兴中华漫长的历史中那些的确最好的东西，最有利于往昔中国在其巅峰时代既最强盛、又有最多外部朋友和衷心倾慕者的传统"。时殷弘：《关于"中华民族的伟大复兴"》，《世界经济与政治》2005年第12期。

② 典型文章如王守杰、李炜：《大国崛起的逻辑：社会和谐与经济增长——英、德两大国崛起的启示》，《世界经济与政治论》2005年第3期；张旭东：《从制度变革角度看近代英国的崛起》，《当代世界与社会主义》2007年第2期。

第一节 分析指标、既有研究以及案例说明

一 分析指标

"战略"一词产生于战争实践,长期应用于军事领域,原意为"战之略",也即战争的艺术(art of war)。这一概念所涉及范围日趋扩大,被广泛借用到其他领域,外交战略就是一例。《现代汉语词典》对其界定是"1. 指导战争全局的计划和策略;2. 泛指决定全局的策略"[①]。外交战略显然是从后者意义上使用的,研究的是在外交上如何实现国家利益的全局性方案。这就需要考察全局性环境、确定全局性目标、制定全局性方针、发展全局性力量以及研究全局性措施,也即战略环境、战略目标、战略方针、战略力量、战略措施。研究大国崛起,战略目标当然就是实现崛起,以下考察主要围绕另外四个范畴。

在选择具体指标上,影响全局的环境因素主要体现在本国所处的地缘环境与所面临的国际体系两方面。战略方针"是指导国家安全斗争全局的总纲领和总原则,其主要功能在于规定达成既定国家安全战略目标的基本途径"[②]。对于崛起大国主要体现在两方面:其一,如何处理地区战略与全球战略的关系;其二,如何处理与霸权国的关系。针对战略力量,在保罗·肯尼迪等学者眼中大国崛起,往往是从经济实力和军事实力的爆发性增长和扩张维度来考察和衡量的。本部分也主要从军事力量和经济力量两个指标考察战略力量。相应的,在具体战略措施上本章主要从军事手段和非军事手段两个指标进行考察。

二 既有研究

中国崛起是近年来国际关系领域令人瞩目的现象,也是中国学者高度关注的课题,关于中国崛起的对外战略优化已有诸多论述。在战略环境上政府层面比较乐观。2002年11月十六大提出:"综观全局,二十一世纪头二十年,对我国来说是一个必须紧紧抓住并且可以大有作为的

[①] 《现代汉语词典》(第6版),商务印书馆2012年版,第1637页。
[②] 郭新宁:《论中国国家安全战略方针》,《外交评论》2006年第2期。

重要战略机遇期。"① 2012年11月8日，十八大报告指出，"综观国际国内大势，我国发展仍处于可以大有作为的重要战略机遇期"②。学术界成果也较多。但正如林利民教授所指出那样，"不同的人从不同的视角出发，会对一国战略环境优劣得出完全不同、甚至完全对立的评估结论"③。总体来看，国内相关分析多侧重于具体的政治经济等环境，鲜有从大国崛起视角来分析中国所面临的战略环境的④。

冷战后中国外交指导方针是大国外交、特别是对美外交是"重中之重"，表明相对于"首要"的周边外交，对美外交更重要。如前所述，党的十八大以来，以2013年底召开的周边外交工作座谈会为重要标志，周边外交被前所未有的重视。但在学术界，长期以来周边战略与大国战略谁为重心？是一个重心还是双重心？这些问题并没有取得共识。阎学通教授认为中国"和平崛起"需要将外交战略的"美国为重中之重"转变为"周边为外交重点"⑤。时殷弘教授坚持"双重心"，"我们过去若干年，外交上只讲中美关系重中之重，我们忘记了中国作为一个大国，不是只有这一个重中之重，在战略领域，在外交领域还有另外一个重中之重，就是中国周边关系"⑥。如果是双重心，如何处理两者间张力？学界对此还缺乏探讨。

关于如何处理与霸权国美国的关系，中国官方不仅从未表达过要做亚太地区"领导"的想法，而且多次正式声明期待美国在亚太地区发挥建设性作用⑦。中国学界也表示了在崛起过程中"不应正面挑战美

---

① 《江泽民同志在党的十六大上所作报告全文》，2002年11月17日，新华网（http://news.xinhuanet.com/ziliao/2002-11/17/content_693542.htm）。
② 《胡锦涛十八大报告（全文）》，2012年11月20日，中国网（http://news.china.com.cn/politics/2012-11/20/content_27165856.htm）。
③ 林利民：《周边战略与大战略：在"想干什么"与"能干什么"之间寻求"再平衡"》，《现代国际关系》2013年第10期。
④ 代表性文章如王缉思：《我国的国际环境是否趋于严峻？》，《国际政治研究》2012年第4期；王湘穗：《当前中国战略环境的主要特点》，《现代国际关系》2010年第11期。
⑤ 阎学通：《和平崛起的分歧、意义及策略》，《中国社会科学》2004年第5期。
⑥ 时殷弘：《中国过往只强调中美关系是外交失误》，2013年4月1日，凤凰网（http://news.ifeng.com/mainland/detail_2013_04/01/23753569_0.shtml）。
⑦ 《中美联合声明（全文）》，2011年1月20日，新华网（http://news.xinhuanet.com/fortune/2011-01/20/c_121001428.htm）。

国"的观点①。但问题在于如果美国正面挑战中国，中国应怎么做？比如奥巴马政府所的推行"重返亚太"政策与全面布局中国周边，这一问题在理论与政策上都越来越无法回避。

在战略力量上，倪乐雄教授强调军事力量发展对崛起的重要性，"和平崛起必然也是武力崛起，这是历史和逻辑的一致性使然"②。对此则有明显不同观点，"中国在崛起过程中的角色定位应是'全球性经济大国'，而非综合性大国"③。关于经济实力重要性，林利民教授指出，"纵观中国周边战略以至大战略，'能干什么'始终制约、规定着'想干什么'"，他着重强调了经济基础在大国崛起上的基础性地位④。但鉴于甲午战争中中国在经济总量远超日本前提下惨败，中国学界又有意无意轻视或回避经济实力重要性。中央社会主义学院副院长叶小文指出，"GDP 排第二，中国仍不是老二。GDP 排第二，中国仍当不了老二"⑤。

针对战略措施，有学者指出战争对于一个大国崛起的重要意义，"在中国崛起过程中，赢得利益攸关的一两场根本较量，这种较量不一定是强国之间的重大战争，但是，仍然可能遇到一两场战争非常重要"⑥。对此则有明显不同观点。崔立如教授强调中国崛起应"由追随现实主义权力政治的外交战略，逐步向贴近积极的建构主义思想和目标方向演进的创新性范式发展"⑦，更多强调非军事手段的价值。

---

① 王俊生：《中国应避免成为现有国际体系和美国地位的挑战者》，《中国与世界观察》2010 年第 1 期；王缉思教授对"两大国体制（G2）的说法有一定道理"也暗含这种含义。参见王缉思《中美关系的发展趋势与深层原因》，《当代亚太》2009 年第 3 期。
② 倪乐雄：《和平崛起与国际文化环境的思考》，《中国社会科学》2004 年第 5 期。
③ 牛新春：《中国外交需要战略转型》，《现代国际关系》2013 年第 1 期。
④ 林利民：《周边战略与大战略：在"想干什么"与"能干什么"间寻求"再平衡"》，《现代国际关系》2013 年第 10 期。
⑤ 叶小文：《中国"老二"帽子咱不戴"二傻子"咱不当》，2011 年 3 月 7 日，新华网（http://news.xinhuanet.com/world/2011-03/07/c_121156297.htm）。
⑥ 《和平发展与中国战略——2007 年中国战略研讨会综述》，《外交评论》2007 年第 4 期。
⑦ 崔立如：《关于中国国际战略的若干思考》，《现代国际关系》2011 年第 11 期。

三 案例说明

上述分析表明，在有关中国崛起外交战略优化的所有指标上，国内学者几乎都缺乏共识。这更凸显出基于历史案例研究所得出的经验教训的参考价值。结语部分选择两组案例，成功实现崛起的案例和崛起失败的案例。前者以英国崛起和美国崛起为例，后者以德国崛起与日本崛起为例。为了更有针对性地进行研究，需要确定具体研究时段，这就要界定案例中崛起的涵盖时间。

由于对"崛起"理解不同，界定一个国家崛起的起点与完成的终点并非易事。《新华词典》对"崛起"从两方面诠释：突起，比如说平地上崛起一座青翠的山峰；兴起，比如太平军崛起于广西桂平金田村①。前者是状态，后者指方位。大国崛起显然是在前一意义上使用，是相互比较而得出的概念。山峰相对于平地而言才称得上崛起，大国崛起是相对于其他大国而言异军突起。阎学通教授指出，"崛起"意指与他国差距的缩小②。这里的他国显然是指霸权国。如果说崛起仅仅是比同一层次的国家发展更快，还不足以解释为什么守成国对崛起国这么敏感，因为它会进一步接近守成国实力。与此同时，崛起国外交上往往更为积极进取，否则守成国不会焦虑到甚至以战争方式遏制。因此，崛起的起点要满足三个条件：在二流国家中异军突起、众多指标成为世界第二，同时与霸权国差距在迅速缩小，外交也更为积极进取。崛起的完成就是最终实现对霸权国的赶超。

以此来看，英国崛起于1688年光荣革命。"将光荣革命看做近代英国崛起的起点，最主要理由是此后英国的壮大呈现出连续性和加速性"③。也即，此后英国作为"老二"在实力上持续快速发展，直逼老大。随着在1756—1763年七年战争中打败当时欧洲霸主法国，英国确立了霸权地位，完成崛起过程。"英国虽然一直是欧洲的一个重要国家，但只是随着1763年七年战争结束，英国方成为无可撼动的世界性强国。"④

---

① 《现代汉语词典》（第6版），商务印书馆2012年版，第711页。
② 阎学通：《"和平崛起"的分歧、意义及策略》，《中国社会科学》2004年第5期。
③ 计秋枫：《近代前期英国崛起的历史逻辑》，《中国社会科学》2013年第9期。
④ 同上。

对美国而言，尽管1894年其工业总产值已跃居世界首位，但由于它当时奉行孤立主义政策，真正崛起的起点应是1898年美西战争。通过这场战争美国占据了古巴、菲律宾等海外战略要地，并且拓展海外市场，正式站在争霸世界的起点上。时任总统麦金莱认为："我们做过的最棒的事情之一就是坚持占领菲律宾群岛，在短短几个月里我们变成了一个世界大国。"[1] 当1945年第二次世界大战结束后，美国成为世界霸主。

德国崛起始于1871年的统一，自此开始逐步向当时欧洲大国法国和世界霸权英国发起挑战[2]。这一崛起势头因第一次世界大战战败而中断，崛起失败。对日本而言，尽管1895年通过甲午战争打败中国是其成为强国的标志，但直到1905年在日俄战争中打败欧洲大国俄国，才获得世界性大国地位，开始站在大国崛起起点上。随着1945年二战结束日本战败，日本崛起失败。

对中国而言，2010年在已成为世界政治大国的前提下成为第二大经济体，被国际社会广泛认知为世界第二大国[3]。但真正崛起的起点应在2013年党的十八大之后。这不仅体现在中国实力的持续迅速增长与更广泛的国际认知上，也体现在中国外交的积极主动进取上。这包括倡议与实施"一路一带"、筹建亚洲基础设施投资银行、建立海外人民币结算银行，以航母下水为标志强调强大海军建设，并明确提出到2049年要实现中华民族伟大复兴。至此可认为，中国外交定位已由此前发展性战略转向崛起性战略。中国崛起所设定的时间为36年[4]。上述可见，英国和美国成功崛起分别用了75年和47年，德国与日本崛起失败则分别经历了47年和40年。下面就根据上述指标研究四个国家在崛起时在对外战略上的经验教训。

---

[1] 孔华润：《剑桥美国对外关系史（上）》，新华出版社2004年版，第461页。
[2] 徐齐郁：《德国崛起的战略空间拓展及其启示》，《当代世界》2011年第12期。
[3] 阎学通：《权力中心转移与国际体系转变》，《当代亚太》2012年第6期。
[4] 中国官方从未表达过要与美国争霸的观点，中国学界主流观点也不支持与美国争霸。但中美作为综合实力世界第一和第二的两个大国，由于政治制度、发展模式等差异，其存在的竞争性是客观的，中国希望追赶美国也是客观的。本章讨论中国崛起并非支持中国与美国争霸，而是对这种客观竞争性的学术探讨。

第二节　战略环境制约：地缘环境与国际体系

1688—1763年英国崛起这段时间，英国作为岛国的地缘优势十分明显。战争技术上的远程攻击还没实现，英国避免了欧洲大陆上的战争动乱"殃及鱼池"；英国以海军见长，这有利于其利用海洋国家优势向外投放力量，也可将与他国的战争阻隔在本土之外。英国这段时期与其他国家发生的战争均在海上进行，本土没有遭到损失。

英国崛起时面临的还是远未成形的国际体系。德国处于分裂，欧洲破碎化、其王室间战争不断。世界其他地区处于十分落后的阶段，且相互隔绝。英国当时的主要对手法国也出现了严重战略失误。在法国重商主义倡导者科尔伯1683年去世后，路易十四抛弃了海外扩张政策，专注于称雄欧洲大陆，为此他将法国陆军扩展到40万人的惊人规模，却相对忽视了海军建设，致使其庞大舰队大幅削弱。

美国崛起时的地缘优势甚至优于英国。1898年美西战争后，南北的墨西哥和加拿大在实力上均远逊于美国，周边不存在实质威胁。东西两岸的两洋隔绝使当时其他强国进攻美国本土的代价极高，美国本土免于卷入包括两次世界大战在内的欧亚大陆的战争与冲突。

美国崛起时面临的国际体系也是破碎的和没落的。在欧洲随着德国、意大利实现统一及不断向英国发起挑战，欧洲处于无序状态。俄罗斯、法国等在远东与北非等地区也不断挑战英国，英国霸权护持的能力捉襟见肘。列强间争斗不仅使美国可以在世界一隅安心发展，同时也使其得以"浑水摸鱼"，放手在美洲和亚太地区扩张，并从容地拿相对弱小的西班牙开刀。第一次世界大战不仅没有重建秩序，反而带来更大无序。分赃不均及对战败国的瓜分，最终导致二战爆发。

当时美国崛起的主要障碍欧洲列强也走向衰落。列强间战争使得美国大发战争财，加速了其与欧洲列强的权力转移。第一次世界大战，消耗了英国四百多亿美元，由曾经的最大债权国，到战后欠下债务高达国内生产总值的136%，政府债务增加了十倍。此时美国已成为包括英国在内的欧洲主要国家的债权国，世界金融中心由伦敦转移到了纽约，美国世界金融霸主的地位开始奠定。二战期间英法实力已使其与同盟国的作战看不到胜利尽头，只能把希望寄托于美国，美国"摇身一变"开始成为英法的"拯救者"和保护者。

相比于英国与美国，1871年德国统一后在东、南、西三个方向分别与俄罗斯、奥匈帝国和法国接壤，北部则面临英国海上霸权。俾斯麦就此指出，"德国处于中心和无屏障的地理位置，国防线伸向四面八方，反德联盟很容易形成"[①]。而"德国崛起时是在一个已经非常成型的国际体系中崛起的，其力量的迅速成长很容易引起外部强大的反作用"[②]。1856年克里米亚战争结束，以英法联军为主的国家打败了沙皇俄国，英国维护了世界霸权，法国则成为欧洲大陆的政治中心，德国迅速崛起对英法均是威胁。德国统一仅一个月，英国保守党领袖迪斯累利就在英国下院发表了著名讲演，明确指出德国统一使得"均势已完全被破坏，而受冲击最大、最能感受到这种巨变带来后果的国家，就是英国"[③]。法国由于普法战争的失败和阿尔萨斯—洛林地区的割让而力图向德国复仇，任何对德不满的大国都能成为法国的"天然盟友"。处境不利的沙皇俄国也不希望再有一个强大的邻国德国成为巨大威胁。

这种复杂与恶劣的地缘环境和国际体系就格外需要出色的外交战略。俾斯麦时期的纵横捭阖，使其他大国仅是通过支持法国从外交上遏制德国，并未对德国生存与崛起造成致命伤害。俾斯麦下台后，德国外交战略的系列失误造成法俄军事同盟形成，英国逐步放弃了"光荣孤立"，以围堵德国为目的的英法俄同盟最终形成，德国崛起失败。

日本崛起时的地缘环境也比较复杂。除了西面和北面分别有中国和俄国外，已奉行"门户开放"政策并占领菲律宾的美国则在东面和南面威胁着日本。当时国际体系虽然处于混乱状态，但日本的突然崛起与迅速扩张的利益诉求、特别是贪得无厌的扩张目标与军国主义的战争本性，必然会招致当时国际体系的主导国英国、美国、俄国、法国等的联合反对，"三国干涉还辽"就是其中例证。随着这些国家联合起来对其遏制，日本崛起失败。

---

① [德]俾斯麦：《思考与回忆》，东方出版社1985年版，山西大学外语系译，第205页。

② 徐齐郁：《德国崛起的战略空间拓展及其启示》，《当代世界》2011年第12期。

③ 同上。

第三节 战略方针：合理的战略规划与
谨慎的力量使用

在战略方针上，所有崛起国首当其冲面临的问题是如何处理地区战略（或曰周边战略）与世界战略的关系。崛起国站在崛起起点上时在实力指标上往往已成为地区最领先的国家，这时也是从地区向全球扩展影响力的开端。如何确立并巩固真正地区大国的地位，同时能成功扩展在全球的利益与影响力，是每个崛起国在战略方针上首先面临的问题。

光荣革命后，英国立刻开始了地区争霸，巩固真正的地区强国地位，并始终将其作为走向世界的基础。英国首先以全新姿态挑战欧洲头号强国——法国的霸权，为此连续投入两场战争，即九年战争（1689—1697）和西班牙王位继承战争（1701—1713），并取得巨大成功。以至于有学者称"路易十四王朝的辉煌时期结束于1688年的英国光荣革命"[1]。此后英国开始经营欧洲以外地区，但这一过程中英国始终通过力量均衡把主导欧洲作为基础。1713年《乌特勒支和约》在历史上第一次明确将"势力均衡"称为和平的保证，英国对大陆局势的时时干预则是维护均势的最重要因素。

随着走向世界，英国确立了双向战略——依据内政环境、外交猜测和战略机遇的变化，时而偏向于"大陆趋向"（continental orientation），时而偏向于"海洋趋向"（maritime orientation）[2]。"大陆趋向"和"海洋趋向"犹如一枚硬币的两面：英国时而积极干预大陆政治的最终目的在于为英国的海外扩张赢得一个稳固后方基地；全力在海外开拓进取又在于增强英国应对欧洲危机、确保大陆均势的能力。"既面向欧洲大陆又面向海外贸易及殖民地的双向战略使英国在维持欧陆均势的同时可以全力拓展海外战略空间"[3]。

1898年4月25日，美西战争爆发，战争在加勒比海和太平洋两地

---

[1] Brooks Adams, *The New Empire*, Cleveland, Ohio: Frontier Press, 1967, p. 217.

[2] Daniel A. Baugh, Great Britain's Blue-Water Policy 1689 – 1815, *International History Review*, Vol 10, No. 1, 1988, p. 34.

[3] 计秋枫：《近代前期英国崛起的历史逻辑》，《中国社会科学》2013年第9期。

进行。由于美国海军绝对优势，其夺取了古巴、关岛和菲律宾群岛等地。这场战争的最大意义在于美国在对外战略上从孤立主义转向扩张主义，也即从地区大国开始向世界大国迈进。美西战争第二年，也即1899年，美国政府就先后向英、俄等六国政府提出在中国实行所谓"门户开放"、贸易机会均等的照会，开始在远东扩张。

美国即使在向世界扩张时，也非常注重经营周边。在处理与周边国家关系上，由于周边无强国的安全威胁，美国当时采取怀柔政策。美国通过加强贸易往来、直接投资的方式巩固同周边国家的经贸联系，以减轻周边国家疑虑，使美洲逐渐变成美国稳固的战略基础和支撑，保证美国在世界其他地区扩张时始终有一个充裕的后方安全环境。

德国的崛起阶段分为俾斯麦时期和后俾斯麦时期。在俾斯麦时期，俾斯麦对德国的定位首先是欧洲大国，欧洲大陆形势对德国安全具有根本性影响，将其置于战略方针首位。1883年后俾斯麦虽然调整在殖民地扩张问题上的消极态度，开始对外扩张，但实际上奉行"双重心"战略。其特点是与德国在欧洲的战略需要紧密结合；确保不以德国的安全为代价；确保对整个海外拓展进程的控制（控制国内民族主义）[1]。

在后俾斯麦时期，1897年德国在没有成熟战略规划背景下仓促推出"世界政策"。其一，忽视了欧洲安全，法俄同盟的成立对德国构成了巨大安全隐患。其二，造成与英国迎头相撞。殖民政策和海军计划与英国利益直接冲突，此时德国手中已没有可以牵制英国的筹码，英国对德国的战略需求大为降低。其三，世界政策缺乏战略规划，四处出击，加剧了其他大国对德国的疑惧和防范。英国一方面针锋相对的与德国展开海军军备竞赛，另一方面与法国、俄罗斯这两个老对手调整关系，逐步形成针对德国的联合。1904年，英法协约达成后，德国海外拓展开始面对英法共同围堵，其在欧洲的安全环境也迅速恶化。1907年，英俄协约签订。英法俄联盟的实质性形成，标志着德国一战的失败在很大程度上于开战前就已注定了。

日本自1905年对俄战争中打败俄国后，先吞并朝鲜，接着入侵中国。为了支撑巨大的战争开支，日本奉行"以战养战"政策，入侵东

---

[1] 徐齐郁：《德国崛起的战略空间拓展及其启示》，《当代世界》2011年第12期。

南亚。在亚洲仍陷入战争泥潭的情况下，日本又于1941年偷袭美国珍珠港，正式向美国开战。这也可视为在没有确定稳定地区地位的背景下仓促走向世界四处出击、最终走向失败的典型表现。

上述案例表明，每个大国在崛起时都意识到战略方针上有地区战略与世界战略"两个重心"，也都遵循"先地区、后世界"的原则。但对这两个重心不同的处理方式，结果却截然不同。英国、美国以及俾斯麦时期的德国都是在牢固确立与巩固地区大国地位的前提下才走向世界，而且即使在走向世界时仍始终奉行"双重心"战略。后俾斯麦时期的德国和日本，则是在没处理好与周边国家关系、没有建立稳定的地区大国地位和没有处理好地区战略的背景下，就仓促走向世界，崛起失败。

至于崛起国如何使用日益增长的力量，特别是如何处理与霸权国关系，四个国家也有丰富的经验教训。在17世纪中叶以前，西班牙是欧洲最主要大国，之后处于这一地位的是法国，法国也成为英国崛起时面对的最主要对手。从1689年直至1815年间，英国与法国的军事冲突几乎没有断过，这就是历史上的第二次百年战争时期①。这期间除了为反对西班牙帝国收复意大利而形成四国同盟时期英法曾携手合作外②，在所有欧洲大规模冲突中，英法总是互相敌对的。这也能反映出英法两个世界强国当时竞争的激烈状态。

1688年光荣革命后，荷兰执政威廉三世继承了英国王位。威廉三世视自己为新教保护者，反对天主教的法国。法国则对试图夺取英国王位的詹姆斯党提供庇护与支援。1702年威廉三世去世后，英法敌对重心从宗教领域转向经贸领域，两国为争夺美洲和亚洲的控制权展开激烈角逐。奠定英国霸权的七年战争是其中最大、也是最具决定性的冲突之一。英国这一时期虽然与法国为敌，但法国在这一时期的主要敌国却是荷兰、英国、奥地利组成的三强联盟。也就是说，英国在对付法国上虽

---

① 第二次百年战争（the Second Hundred Years' War，约1689—1815年）是一些历史学家使用的历史分期术语，用以描述从约1689年至1815年间英国（起先为英格兰王国，后为大不列颠王国和大不列颠及爱尔兰联合王国）与法国（先后为法兰西王国、法兰西第一共和国、法兰西第一帝国）之间的一系列军事冲突。

② 四国同盟战争（The War of the Quadruple Alliance，1718—1720）是英国、荷兰共和国、法国和奥地利（神圣罗马帝国）对西班牙的战争。

采取战争手段，但却成功孤立了法国，争取到了当时欧洲其他强国的支持。为联合对抗法国，英格兰在这期间还与苏格兰、爱尔兰相继合并，奠定了今天英国的版图。

美国处理与霸权国英国的关系采取的是"搭便车"战略，避免对其正面挑战。早在美国建国初期，政府内主流观点就认为尾随在霸权国英国炮舰之后才能打开通向世界各地的贸易和文化通道。美国当时就确定了不正面挑战英国、力争与其保持良好关系，并等待时机将其超越的基本国策。后来"美国曾与英国发生过一次战争和多次冲突，也没有改变这一国策"[1]。但在涉及其周边的拉美政策上，美国积极调整对英外交战略，敢于并善于就核心问题坚守立场，从而使英国认识到美国在拉美地区扩展影响力的能力与决心，最终首先认可了美国在其周边地区的主导地位[2]。

这一政策使得欧洲列强在对待美西战争态度上，只有英国"偏袒美国，正是英国的友好行动，把美国从外交困境中拯救出来，使美国在这次战争中的预定目标得以顺利实现"[3]。美国坚持不主动挑战英国霸权、等待其自然衰落后并逐步取而代之的另一原因很可能与当时已十分明显的美英权力转移趋势有关，特别是第一次世界大战后这一趋势已呈不可逆转之势。

德国与日本的教训较为类似，两国在崛起过程中均充当了对英国霸权和潜在霸权美国的正面且孤独的挑战者。在俾斯麦时期，德国不断强调本国是一个"满足"的国家，不谋求霸权。后俾斯麦时期，作为崛起国，德国滋生的傲慢及其国内高涨的民族主义促使德国在没有充分准备的背景下就正面挑战英国，这典型反映在其殖民政策与发展海军政策上。1898—1901年英德同盟谈判失败后，德国仍认为英国会更多有求于德国，"特别确信时间在德国一边"[4]，对于英国数次提出的缓和关系

---

[1] 孙力舟：《"韬光养晦"成就美国崛起》，《领导文萃》2013年第20期。
[2] 陈积敏：《从国家独立到西半球霸权：美国崛起过程中的拉美政策》，《和平与发展》2012年第4期。
[3] 王绳祖：《国际关系史》（第三卷），世界知识出版社1995年版，第277页。
[4] A. J. Ryoler, *Twentieth-Century Germany: from Bismarck to Brandt*. N. Y. Columbia University Press, 1973, p.60

请求傲慢拒绝，继续正面挑战英国。

早在甲午战争轻易战胜中国后，日本就开始骄傲自大，过高估计自身实力。尽管经过明治维新，当时日本实力大为增强，但还没有强大到能够征服中国的程度，更没有强大到能打败英美等传统大国的程度。当时日本对华全面侵略不仅遭到了中国强烈抵抗，而且与当时其他大国的利益也迎头相撞。1932年"一·二八"上海事变以后，日本扩张进一步危及美国在华利益，美日对抗加剧。1941年12月，日军借口为了日本崛起要"打破一切障碍"偷袭珍珠港，对美英宣战，挑起太平洋战争，最终遭受惨败。

案例表明，英国虽采取正面挑战法国的战略，但却成功建立起对法统一战线，孤立了法国。美国则采取不正面挑战英国的立场，在看到权力转移不可逆转时耐心等待英国霸权衰落。日、德两国不仅过高估计自身力量、骄傲自大，而且采取正面挑战霸权国的战略，且挑战时遭到了几乎所有其他强国的联合围堵，可谓是自不量力且孤独的挑战者，最终失败在所难免。

第四节 战略力量：军事力量与经济实力的影响

针对战略力量上如何看待军事力量，英国与美国的经验均是重点发展海军。"最直接推动英国壮大的支柱是其海上力量，这也是保证英国双向战略实现的关键。"[①] 重点发展海军最初的目的是防止英国遭受外来入侵，要将敌人阻隔在英国本土之外[②]。至1692年，相对于法国海军的衰落，英国逐渐拥有了绝对的海上力量优势。该年5月，英国（联合荷兰）舰队在拉乌格战役中打败法国舰队，此后直至西班牙王位继承战争结束，英荷与法国之间再没发生重大海战和非常重要的海上事件，只有一些小规模的袭击战。英国不断壮大的海军力量及其"蓝水"政策使其拥有了保障国家安全和进行海外开拓的有力工具。

[①] 计秋枫：《近代前期英国崛起的历史逻辑》，《中国社会科学》2013年第9期。

[②] Daniel A. Baugh, Great Britain's Blue-Water Policy 1689–1815, *International History Review*, Vol 10, No. 1, 1988, p. 40; N. A. M. Rodger, Sea-power and Empire, 1688–1793, in P. J. Marshall, ed., The Oxford History of the British Empire, Vol II, The Eighteenth Century, p. 177.

同英国一样，海军发展壮大成为美国成功实现崛起的重要保证。在马汉"海上实力论"影响下[①]，1890年美国国会通过《海军法》批准建造排水量在1万吨以上的3艘大型战列舰，为美国建设一支远洋进攻性海军打下良好基础。美国自此将国防建设重心放在海军建设上。从1904年开始，除个别年份外，美国海军财政开支一直超过陆军。从1890年至1900年的10年间，美国共有15艘一流战列舰下水，美国海军实力也跃升至世界第3位，仅次于英国和法国[②]。经过一战洗礼，美国海上实力更为壮大。在1921年的华盛顿会议上，美国海军取得与英国拥有相同吨位主力舰的权利，终结了英国保持两个多世纪的海上霸主地位。

德国也十分注重军队建设，特别是海军。当时德国海军排名世界第六，德国将英国作为赶超目标。国会于1898年通过专门《海军法》急速扩大海军，计划6年内建造11艘舰队装甲舰、5艘大型装甲巡洋舰、17艘有装甲甲板的巡洋舰和63艘驱逐舰。1900年的海军法案则把1898年的计划扩充一倍[③]。德国疯狂发展和扩大海军也成为英德矛盾的主要根源。正如德国原驻英大使梅特涅1909年谈到英德关系时说："德国在世界市场上的竞争尽管是他们所不欢迎的，但不引起很深恶感，引起这种恶感的是德国的海军。"[④]

日本崛起这段时间，宣扬武士道精神和实行军国主义，国家生活的各个方面均服务于扩军备战和对外战争，这其中特别注重海军建设。早在明治维新后奠定日本政策基础的"船中八策"中，就指出建立强大海军是日本富国强兵的唯一途径，自此日本从上而下都围绕建立强大海

[①] 马汉对于当时美国的海军政策乃至整个外交政策都具有巨大的影响。比如相继任海军助理部长、美国副总统、美国总统的罗斯福也是马汉的朋友和崇拜者。在1890—1914年间，罗斯福和马汉相互频繁通信。实际上，罗斯福在整个总统任职期间都要求马汉提出建议，向他咨询海军和外交政策方面的问题。[美]阿尔弗雷德·马汉：《亚洲问题及其对国际政治的影响》，范祥涛译，上海三联书店2013版，第49—50页。

[②] 王玮、戴超武：《美国外交思想史（1775—2005）》，人民出版社2007年版，第171页。

[③] [苏]罗斯图诺夫主编：《第一次世界大战史》，上海译文出版社1984年版，第144、145页。

[④] 王铁崖、王绳祖选译：《1898—1914年的欧洲国际关系》，商务印书馆1957年版，第54页。

军展开。1905年，日本海军在几乎全灭俄罗斯海军第二太平洋舰队后更是继续扩大。此后，日本海军开始了一套以美国海军为假想敌的"八八舰队"（八艘战舰加上八艘巡洋舰）增强政策，海军预算大为增加。以1917—1926年为例，日本海陆军预算的比例占到国家总预算的34%，这其中仅日本海军预算就占到近21%[1]。至1941年太平洋战争开战前，日本海军拥有10艘战舰，385艘舰艇。从日俄战争胜利以来一直到太平洋战争战败，日本海军一直和英国海军与美国海军构成了全球范围内的世界三大海军。

在对待军事力量上，四个国家在崛起阶段均十分重视发展军事力量，尤其是重视海军建设，但最终命运却大相径庭。这体现了军事力量在战略规划中的工具性特点。也就是说，没有强大军事力量为后盾，任何大国的崛起就是一句空话。但是有强大军事力量，未必就能实现崛起。历史也反复表明，一个大国的崛起，强大海军具有基础性意义。

经济实力因素也显示出类似特征[2]。在英国崛起期间，法国工业生产能力比英国先进，大约1715年左右法国的工业产值开始与农业产值持平，英国直到1740年才达到类似水平[3]。据英国统计学家格里高利·金（Gregory King）在1688年对欧洲人均国民收入的统计，中国有学者计算出，"根据当时各国的人口规模，可以测算出虽不精确但大致可靠的英法两国国内生产总值，即法国约为12159万英镑，英国约为6418万英镑"[4]，法国经济总量接近英国两倍。此后直到英国实现崛起，法国经济增长速度一直高于英国，在国内生产总值上法国也始终高于英国。

早在1894年，美国工业产值就已超过英、德两国，成为世界第一工业强国。美国钢铁产量从1890年到1940年的总量约占世界钢铁总产

---

[1] 《1921—1944年日本海军预算、所造舰艇一览》，http://bbs.tiexue.net/post_7032976_1.html。

[2] 因国内生产总值（GDP）概念与理论直到20世纪30年代才被提出，之前衡量一个国家经济实力的主要指标是工业生产总值，这里以工业总产值指标为主、结合其他相关指标对其考察。

[3] [美]伊曼纽尔·沃勒斯坦：《现代世界体系》第3卷，庞卓恒等译，高等教育出版社2000年版，第86页。

[4] 计秋枫：《近代前期英国崛起的历史逻辑》，《中国社会科学》2013年第9期。

量的45.3%，远超过英国、德国、法国和日本①。在国内生产总值上，1890年左右美国超过中国成为世界第一。

德国1871年站在崛起起点上时，经济实力迅速增强。到20世纪初，德国在世界工业生产中的比重占16%，跃居第2位，英国则居第3位，为12%②。德国煤产量从1890年的8900万吨增加到1914年的2.77亿吨，略低于英国的2.92亿吨。钢产量更为惊人，1914年达到1760万吨，高于英、法、俄三国总和。以拜尔和霍奇斯特公司为首的一些德国化学公司生产的工业染料占世界总产量的90%③。到一战前，德国已成为欧洲头号工业强国。

日本1905年站在崛起起点上后，经济实力也迅速增强。到一战前已发展为亚洲头号工业强国，但在当时世界列强中的排名上比较靠后，这一排名到二战前几乎没有变化。1939年第二次世界大战爆发前的统计显示日本占世界工业生产的3.8%，排在美国、苏联、德国、英国、法国之后。中国这时仅占世界工业生产的0.3%。这一时期日本的整体经济实力大概和在世界上的工业总产值地位相当，排在第六名。"在'七·七'事变前日本的经济总量达到283亿美元，是世界第6经济强国"④。

案例表明，四个国家在崛起阶段的经济实力上差距较大，英国崛起阶段在经济实力上远逊于对手法国。美国在崛起起始阶段，其体现经济实力的各项指标均已位居世界第一。德国与日本的情况比较类似，在崛起时均已成为本地区最强大经济体，但相比于当时要挑战的霸主英国和美国，并不具有经济优势。德国与英国不分上下，日本则与美国差距巨大。英国的例子表明经济实力落后也可以实现崛起，美国例子显示即使

---

① 《世界主要产钢国历年钢产量》，百度文库，http://wenku.baidu.com/view/323d5551ad02de80d4d8407d.html。
② [苏]罗斯图诺夫主编：《第一次世界大战史》，上海译文出版社1984年版，第35页；王绳祖：《国际关系史》，法律出版社2002年版，第241页。
③ 《简析30年代德国战略》，百度文库，http://wenku.baidu.com/link?url=AVa-Qob1cLvXiqiS_CBLhcq7D4urv3SlTMszgoi44lXk4GqKUPR6LknIQzE-bfYH0tYStbsgd69dBwUXLu8s5qpsmEV-LInwZtwgODO3doxW。
④ 《二战前主要国家各国实力排名》，http://ido.3mt.com.cn/Article/200711/show855999c30p1.html。

经济实力成为世界第一，但要实现崛起仍有很长的路要走。由此可见，经济实力是一个大国成功崛起的基础，但经济实力远不能证明一个大国能否崛起成功。四个案例均表明，经济结构优化、比如工业化水平等，对一个大国的崛起更为重要。

第五节　战略措施：军事手段与非军事手段的协调

从光荣革命到实现崛起，英国进行了多场战争。威廉王之战（1689—1697）结束到安妮女王之战（1701—1713）开始隔了4年；从安妮女王战争结束，到乔治王之战（1740—1748）开始，隔了28年；从乔治王之战结束到七年战争（1756—1763）开始，隔了8年。英国崛起75年间和平时间仅为37年。也就是说，战争时间用了38年，一半时间都用在战争上。

这些战争并非单纯的英法争霸，部分与宗教有关，比如威廉三世将自己视为新教保护者，反对天主教的法国；有些战争与欧陆各国的势力均衡与否密切关联，比如威廉王之战与安妮女王之战；有些战争则因当时欧洲各国王室间错综复杂的联姻关系，与王位继承有关，比如乔治王之战；七年战争原因更是复杂，殖民地争夺、故土收复等交织其中[①]。

美西战争后，美国将注意力放在拓展本国商业利益上，避免介入当时世界主要大国间的战争，在崛起过程中虽参加了两次世界大战，但却有"被迫"卷入的含义。1914年8月，在欧洲陷入有史以来规模最大、消耗最多的战争之中时，威尔逊表示美国必须保持中立，不能卷入欧洲"内战"。1916年，威尔逊谋求连任总统时的竞选口号是"他使我们远离战争"。但随着德国动用潜水艇攻击过往大西洋的美国船只、甚至是客船，美国人的反德情绪开始高涨。1917年1月，德国外交大臣给德国驻墨西哥大使发出密令，要求联合墨西哥共同反美。密令被截取并公

---

① 在这场战争中，英国企图夺取法国的殖民地，垄断整个制海权；普鲁士企图吞并萨克森，变波兰为自己的附属国，奥地利企图削弱争夺中欧霸权的对手普鲁士，收复1740年被侵占的西里西亚。法国则力图吞并英国国王在欧洲的世袭领地汉诺威，保护法国在美洲和东印度的殖民地，遏制普鲁士的势力。瑞典试图夺取普鲁士的波美拉尼亚，俄国力图阻止普鲁士东侵，并扩大自己在西方的领地。

之于众后，美国舆论大哗。1917 年 4 月 2 日，美国对德宣战。

第二次世界大战爆发于 1939 年 9 月德国入侵波兰。美国在二战之初仍采取中立。随着日本侵占缅甸、越南、菲律宾这些被美国视为在亚洲的最大战略物资集中地，美国于 1941 年仅仅是对日本进行石油禁运和冻结日本在美国存款。以东条英机为代表的日本南进派势力上台后以夺取东南亚为目标，驻扎在珍珠港的美国太平洋舰队被日本视为最大障碍。1941 年 12 月 7 日，日本突袭珍珠港。12 月 8 日，美国对日宣战，正式加入二战。

1871 年后，德国在俾斯麦时期采取慎重对待战争的态度，以便让德国发展国力，没有再发动战争。在后俾斯麦时期，德国则采取冒险性军事战略。德国 1892 年提出庞大陆军法案，1893 年进行帝国成立以来的最大一次扩军，其规模超过整个俾斯麦执政时期所有扩军总和[①]。1905 年德国主动挑起第一次摩洛哥危机。1908 年的波斯尼亚危机和 1911 年的第二次摩洛哥危机，德国也均采取了十分强硬和高度冒险的政策。

德国的军事冒险行为进一步强化了英法俄三国的合作关系。面对这种情况，1914 年德国领导人甚至希望借助最后军事摊牌一劳永逸的"打破包围"，高涨的民族主义对此推波助澜，并认为其对战争早有准备：这包括德军的动员速度快、连接边境的铁路已完工、打通北海和波罗的海的重要航道也已能通行大型舰船。德国在英布战争中考察了英国军事力量和作战能力后，更认为德军装备和训练胜过英国。在这种氛围下，德国最终因为盟国奥匈与小国塞尔维亚的冲突走进第一次世界大战，断送了作为世界大国的崛起之路。

日本在崛起过程中高度依赖战争手段。1910 年公然吞并朝鲜。1927 年时任日本首相田中义一主持召开东方会议，制定《对华政策纲要》，进一步明确侵占东北进而侵略中国与亚洲的大陆政策。1929 年开始的世界资本主义危机，加速了日本发动新的侵华战争。1931 年日本制造"九·一八事变"，发动了长达 15 年之久的侵华战争。1936 年，

---

① Norman Rich, Friedrich von Holstein: *Politics and Diplomacy in the Era of Brimarck and Wilhelm* II, Vol 1, London: Cambridge University Press, 1956, p. 397.

日本广田弘毅内阁决定把向南方海洋发展的"北南并进"作为国策。1941 年 12 月起,日本在东南亚和西南太平洋发动全面进攻。

上述可见,四个国家在崛起过程中均经历了多场战争。英国与美国参加或发动的战争与日德发动的战争相比,后者明显以战争为实现崛起的工具,甚至依赖战争手段。英国参与或发动的战争,原因要复杂得多,宗教问题、王位继承问题、故土收复等交织其中。美国加入两次世界大战甚至有"被迫"的含义。

在非战争手段上,推动英国霸权实现的主要是殖民地带来的遍布世界各地的海外利益。一方面,星罗棋布的殖民地为英国海军在全球范围的行动提供了一系列便利基地,使其更有效地执行远洋贸易护航、截击敌国商船和舰队并掠取更多殖民地的作战任务;另一方面,当时英国经济与政治间的相关性已很强,甚至达到了"以商业立国"的程度[1]。安妮女王 1714 年明确宣称,"本国的利益乃是通过贸易来壮大自己"[2],而殖民地对此贡献巨大。"1689—1774 年间,英国与殖民地间的贸易增长了 5 倍,在英国对外贸易总额中的比例从 1689 年的 15% 增长到 1774 年的 33%。"[3] 殖民地还是向英国提供贵金属、重要原材料和战略物资的产地,这使英国减少了对其他国家的依赖,更加独立自主与强大。

美国虽不以占领殖民地为手段,但在实现崛起的非战争手段上与英国十分相似,均注重商业扩张壮大美国经济,逐步取得经济霸权,在此基础上争夺世界霸权。欧洲大国实力因两次世界大战遭受重创,美国还得以直接参与了一战后凡尔赛—华盛顿体系的建立,以及在很大程度上主导了二战后雅尔塔体系的缔造。美国的公共外交策略也十分成功。一战结束后,美国提出的重建世界新秩序的"十四点计划",对于当时占世界人口大多数的被压迫民族和在国际体系中居于弱势的国家具有很强的吸引力。二战结束后,美国向欧洲输送的"马歇尔计划"对巩固其

---

[1] 田德文:《英国崛起的政治文化基础》,《当代世界》2012 年第 10 期。

[2] Evan Luard, *The Balance of Power: The System of International Relations*, 1648 – 1815, Palgrave MacMilliam 1992, p. 219.

[3] Walter L. Dorn, *Competition for Empire*, 1740 – 1763, New York: Harper & Row Publishers, 1963, p. 255.

在欧洲的感召力也贡献巨大。

德国在俾斯麦时期，主要依赖外交上合纵连横实现崛起。俾斯麦的策略是创造"政治上的总体态势"，从1879年建立德奥同盟开始，德国很快在欧洲大国间形成了一套错综复杂的同盟体系，使各大国彼此间关系都要弱于它们与德国的关系，每个大国都需要德国支持，而德国成为它们之间的"协调人"①。这种复杂的、讲究平衡的战略空间拓展使德国从1871年到1890年俾斯麦下台享受了整整20年"和平崛起"②。后俾斯麦时代德国外交战略可用灾难来形容。俾斯麦的继任者，时任德国宰相卡普里维推行与俾斯麦政策大相径庭的所谓"新路线"。这在很大程度上推动了法俄接近。刚愎自用的威廉二世咄咄逼人且狂妄自大的扩张政策让英国也最终加入法俄同盟组成三国协约集团，共同对抗德国。

日本崛起时的国家政策被极端民族主义绑架，限制了其对外理性妥协。一旦有任何此类妥协，青年军官动辄就起来造反，将主事官员打死了事。在这种氛围下，日本两任首相滨口雄幸和犬养毅也相继被暗杀。以1936年"二二六"兵变为标志，日本法西斯全面上台，军部势力膨胀。最终在外交上，日本不仅和所有邻国为敌，还与英法美敌对。而英法同时还是苏联的敌人，日本可以说与敌人的敌人为敌。几乎以全世界为敌的日本，失败就在所难免了。

上述可见，在非战争手段上，英国与美国非常重视贸易立国。美国还特别重视公共外交、通过塑造国际体系来建立霸权。与之相对的是，后俾斯麦时期的德国与日本在崛起时被极端自私自负的战略与民意绑架，走向了依靠战争掠夺财富，又利用新的财富发动更大战争的恶性循环道路。

第六节　对中国崛起角色优化的启示

上述案例表明战略环境直接影响甚至决定一个大国崛起的前景。中

---

① 徐齐郁：《德国崛起的战略空间拓展及其启示》，《当代世界》2011年第12期。
② 同上。

国在制定崛起战略时应充分考虑到战略环境的制约因素。中国的地缘环境优于德国，但却远劣于美国、日本以及英国。如果考虑到周边国家的数量，特别是周边大国数量，中国的地缘环境甚至远劣于德国。"中国在其漫长的陆海边界的几乎每一个方向上，都面临着强大的邻国、不稳定的国家或者潜在不友好的国家联盟。"[1] 在国际体系上，目前的雅尔塔体系形成于二战后，已十分成熟。中国崛起所面临的战略环境可谓是历史上大国崛起所面临战略环境中最恶劣的，中国实现崛起的难度客观上要远远高于当时的英美，甚至德国与日本。

面对这种战略环境，中国很长一段时间不得不将大量精力用在消释某些周边国家的敌意和处理与周边国家的历史与领土争端上，美国对此以显现地广泛介入使得这一问题更为复杂。国际体系约束更为明显，中国如完全另起炉灶，很可能陷入布热津斯基预料到的"那就是个穷困国家的联盟，在相当长的时间内，它们将继续一起贫困下去"[2]。

从战略方针看，由于大国崛起效应的地区与世界双重意义，外交上的"双重心"是本部分所考察案例中所有崛起大国的战略选择。这也再次证明了习近平上台后从"大国外交"一个重心向"大国外交"与"周边外交"双重心转向的战略意义与历史高度。中国学术界没必要再争议新时期美国重心和周边重心孰轻孰重，应坚持双重心[3]。从本部分案例看，"双重心"所带来的首要紧迫问题就是如何处理两者间张力，不同的处理结果其崛起命运大相径庭。这其中最宝贵的经验是一定要在牢固确立地区大国的前提下再放手走向世界，且任何时候走向世界时都应牢固确立地区大国的地位。这表明，从现在起相当长时间，中国应持之以恒重视周边战略，海外利益拓展也应首先服务于确立与巩固地区大国的地位。若大约10年能实现这一目标，10年后在全面走向世界时也要时刻确立地区大国的基础地位。

---

[1] Wang Gengwu, "China and Southeast Asia", in David Shambaugh, ed: *Power Shift-China and Asia's New Dynamism*, University of California Press, Berkeley, 2006, p.198.

[2] [美] 布热津斯基：《大棋局：美国的首要地位及其地缘战略》，中国国际问题研究所译，上海人民出版社2007年版，第150页。

[3] 由于中国走向世界的主要竞争对手是美国，也即如何处理与美国的关系，因此这里的"大国战略"（对美战略）与"世界战略"是在同一个意义上使用的。

从处理与守成国关系看，历史经验表明采取不迎头相撞的战略是正确的。如果要采取主动迎头相撞或不得不迎头相撞，就需要外交上首先成功建立起孤立守成国的国际联盟。这给中国两点启示。其一，在崛起时要继续恪守不主动与美国迎头相撞的战略；其二，在中国目前正在推动建立的各种新机制中，应尽量吸引美国盟友加入。对此经济收益需让位政治收益。美国的经验还表明，在看到守成国权势下降以及权力转移的必然趋势时，战略忍耐与战略等待至关重要。如果不得不迎头相撞，上述案例表明在其中事关中国核心利益的周边相关问题上中国应绝不妥协，比如美国在中国与某些邻国存在的相关领土争端问题上试图直接站到中国对立一面，对此应施加战略压力首先争取美国对中国地区权益的认可。

在对待军事力量上，横跨250多年历史的四个国家在崛起阶段却表现出惊人一致性，均十分重视发展军事力量，尤其重视海军建设，但最终命运却大相径庭。这除了反映出军事力量的工具性特点外，也表明中国要成功实现崛起，必须拥有世界一流的强大海军，目前的首艘航母试水还仅仅是开端。不仅与美国存在巨大差距，即使与俄罗斯、英国等传统军事大国相比，中国的海军建设还有很远的路要走。否则任何高明的崛起战略都只能是镜中花、水中月。

在对案例中经济实力对大国崛起命运影响的考察上也可得出类似结论。英国的案例表明，经济实力落后也能实现崛起，而美国的案例表明经济实力即使成为世界第一，但要实现崛起仍需很长的路要走。由此可见，经济实力是一个大国成功崛起的基础，但经济实力远不能证明一个国家能否成功崛起。这表明，仅以中国经济总量成为世界第二来论证中国正在或已经崛起的任何观点从根本上是站不住脚的。包括德国日本在内的四个国家的案例均表明，经济结构的优化、特别是工业化水平，比单纯经济总量对一个大国崛起的影响更大。在结构优化与升级上，中国显然刚刚起步。在工业化、信息技术等领域，中国与美国、日本、欧洲国家的差距至少在一代以上。

对待战争手段上，四个国家在崛起过程中均经历了多场战争。战略环境表明，中国目前面临的不是一个破碎的世界，而是一个由美国等西方国家主导的高度体系化的世界。哪怕中国与周边某个小国进行的战争也极有可能带来负面的连锁反应。由于英美动用武力时是在破碎化的体系中取得成功,而德日动武则是在一定体系化的背景下失败,因此如何在高度体系化的背景下动用武力又能取得成功崛起,案例并没有直接的启示。日德的教训表明,大国崛起依赖战争手段无一能成功。这如果参考英美对待非战争手段的积极意义就更为突出,这包括贸易立国、海外利益优化、公共公交、塑造有利于崛起的国际体系等措施,而这些中国都还有很长的路要走。

通过本部分案例考察,中国崛起的目标虽然十分明确且对于目标实现也充满信心,但实现之路并不平坦。要对实现崛起过程中所面临的可能困难做充分估计,绝不可犯简单主义的盲目乐观的错误、也不能有机会主义的英雄情绪,更不能因此培养国民的自负与夜郎自大心态。当务之急仍然是要扎扎实实地在遵循大国崛起的规律下,一步一个脚印的夯实崛起之路。由于时代环境发生变化,也并不意味着中国应该照抄照搬上述经验。但是上述不同历史案例中所反复透露出大国崛起的一些"共性"的确值得中国深思。